우리가 몰랐던
단군조선,
세계 최초의 평화국가

조은상 지음

코스모스 컨설팅

차례

1장 단군조선 문명이란? · · · · · · · · · · · · 7

01 한국어의 뿌리와 요하 문명 · · · · · · · · · 15
02 단군조선은 실제로 존재했다. · · · · · · · · 20
03 선사시대는 약육강식의 전쟁 상태였나? · · · · · · · 31
04 기원전 3000년 전후의 세계 5대 문명 · · · · · · · 38

2장. 단군조선이 발전시킨 하드웨어 문명 · · · · · · · 57

01 단군조선의 과학기술 · · · · · · · · · · · 61
- 큰 활의 발명   61
- 최초의 석성   66
- 눈금돌 (자)의 사용   70
- 최초의 배와 조선소   72

02 단군조선의 하늘 숭배 문화 · · · · · · · · · 77
- 세계 최초의 제단   77
- 고인돌 무덤   85
- 선돌 문화   88
- 적석총   91

03 단군조선의 경제사회 인프라 · · · · · · · · · 95
- 화폐 - 명도전의 발명   95

04 단군조선의 교육 문화 예술 스포츠 · · · · · · · · · ·   98
- 옥(玉) 문화 유물   98
- 용(龍) 문화 유물   100
- 금동문화 유물   102

05 단군조선의 보건 의료 · · · · · · · · · · · · · · ·   104
- 세계 최초의 골침   104

3장. 단군조선이 발전시킨 소프트/휴먼 웨어 문명 · · · ·   109

01 단군조선의 농업 혁명 · · · · · · · · · · · · · ·   111
- 치수 사업   112
- 벼 재배 농경문화   114
- 농업혁명의 발명품, 밭고랑(이랑)   117
- 개와 돼지의 사육   121

02 단군조선의 과학기술 · · · · · · · · · · · · · · ·   128
- 최초의 별자리 관측과 천문지리학   128
- 최초의 달력   131

03 단군조선의 하늘 숭배 문화 · · · · · · · · · · · ·   138
- 천손 의식   138
- 최초의 복골(卜骨 점을 친 뼈)   140

04 단군조선의 경제사회 인프라 · · · · · · · · · · · 144
- 조선제와 시장의 발달　　　　　　　　　144
- 기마문화　　　　　　　　　　　　　　　145
- 최초의 양잠과 비단 제조　　　　　　　　148

05 단군조선의 교육 문화 예술 스포츠 · · · · · · · · 150
- 최초의 문자 발명　　　　　　　　　　　150
- 존대어의 발명　　　　　　　　　　　　154
- 소도, 세계 최초의 교육기관　　　　　　　156
- 씨름 문화　　　　　　　　　　　　　　158

06 단군조선의 코즈모폴리턴 문화 · · · · · · · · · · 161
- 선도 문화　　　　　　　　　　　　　　162
- 홍익인간　　　　　　　　　　　　　　　166
- 연방제 국가　　　　　　　　　　　　　171

4장. 단군조선은 왜 평화국가인가? · · · · · · · · · · 175

01 제후국과 연대 · · · · · · · · · · · · · · · · · 179
02 동물 토템을 포용 · · · · · · · · · · · · · · · 189

03 홍익인간으로 자비를 베풀었다 · · · · · · · · · · 205
　04 세계 최초의 반전 평화 사상 · · · · · · · · · · 216

5장. 단군조선은 영토와 국민, 그리고 주권이 있는
　　　근대적 의미의 국가 · · · · · · · · · · · · · 225

　01 조선의 수도와 경계선 · · · · · · · · · · · · · 231
　02 법률을 시행하고 관료 조직으로 주권을 행사 · · · 246
　03 전문 인력 양성 · · · · · · · · · · · · · · · · 258
　04 예악으로 백성을 교화 · · · · · · · · · · · · · 276

　6장. 단군조선,
　　　세계 최초로 평화를 국시로 건국한 국가 · · · · · · 297

사진제공 · · · · · · · · · · · · · · · · · · · 318
참고문헌 · · · · · · · · · · · · · · · · · · · 324

1장.
단군조선 문명이란?

1장. 단군조선 문명이란?

01 한국어의 뿌리와 요하 문명
02 단군조선은 실제로 존재했다
03 선사시대는 약육강식의 전쟁상태였나?
04 기원전 3000년 전후의 세계 5대 문명

1장

단군조선 문명이란?

저명한 역사학자 E.H. 카는 "역사는 미래를 아는 열쇠이다"라는 말을 남겼습니다. 무슨 뜻일까요? 미래를 알기 위해서는 역사를 알아야 한다는 뜻입니다.

대한민국은 2023년 현재 OECD에서 선진국으로 공식적으로 인정을 받고 있으며 US News 지에서는 한국이 군사력, 방위산업, 반도체 기술, 미디어 콘텐츠, 미국과의 군사동맹, 세계 문화에 대한 한국의 영향력 때문에 세계 6위의 국가로 선정하였습니다.

< 대한민국, 세계 6위 :: US News지>

세계 10대 강국의 순위
1위 미국
2위 중국
3위 러시아
4위 독일
5위 영국
6위 한국
7위 프랑스
8위 일본
9위 아랍 에미리트
10위 이스라엘

강대국의 순위를 정한 기준
1.외교 정책과 영향력
2.국방 예산
3.세계 경제에 미치는 영향
4.지도자
5.강력한 군사 동맹

한국을 6위로 선정한 기준 4 가지
1. 군사력
2. 최근의 무기 수출로 드러나는 방위 산업
3. 반도체를 중심으로 하는 기술력

> 4. 미디어 콘텐츠 패권
> 5. 최강 미국과 완벽한 군사동맹
> 6 세계 문화에 대한 영향력

한국이 1960년대는 세계에서 가장 가난한 나라의 하나였나요?

네, 우리 민족은 20세기 초 일본의 식민지를 35년동안 경험한 후 국토가 분단되고 1950년에는 한반도에서 일어난 전쟁으로 온 국토가 파괴되고 수백 만의 사람이 죽어서 세상에서 가장 비참하고 가난한 나라였지요. 당시 우리나라는 선진국으로부터 식량 등 원조를 받았는데 반세기 만에 원조를 주는 나라로 변모했습니다.

개발도상국에서 선진국으로 바뀌게 된 우리나라의 저력은 어디에 있을까요?

한국인은 성실하고 부지런하며, 교육에 대한 열정을 지니고 있으며, 관료들의 전문성이 뛰어나다 라고 이야기하기도 합니다. 하지만 수천 년 동안 한국인에게 전해오는 문화의 DNA가 환경 조건을 갖추게 되면서 꽃을 피우게 된 것이 아닐까요?

한국인의 문화 DNA를 언급한 분이 계시나요?

인도의 시성이고 노벨상 수상자인 타고르는 "동방의 등불"이란 시에서 코리아에 대해 노래합니다.

아시아 빛나는 황금시대에
빛나는 등불의 하나인 코리아
그 등불 한 번 다시 켜지는 날에
너는 동방의 밝은 빛이 되리라.

시인 타고르는 아시아 빛나는 황금시대였던 5천 년 전의 단군조선이 빛나는 동방의 등불의 하나였다고 기리고 있습니다. 그리고 그 등불이 다시 한번 켜지는 날에는 동방의 밝은 빛이 되리라고 예언하고 있습니다

타고르

단군조선이 왜 아시아의 황금시대에 빛나는 등불의 하나였는지요?

곧 살펴보겠지만 단군조선을 이룬 문명은 세계 4대 문명과 비교해 보아도 전혀 손색이 없습니다. 5천 년 전에 벌써 하느님 유일신 사상을 가졌고 가림토 문자를 발명하였으며 치수와 농경문화가 발달했다는 것뿐 아니라 40가지 이상의 뛰어난 발명과 문화가 있기 때문이지요.

단군조선이 한국인의 정체성을 만든 나라인가요?

한국인이란 정체성을 만들고 한국의 문화를 표현하는 도구인 한국어의 기원이 단군조선과 그 뿌리가 되는 문명에서 이뤄졌음을 살펴봅니다. 그리고 단군조선이 사화나 신화가 아니라 역사적으로 존재했던 국가임을 밝히며 평화를 국시로 나라를 세운 단군조선을 비롯한 선사시대 역사는 인류가 평화를 추구하면서 살았던 시대임을 말하고자 합니다.

단군조선 문명이 세계 4대 문명과 어떻게 다를까요?

네, 단군조선이 세워진 기원전 3,000년 무렵 세계 4대 문명과 단군조선 문명에 대해 살펴보면 단군조선 문명의 특징이 고인돌, 빗살무늬 토기, 곰 토템 유물, 적석총, 옥기 문화와 용봉 문화 등임을 알 수 있습니다

단군조선 문명을 어떻게 구분할 수 있나요?

단군조선의 강역에서 꽃피운 문명의 발자취 중 하드웨어와 소프트/휴먼 웨어로 구분하여 세계 최초 혹은 아시아 최초의 유물이나 유적을 제시합니다 (2장과 3장). 이로써 한민족이 단군조선의 위대한 뿌리에서 탄생하였고 미래에 세상을 유익하게 할 수 있는 문화를 우리 역사 속에 가지고 있음을 널리 알

리고자 합니다. 오늘날 전 세계에 널리 알려지고 있는 K-pop, K-drama, K-food가 K-culture의 뿌리가 바로 단군조선 문명에서 싹터 우리의 DNA에 은은하게 내려오며 수천 년 지난 지금 꽃을 피워 왔음은 우연이 아님을 알 수 있습니다.

단군조선이 평화의 국가라고 하셨는데 정말 그러한가요?

단군조선이 세계 최초로 평화란 국시를 내세우고 나라를 열었음을 보여줍니다 (4장). 전쟁을 피하고 평화를 이루기 위해 동물 토템 부족들을 하늘을 공경한 마음으로 포용하고, 정치적으로 주변의 곰 토템 부족, 호랑이 토템 부족 등을 제후국으로 삼았으며, 반전 평화와 홍익인간을 통해 인류에게 도움이 되는 국가 정책을 시행했음을 살펴봅니다.

단군조선이 국가임을 어떻게 알 수 있나요?

단군조선이 고대국가로서만이 아니라 근대적 의미의 국가로서의 3가지 조건인 영토, 주권 그리고 국민을 갖고 있었음을 자세히 살펴봅니다 (5장). 우선 단군조선이 통치한 영토인 수도과 국경선을 알아보고, 국가로서 주권을 어떻게 행사했는지, 그리고 단군조선의 지배층인 귀족과 백성의 삶에 대하여 자세히 살펴봅니다. 이를 통해 단군조선, 혹은 고조선이 역사상에서 실제로 존재했음을 알게 됩니다.

01 한국어의 뿌리와 요하 문명

한국어는 어디에서 태어났을까요?

언어는 문명을 이루는 중요한 도구이며 언어가 발생한 장소는 그 언어를 포함한 문명의 태동지라고 합니다. 한국어가 생긴 곳을 제대로 알 수 있다면 한국인의 역사와 문화의 뿌리를 이루는 문명이 시작된 곳을 찾을 수 있는 근거가 됩니다.

한국어가 어디에서 언제 발생했는가를 독일의 막스-프랑크 인류사 과학연구소에서 최근 밝혔습니다.

한국어의 기원
* 2021년 11월 국제학술지 '네이처' 논문에 발표

* '서요하 유역 기장[黍] 농업 지역'; '알타이어족'으로도 불리는 트랜스유라시아어족(Transeurasian languages) 언어의 기원지

* 독일 막스-플랑크 인류사 과학연구소의 마르티너 로베이츠(Martine Robbeets) 교수 외 10개국의 언어학, 고고학, 유전생물학 분야 공동 연구진 참여

위의 네이처 논문을 요점 정리하면 다음과 같습니다.[1]

> 언어: '농경'의 확산을 통해서 확산
>
> * 트랜스유라시아어족(=알타이어족) 언어의 기원지; '9000년 전 서요하(西遼河) 유역의 기장[黍] 농업 지역'(= 요하 문명 지역)
>
> * 신석기 시대 '원시 한국어-일본어(5,500년 전)'와 '원시 몽골어-퉁구스어(5,000년 전)'로 1차로 분화
>
> * 청동기 시대 원시 한국어, 원시 일본어, 원시 몽골어, 원시 퉁구스어, 원시 튀르크(=돌궐)어로 2차 분화

* 이후에 각 지역으로 다양하게 분화

    요하 문명이 시작된 지역은 한국어를 비롯한 '트랜스유라시아어족' 언어의 기원지이면서 세계 최초의 수많은 유적과 유물이 발굴된 지역입니다. 세계 5대 문명의 요람인 요하 문명은 발해와 인접해 발해 요하 문명으로 일컬어지기도 합니다.

요하 문명의 특징

* 한국어를 비롯한 '트랜스유라시아어족' 언어의 기원지
* 세계 최초의 유적과 유물이 발굴된 세계 5대 문명의 요람

1. 9,000년 전 최초의 빗살무늬토기,
2. 9,000-8,000년 전 최초의 재배종 기장·조,
3. 8,000년 전 최초의 옥결(玉玦·옥 귀고리),
4. 8,000년 전 최초의 적석묘,
5. 7,000년 전 최초의 복골(卜骨·점을 친 뼈),
6. 5,500년 전 최초의 계단식 적석총,
7. 4,300년 전 최초의 치(雉)를 갖춘 석성(石城),
8. 3,000년 전 최초의 비파형 동검 등이 발견

    왜 요하 문명이 한민족의 문명, 단군조선의 문명이라고 하지요?

우리 한민족의 특성을 나타내는 대표적인 유물과 유적이빗살무늬토기, 고인돌, 옥 귀고리, 적석묘, 적석총, 치(雉)를 갖춘 석성(石城), 비파형 동검 등입니다. 이러한 유물과 유적이 발굴된 요하 문명 지역은 우리 민족이 세운 고대 국가인 단군조선의 중요한 영역이면서 그 뿌리가 되는 곳[2]이 됩니다.

요하 문명이 제 5의 문명이라고 불릴 수 있나요?

네, 그렇습니다. BC 8,000년 전에 조성된 토기 사용 이전의 신석기 유적지인 예리코나 곡물 재배가 이뤄지고 의례용 건물의 흔적이 있는 아나톨리아의 촌락인 네발리초리의 사례[3]를 보아도 BC 9,000년 전 빗살무늬토기의 유물이 있고 기장이나 조를 재배한 정착문화와 옥 귀고리 장식물과 적석총이란 장례문화가 있는 요하 지역의 문화는 현재까지 알려진 세계 최초의 문명인 메스포타미아 문명보다 앞서거니 비슷한 시기에 생긴 문명입니다.

왜 토인비를 비롯한 세계적인 문명 사가들이 단군조선의 요하 문명을 언급하지 않았나요?

아놀드 토인비의 <역사학 연구>는 1957년에 완성되어 세계의 여러 문명이 알려지게 되었습니다. 요하 문명은 1980대부터 중국이 집중적으로 발굴하여 세상에 널리 알려지게 되었습니다. 아놀드 토인비는 요하 문명에 대해 잘 몰랐기 때문에 세계 5대 문명으로 기록되지 못하게 되었으리라 짐작됩니다. 요하 문명의 발견은 기존의 문명사가들이 발표한 기존의 세계 4대 문명에 대한 시각을 완전히 뒤집어버리는 발견이라고 해도 과언이 아닙니다.

현재는 중국의 영토에 속하여 있지만 수천 년 전에 우리 한민족이 발전시킨 요하 문명은 세계 그 어떤 문명보다 더 오래된 최초의 발명과 최초의 풍요로운 문화가 있다는 것을 아는 사람들이 많지는 않습니다. 한민족인 동이족의 유물과 유적지가 대량으로 발굴된 발해만 유역의 요하 문명을 이해하려면 단군조선에 대해 먼저 알아야 합니다.

02 단군조선은 실제로 존재했다

단군조선이 역사적으로 존재했음을 알리는 문헌이 있나요?

네, 동아시아에서 지리를 다룬 가장 오래된 책인 산해경(山海經)이 단군조선 (고조선)의 존재를 다루고 있습니다. 하지만 산해경이 단군조선의 역사를 기술했다는 사실을 아는 사람은 별로 없습니다.

산해경 (소수박물관)

산해경(山海經)

1 해내경(海內經)과 대황경(大荒經)은 중국 중원이 아니라 단군조선의 역사를 기술했다; 중국 학자
2 산해경은 고조선 사람이 고조선의 건국 이전과 이후의 역사를 직접 기록한 고조선사기(古朝鮮史記)이다.[4]

우리나라에 남아 있는 단군조선에 대한 기록이 남아 있나요

네, 엄청한 사료가 단군조선의 존재에 대해 기록하고 있습니다.

단군조선에 대한 중요 기록

1 삼국사기와 삼국유사: 단군 사화 (신화) 기록

2. 사고전서(四庫全書): 청나라 때 국가적인 사업을 통하여 편찬한 역사서: 단군조선과 한민족인 동이족의 역사에 대한 기록이 엄청나게 많음

- 심백강 박사는 조선하(朝鮮河), 조선성(朝鮮城), 조선국(朝鮮國), 조선기(朝鮮記), 조선공(朝鮮公)에 대한 기록을 탐구하여 단군조선의 수도, 강역 등 실체를 찾았다.

3. 시경: 단군조선 개국 이전에도 요하 지역에서 6,000년 이상 지속되어 온 환국의 존재를 확인

- 환국의 발상지는 천산이며 이후 태백산으로 여겨지는 바이칼 사얀산으로 이동하여 환국의 새 역사를 열었다고 주장.
- 몽골 초원을 무대로 활동하는 환국 밝족의 한 갈래는 서북쪽으로 가서 유목생활을 하였는데 이들이 훈족(중국은 흉노족이라 폄하하여 부른다)

> \- 다른 한 갈래는 내몽골 적봉시에서 홍산 문화를 꽃피우고 산동반도, 요동반도, 한반도에 이르는 지역이 주요 활동무대인 동이족이었음[5]

외국 학자들은 단군조선에 대해 알고 있나요?

네, 대표적으로 독일의 실존주의 철학자 하이데거는 다음과 같이 말했습니다.

"세계 역사상 가장 완전무결한 평화 정치를 2천 년간 펼친 단군 시대가 있었음을 안다. 그래서 동양사상의 종주국인 한국을 좋아한다"

하이데거

러시아의 사학자 유 엠 부찐은 동북아 고대사에서 차지하는 고조선의 역사를 일찍이 연구하여 단군조선을 제외하면 아시아 역사는 이해할 수 없다고 말합니다.

'한대 이전에 현토와 낙랑 지역에 이르렀던 조선의 영역은 한 번도 중국의 제후국이 된 적이 없을 뿐만 아니라, 연나라라 주나라에 예속된 적이 없다.' '이런 중요한 역사를 가진 한국 사람들은 왜! 있는 역사도 없다고 하는지 알 수 없는 나라'[6]

단군조선의 존재를 연구한 학자들이 있나요?

우리 한민족은 단군조선의 멸망 이래 수천 년 동안 외세의 침입과 더불어 나라의 강역이 축소되어 과거에 우리의 선조가 살아왔던 땅에 대한 기억을 잊어버렸습니다. 더구나 조선 시대의 사대주의자들과 일제하의 식민사관을 추종하는 역사학자들에 의해 이천 년 이상 동아시아에서 중요한 위상을 차지하는 단군조선이란 위대한 역사의 뿌리를 송두리째 멸실 당하고도 그것을 찾지 못하는 어리석음을 저지르고 있습니다.

다행히도 신채호, 박은식 등의 민족 사학자들과 그들의 맥을 이은 심백강 등 후계 학자들에 의해 단군조선에 대한 연구가 지속되어 왔습니다. 아쉽지만 고조선 시대의 강역이 표시된 지도가 남아 있음은 그나마 다행입니다.

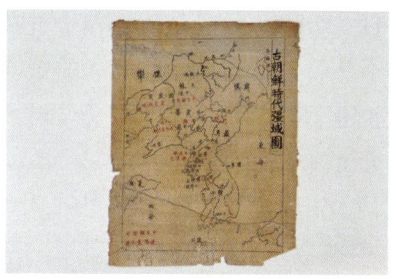

고조선 지도 (속초시립박물관)

단재 신채호 선생의 역사관을 알 수 있을까요?

신채호 선생은 중국의 사서를 읽을 때 유념해야 할 네 가지를 지적하고 있습니다.

신채호

조선사연구초 (국립한글박물관)

중국의 역사책을 읽을 때 유의해야 할 사항
- 단재 신채호 선생, <조선사연구초>[7]

1. 중국 사서는 조선을 체계적으로 서술하지 않고 오직 중국과 정치적으로 관계있는 것만을 서술했다.
2. 중국의 기록은 역사적인 사실을 중국의 시각에 맞게 바꾸었으며 중국에 이롭게 편집했다.
3. 조선의 국명, 지명을 적을 때 조선인이 지은 본래의 명사를 그대로 적지 않고 다른 명사를 만드는 필법이 많다. 예를 들면, 동부여(東扶餘)를 불내예(不耐濊)라 하고, 오열홀(烏列忽)을 요동성(遼東城)이라 하였다.
4. 조선은 특수한 문화를 가지고 문명을 발달시켜 왔음에도 불구하고, 문화 발달의 공을 언제나 기자나 진의 유민에게 돌리기 위해 수많은 위증을 하고 있다.

단재 신채호 선생의 주장이 오늘날 중국에도 적용되나요?

네, 신채호 선생의 지적은 오늘날 중국의 동북공정을 봐도 충분히 이해가 됩니다. 중국은 당나라와 대등하게 경쟁했고 심지어는 여러 차례 전쟁에서 이긴 고구려를 한민족이 세운 국가로 인정하지 않고 자그마한 지방 정권으로 폄하하고 있지요.

우리의 지명과 관련하여 대한민국의 수도인 서울을 어떻게 표기하고 있을까요? 중국은 서울을 한성(漢城)으로 표현하고 있습니다. 서울과 한성이 같은 곳을 지칭한다는 것은 한국어와 중국어를 모두 아는 사람에게만 해당됩니다. 어느 하나의 언어만 안다면 서울과 한성을 별개의 다른 도시로 인식하게 되지 않을까요?

단재 신채호 선생의 주장이 식민 사관 척결에도 적용되나요?

네, 신채호 선생의 위와 같은 지적은 일제의 식민사관에도 그대로 적용됩니다. 일본은 고구려, 백제 유민들이 왕과 지배세력이 되어 세운 나라입니다. 일본 왕가가 스스로 백제의 왕가를 모계로 하고 있다고 발표한 적이 있습니다. 불행히도 백제가 멸망한 후 일본은 한반도와의 교류 없이 5백 년 이상 독자적인 발전을 하면서 일본 서기 등의 편찬을 통하여 한반도의 영향을 지우려 했지요. 16세기 조선 선조 때 조선을 침범하고, 19세기에도 한반도를 침탈하여 식민지로 삼으면서 우리 민족의 역사, 특히 단군조선이란 2,000년 이상 지속된 민족의 뿌리를 잘라 버리는 식민사관을 역사계에 심어왔습니다.

그 결과 식민사관을 신봉하는 역사학자들이 학계를 장악하여 단군조선의 역사가 사라진 교과서를 집필하고 이를 배운 수천만 명의 한국인들은 아직도 단군조선을 신화로 알고 있는 실정입니다. 그러나 우리가 우리 민족의 뿌리인 단군조선을 제대로 알고 후손에게 널리 알릴 때 미래가 더 활짝 열리지 않을까요?

왜 단군조선을 알리는 것이 중요할까요?

일본이나 미국, 중국 등의 수많은 국가는 없는 역사도 만들어내면서 역사를 왜곡하고 있습니다. 일본의 경우 서기 편찬과 식민지 지배의 정당화 주장, 미국은 아메리카 인디언의 살육을 통한 추방을 서부 개척사로 미화하고 있으며 중국은 동북공정을 통해 한민족의 역사를 중국의 지방 정권으로 폄하하고 있습니다.

우리 민족은 조선 시대 사대사상의 영향과 일제하 식민사관의 영향으로 단군조선이란 위대한 문명과 세계 최초 평화의 국가를 뿌리째 잃어버렸고 아직도 교과서에서 한민족이 최초로 세운 국가로 인정받지 못하고 있습니다. 하지만 뜻있는 많은 분들의 노력으로 최근에 단군조선의 실체를 조금씩 찾아가고 있으니 그나마 다행입니다.

이 책은 민족 사학의 전통을 잇고 있나요?

네, 이 책 역시 한민족의 왜곡된 역사를 바로잡아 위대한 민족 사학의 맥을 잇기 위한 자그마한 노력의 일환입니다. 최근의 단군조선에 대한 수많은 연구결과와 요하 문명 등의 유물 발굴 성과 등을 토대로 씨여졌습니다.

이 책의 특징은 무엇인가요?

단군조선을 고대의 동아시아를 통치한 한 국가로서뿐 아니라 세계 5대 문명의 하나로 그리고 세계 최초의 평화로운 제국을 건설한 국가로 소개하고자 합니다. 국사 교과서에서 소개한 한국의 역사는 대체로 단군왕검이 기원전 2,333년에 나라를 세웠고, 한나라의 침략으로 왕검성이 함락하여 기원전 108년에 단군조선이 멸망한 것으로 간략하게 설명을 할 뿐입니다.

중국의 사대사상과 식민사관에 물든 강단 역사학자들은 단군조선의 역사성을 부인하고 이천년에 걸친 단군조선의 위대한 문명과 역사가 없었다고 주장하고 있습니다. 하지만 오늘날 존재하는 수많은 문헌과 유물, 그리고 유적들은 단군조선의 존재를 증명할 뿐 아니라 세계 제 5대 문명으로서의 위대함을 보여주고 있습니다.

단군조선이 2천 년 정도 지속되었다는 것이 사실인가요?

네, 단군이 통치하는 조선이란 나라가 약 2천 년 이상 유지되어왔다는 사실은 수많은 한국 문헌뿐 아니라 중국 문헌에서도 찾아볼 수 있습니다.

단군에 대한 기록으로는 BC 2,333년 건국한 단군왕검으로부터 BC 238년까지 내려온 47세 단군 고열가에 이르는 개략적인 행적[8]이 나타나 있는데 그 시대의 중요 사건과 자연현상 등이 기록되어 있습니다. 특히 제13세 단군인 흘달천제(屹達天帝) 50년(서기전 1,733년)에 다섯 개의 별이 서로 한군데 모인 '오행성(五行星) 결집현상'에 대한 기록이 사실임이 과학적으로 밝혀져 이 사료가 허구가 아님이 입증되었습니다.[9]

이처럼 문헌 기록에 나타난 수천 년 전의 천문현상을 오늘날 첨단과학을 통해 검증하여 문헌 기록의 진실성을 입증하였지요. 그뿐 아니라 단군 사화에도 나오는 곰 토템을 숭상한 다양한 유물과 옥기, 제단 등이 출토된 요하 문명은 오천 년 전의 단군조선의 존재를 유물과 유적으로써 증명하고 있습니다.

단군 영정 (국립민속박물관)

앞으로는 이러한 기록을 뒷받침하는 더 많은 자료와 유물, 유적을 발굴하는 방향으로 연구가 진행되어 단군조선과 그 뿌리

문명을 찾는 노력을 배가하면 좋겠습니다. 단군조선에 대한 역사를 잃어버릴 뻔한 한민족으로서 그 뿌리를 자세히 알 수 있으니 얼마나 다행인가요.

지구상 고대 국가들을 살펴보면 대부분의 국가들은 몇백 년 지속하다 사라졌으나 단군조선은 2천 년 이상 이어져 왔습니다. 2천 년이나 지속된 국가, 분명히 단군조선에는 무언가 특별한 것이 있기 때문이 아닐까요?

단군조선을 2천 년이나 지탱한 기둥은 무엇일까요?

지난 수년 동안 필자는 단군조선을 집중적으로 연구해 보았습니다. 놀랍게도 단군조선은 근대적 의미에서 국가의 3가지 요소인 영토, 주권 그리고 국민이 있었음을 알았습니다. 더구나 단군조선이 세계 최초의 평화 국가임을 발견하였습니다. 이는 고대의 그 어떤 나라에서도 볼 수 없는 단군조선의 국시(國是)에서 찾아 볼 수 있었습니다. 단군조선은 제후국과의 연대, 하늘을 공경한 마음, 반전 평화 사상 그리고 홍익인간 사상을 중심으로 평화를 국시로 한 나라였던 것입니다.

단군조선이 근대적 의미의 국가가 된다고요?

네, 그렇습니다. 단군조선은 근대적 의미에서 국가로서의 3가지 요소인 영토와 주권을 가지고 국민(백성)을 다스렸습니다. 단군조선은 수도와 나라의 경계선을 마련하여 영토를 확정 지었으며 주권을 갖고 관료 조직을 통하여 법률을 시행했습니다. 그리고 전문 인력을 양성하고 백성을 예악으로써 교화하는 전통을 수립했습니다.

단군조선이 평화의 국가라는 뜻은 무엇인가요?

단군조선은 평화를 국시로 하는 세계 최초의 국가였습니다. 널리 인간 세상을 유익하게 하려는 홍익인간 사상을 토대로 이웃 나라와는 전쟁보다는 제후국과의 연대를 통해 국가를 수립하였습니다. 단군조선은 하늘을 공경한 마음을 널리 퍼뜨렸으며 이를 통해 평화를 사랑한 민족 정체성을 제후국 내에서도 확립하였습니다. 이처럼 평화를 국가의 정책으로 내건 국가 체제를 2천 년 이상 지속한 단군조선은 동아시아뿐 아니라 세계 최초의 수많은 발명과 문화를 창달하는 문명을 이룩하였습니다.

문명이 발생하기 위해서는 사람들이 모여 도시를 이루고 시장에서 물물교환을 하고 나아가 문자를 발명하여 새로운 발명과 발견을 후세에게 전하는 교육제도를 확립해야 합니다.

그러한 문명 이전의 삶은 어떠했을까요? 인류는 서로 협동하고 평화롭게 살았을까요? 혹은 생존을 위해 서로 죽이고 죽는 삶을 살아왔을까요?

03 선사시대는 약육강식의 전쟁 상태였나?

오래전 인류는 어떠한 삶을 살아왔을까요? 부족끼리 교류하면서 평온한 삶, 평화를 만끽했을까요? 아니면 가까운 부족끼리 다투고 싸우며 긴장과 전쟁이 계속되는 삶을 살아갔을까요? 신문 방송과 언론, 교과서에서 우리는 인류는 생존을 위해 서로 죽이고 죽는 전투가 끝이 없는 삶을 살아왔다고 배웠습니다.

생존을 위한 끊임없는 싸움이 진실일까요?

유명한 동물학자 제인 구달의 제자 중 한 명인 영장류학자 리처드 랭엄은 인간의 조상이 침팬지의 한 종류라고 생각하며 전쟁에서 보이는 호전성이 우리의 핏속에 흐르고 있다고 추측하였습니다. 인류는 원시시대부터 생존을 위해 투쟁하고 전쟁을 통해 이웃 부족을 정복하여 왔다고 주장하였으며 그 결과 이러한 믿음이 신문 방송 등을 통해 널리 알려지게 되었습니다.

인류학자들은 오랫동안 선사시대가 오늘날처럼 교통수단이나 도로망이 발달하지 않아서 사람들의 사회관계가 매우 좁았다고 가정하였습니다. 선사시대는 30, 40명 정도의 친족과 함께 생활하며 먹거리를 구하기 위해 이동하면서 다른 집단과 만나게 되면 생존을 위한 싸움을 하게 되어 또 다른 한 집단의 멸족을 가져왔을 것이라 추정하였습니다.[10]

영국의 철학자이자 사회계약설의 선구자인 토마스 홉스 역시 인류는 생존을 위해 투쟁하였다는 전제하에 인간이 부실서한 혼란을 피하기 위해 서로 계약을 맺어 국가를 만들었다고 주장합니다. 홉스에 의하면 국가가 있기 전에는 갈등과 분쟁, 전쟁이 다반사였다는 것입니다. 과연 그러한 주장이 사실일까요?

인류는 호모 사피엔스의 후예인가요?

최근의 DNA 연구에 의하면 현생 인류인 '호모 사피엔스'가 아프리카에 출현한 것은 20만년 전부터 14만 년 전이며, 2만 8천 년 전쯤에 '호모 사피엔스'가 지구상에 살아남아 전 지구에 자리 잡은 유일한 인간 종족이 되었다고 합니다.

5만 년 전까지도 호모 에렉투스와 네안데르탈인이 함께 살고 있었습니다. 실상 네안데르탈인은 호모 사피엔스보다 더 체력도 강하고 지능이 좋았다고 합니다. 네안데르탈인은 불을 피우고 음식을 익혀 먹고 의복, 악기, 보석, 동굴 벽화를 만들었으며 심지어 석기를 포함한 발명품과 죽은 사람을 매장하는 풍습까지 가졌다는 것이죠. 하지만 이들은 기후 변화나 화산 폭발과 같은 환경 재앙에 이기지 못하고 지구에서 멸종했지만 호모 사피엔스는 살아남았습니다.

호모 사피엔스가 가진 사회적인 융통성과 문화적인 전통이 멸종을 막았다는 것입니다. 지금까지 발견된 암각화, 장신구, 소형 조각, 진기한 조개껍데기, 호박, 상아, 동굴 벽화들에[11] 의하면 호모 사피엔스는 서로 사귀고 다른 부족끼리 교류하면서 협동하며 평화를 유지하면 사는 전통을 유지하였기 때문에 지구를 휩쓴 홍수나 화산 폭발로부터 생존했다는 추정을 합니다.

동굴 벽화가 우리에게 말하는 것은 무엇인가요?

선사시대에는 부족끼리 전투가 일상적이라는 추측이나 주장, 그래서 홉스가 주장한 것처럼 국가가 성립하기 이전에는 작은 전쟁과 혼란이 주종을 이뤘다는 말이 사실일까?에 대한 질문에 구체적으로 답을 하려 합니다.

선사시대의 동굴 벽화는 홉스가 말한 만인에 대한 만인의 투쟁 상태가 실상은 그렇지 않음을 보여 주고 있습니다. 홉스의 주장이 참이라면 동굴 벽화에는 전쟁에 대한 그림이나 묘사가 있어야 할 것입니다. 하지만 이 시기에 제작된 동굴 벽화에는 들소, 말, 가젤, 고래 사냥 등에 대한 벽화로 넘칩니다.

프랑스 라스코 동물 벽화[12]에는 약 1만 7천 년 전 마지막 빙하기에 살았던 사람들이 그린 말, 소, 사슴을 비롯한 동물들이 뛰고 달리는 그림이 그려져 있습니다. 스페인의 북부 산탄데르 근처의 알타미라 동굴에는 1만 4천 년 전 실물 크기의 동물 그림들이 동굴 안을 뒤덮고 있지요. 이 동굴 벽화는 두 가지 이상의 색을 사용하여 들소 등을 역동적이고 생생하게 그리고 있습니다.[13] 마치 들소가 당장 벽에서 튀어나올 것 같습니다.

알타미라 동굴벽화

아시아에 남아 있는 암각화는 무엇을 보여줄까요?

신석기에서 청동기 시대의 유적으로 평가되는 울주의 암각화에도 고래, 호랑이, 사슴, 배, 작살 등과 사람의 모습이 삼백여 종류 그려져 있습니다. 후손들에게 육지 동물과 해양 동물을 구분하고 이들을 사람들이 협동하여 사냥하는 방법을 가르친 것으로 여겨지고 있지요.[14]

러시아, 카자흐스탄, 몽골, 중국에 걸쳐 1,600 킬로 미터의 광활한 대지에 뻗어 있는 알타이산맥 부근에는 수만 점의 암각화가 새겨져 있어 세계문화유산에 등재되어 있는데 사슴, 염소 등의 동물들이 그려져 있습니다[15].

선사시대에는 인간은 생존을 위해서 다른 집단과 전쟁을 하기보다 서로 교류한 것으로 보입니다. 인간이 삶을 위해 사냥을 하고 먹거리를 만드는 과정 자체가 새로운 것을 끊임없이 배워야 하는 것을 요구하지요. 이를 위해 더 커다란 친구 집단을 만들면서 협동해야 더 안전하고 평화로운 생활을 할 수 있기 때문이지요.

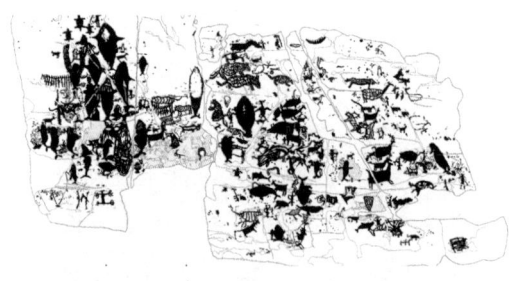

울산암각화 일러스트도면 (울산암각화 박물관)

울산암각화전경 (울산암각화 박물관)

현대 인류학은 우리에게 무엇을 말하고 있나요?

미국의 인류학자 더글라스 프라이는 선사시대 이래 전통을 유지하면서 살아온 유목민들과 수렵-채집인들을 대상으로 연구를 했습니다. 유목민들과 수렵-채집인들은 자신들의 갈등을 대화로 회피하거나 다른 계곡으로 이동함으로써 폭력을 회피했다고 결론을 내렸습니다.[16]

이 연구팀은 알래스카의 누나무이트 부족부터 스리랑카의 베다족에 이르기까지 전 세계 원시사회 서른두 곳의 사회 관계망을 지도로 만들어 본 결과 지역의 유목민들이 우리의 예상보다 더 사회적이라는 사실을 발견했습니다. 그들은 끊임없이 함께 모여서 먹고, 마시고, 춤을 추고 노래하며 다른 집단의 사람들과 교류하며 결혼을 한다는 것이지요.

유목민들은 대체로 30명에서 40명의 소규모 집단으로 수렵과 채집활동을 하지만 이들은 주로 가족이 아닌 친구로 구성된다는 것입니다. 특히 집단 간 구성원을 계속해서 바꾸어 방대한 규모의 사회 관계망을 가지게 된다는 것입니다. 파라과이의 아체족과 탄자니아의 하드자족의 경우 평균적인 부족 구성원은 평생 무려 1,000명을 만나는 것으로 나타난다는 것은 놀랍습니다. 오늘날 현대인들이 평생 잠시 스쳐 가는 인연이 아니라 꾸준히 교류하는 친구가 천 명이 될까요?

지금까지 우리는 선사시대의 인류는 생존을 위해서 전쟁을 하기보다는 서로 교류를 하고 집단의 구성원을 계속 바꾸어 가면서 폭넓은 사회 관계망을 가지며 평화로운 삶을 살게 되었다는 것을 선사시대 동굴의 벽화, 암각화 그리고 인류학자들의 연구를 통해 밝혔습니다. 이러한 선사시대의 평화는 점차 인류문명을 일으키는 기초가 되었을 것으로 짐작됩니다.

전쟁을 하고 서로 살육을 자행하면 인류가 만든 문화와 문명은 파괴되지만 생존을 위해 함께 교류하고 결혼을 통해 친구 집단을 키우게 되면 서로의 문화를 이해하게 되고 각 집단이 가지고 있는 장점과 발견 등을 공유하게 되는 것은 당연합니다. 바로 문명이 발달할 수 있는 기초 조건이 형성되는 것이지요.

단군조선의 문명은 어떤 발명과 문화를 가지고 있었을까요?

단군조선의 문명을 이야기하기 전에 먼저 단군조선이 개국한 기원전 24세기 전후에 지구에는 어떤 다른 문명이 만들어지고 있었을까를 살펴 봅니다. 우리가 익히 들어본 세계 4대 문명인 메소포타미아 문명, 이집트 문명, 인더스 문명, 중국의 황허

문명과 더불어 단군조선 문명을 간략하게 살펴보고자 합니다. 과연 단군조선의 문명이 세계 4대 문명과 더불어 어깨를 나란히 하여 세계 5대 문명으로 발돋움을 할 수 있을지 궁금하지 않은가요?

04 기원전 3000년 전후의 세계 5대 문명

문명이란 무엇을 말하지요?

인류가 선사시대를 지내면서 문명을 창조하고 국가를 탄생시킨 것은 언제부터일까요? 문명은 문화와 어떤 차이가 있을까요? 태고적 원시 인류나 현존 미개인들도 나름대로의 문화를 가지고 있다고 볼 수 있지만 문명은 그보다 발전된 문화의 단계를 의미하고 있습니다.

문명(civilization)이란 인류가 생활하면서 이루어 놓은 모든 상황적 기반을 뜻하는 것으로서 도시(city)를 의미하는 'civitas'에서 유래하였습니다. 하지만 문화(文化, culture)는 경작(cultivation)을 의미하는 'culture'에서 유래하여 그 차이가 있습니다.

마지막 빙하기가 종식된 1만 년 전 무렵 인류는 수백만 명에 불과하였습니다. 당시 인류는 수렵 채집을 통해 식량을 구하고 있었으며 소규모 집단을 이뤄 이동하면서 서서히 정착 생활을 시작하였습니다.

문명의 시작은 언제부터인가요?

인류가 수렵 채집 생활에서 농경 생활로 이행한 것은 신석기 시대인 BC 8,000년 경이며 우리가 메소포타미아 문명의 발상지라고 알고 있는 아시아 서남부의 '비옥한 초승달 지대'로 알려져 있습니다.

아시아 서남부에 위치하는 레반트 지역의 유적지에서 보리, 밀, 다양한 콩류의 탄화된 씨앗과 겨가 출토되었고 사육하던 양과 염소의 뼈도 발견되어 정착 생활을 하면서 농사를 짓고 동물도 키운 것을 알 수 있습니다.

오늘날의 중국인 단군조선의 영토에서는 BC 7,000~6,000년에 농경이 시작되었고, 아메리카 대륙에서는 BC 3,000년경, 아프리카 열대지방에서는 BC 2,000년경부터 농경이 시작되었다는 것이 학계가 널리 인정하는 정설이지요.[17]

널리 알려진 문명은 어떠한 것이 있나요?

문명사가 아놀드 토인비는 1979년에 출판한 저서를 통하여 인류문명을 독립 문명과 위성 문명으로 나누며 수메르-아카드 문명, 이집트문명, 에게문명, 인더스문명, 중국 문명을 역사상 오래된 독립 문명으로 분류하였으며 한국 문명과 일본 문명은 중국 문명의 영향을 받은 위성 문명으로 생각하였습니다[18]. 상고시대의 한국 문명이 단군조선의 문명과 그 뿌리 문명인데 아직 세계적으로 널리 알려져있지 않습니다. 5천 년 이상의 단군조선의 문명과 8천 년 이상 되는 뿌리 문명 (민족 역사학자들은 배달국, 환국으로 부르고 있습니다)에 대해 2장과 3장에서 조금 다루고자 합니다.

단군조선 문명이 세계 4대 문명과 비슷한가요 아니면 다른가요?

우리가 문명이라 이름을 붙일 때는 문자와 청동기의 사용, 도시의 출현 등이 문명인지 아닌지를 판단하는 중요한 잣대가 되는데 이는 세계 4대 문명뿐 아니라 단군조선 문명에도 그대로 적용되어 단군조선이 문자를 가졌는지, 청동기를 사용했는지 그리고 도시를 건설했는지를 유물과 유적을 통해 알아보고 난 후 문명의 여부를 판단합니다.

단군조선이 건국된 기원전 2,333년경 전후 세계에는 아시아에는 황하 문명, 인더스 문명 그리고 메소포타미아 문명이 있었고 북아프리카에는 이집트 문명이 존재했습니다. 세계 4대 문명이 단군조선의 문명과는 어떤 공통점이 있었는지, 어떤 차별적인 요소가 있었는지 검토된 바가 없습니다. 그동안 이 시기에는 오직 위의 네 가지 문명만 존재한 것으로 여겨왔기 때문이지요.

그런데 단군조선이 건국된 발해만 요하 유역에는 기원전 8천년에서 만 년 전까지 거슬러 올라가는 문명이 있었음이 지난 수십 년 동안 고고학적 발굴을 통해 나타났으며 아직도 지속적인 연구가 이뤄지고 있습니다.

세계 4대 문명은 서로 접촉이 있었나요?

세계 4대 문명 중에서 우선 먼저 오리엔트 지역에 있는 인류 문명의 발상지를 살펴봅니다. 이집트의 나일강, 메소포타미아의 티그리스-유프라테스강, 인도 아대륙의 인더스강 유역입니다. 그동안 이들 지역은 서로 떨어져 있어서 별개로 형성되었다고 여겨져 왔지요. 하지만 현대에 이르러 고고학 발견이 추가로 많이 이뤄지면서 이들 문명이 서로 인접하여 광범위한 접촉과 문화적 교류가 있었다는 결론이 유추되었습니다.

이집트 문명

이집트 문명이 태동한 곳은 어디인가요?

이집트 하면 생각나는 것은 나일강입니다. 이집트 문명의 뿌리는 바로 나일강이지요. 나일강이 홍수로 인하여 강물이 범람하면 그 주변에 기름진 땅이 만들어집니다. 그러면 농사짓기가 좋아져서 사람들이 몰려들며 문명이 시작되었다고 하지요. 나일강 유역에 최초의 촌락은 기원전 4,300년 이후에 등장했으며 농경은 그 후 800년 뒤에 완전히 자리 잡은 것으로 보입니다[19].

이집트 문명은 언제 시작되었나요?

피라미드 스핑크스

이집트 문명은 초기부터 강력한 통치자가 지배하는 통일왕조의 성격을 지니고 있습니다. 고대 이집트는 고왕국, 중왕국,

신왕국으로 1,600년 정도 지속됩니다. 고왕국 시대는 기원전 2700년에서 2200년까지이고 중왕국 시대는 기원전 2100년부터 1600년 힉소스의 침입으로 멸망한 때까지이며 신왕국 시대는 기원전 1580년 힉소스를 물리친 후 기원전 11세기 쇠퇴할 때까지입니다.

이집트 문명의 특징은 무엇인가요?

고대 이집트는 제정일치의 다신교 국가로 각가지 신화를 통해 우주 현상을 설명합니다. 이집트의 왕은 우주의 중심으로서 파라오라고 불리고 있으며 태양신 레의 아들로 숭배되며 사제들보다 높은 위치에 있습니다. 파라오는 죽은 다음 저승의 왕이자 어학, 결혼, 곡물의 여신인 이시스의 남편 오시리스와 한 몸이 되어 저승에서 신으로 되살아나 나일강의 범람을 조절하여 풍년을 보장해준다고 믿어졌습니다. 따라서 뛰어난 기하학과 건축술의 도움으로 거대한 피라미드와 스핑크스 등의 유물을 남길 수 있었습니다. 이집트 문명은 히에로글리프라는 상형문자를 발명하였으며 아직 기념비나 묘비에 남아 있습니다

이집트 문명을 요약하면 무엇이라고 할 수 있나요?

이집트 문명은 기원전 4,300년경부터 나일강 유역에 촌락이 형성되면서 강력한 통치자가 지배하는 제정일치의 다신교 국가로 이뤄졌으며 피라미드와 스핑크스의 유물과 더불어 히에로글리프라는 상형문자를 남겼습니다.

메소포타미아 문명

메소포타미아 문명은 세계 최고의 문명으로 알려져 있습니다.

메소포타미아 문명은 어디서 시작되었나요?

오늘날 터키에 위치한 아나톨리아 고원에서 발원한 유프라테스강과 티그리스강 사이에 비옥하고 풍성한 삶의 조건이 형성되는데 그곳이 메소포타미아(Mesopotamia; 두 강 사이의 땅)라는 지역입니다.

언제부터 시작되었나요?

이 지역 동북부의 괴베클리 테페에서는 1만2천 년 전의 신전도시가 발굴중이며 차탈회위크는 9,500년 전의 인류 최초의 계획도시가 발굴되었습니다. 기원전 6,000년경 원시 경작촌이 생겨나 밀과 보리 등 곡물을 재배하고 개, 염소, 돼지, 양 등의 동물을 사육하였습니다.

경작촌들이 관개수로의 건설로 도시로 성장하여 기원전 4,250년에서 기원전 3,750년 사이에 작은 도시 공동체들이 나타났습니다. 기원전 3천년대에 점토판에 설형문자를 만들어 기록하고 맥주를 만들어 마셨던 유물이 발견되었습니다.

성경에 나오는 아브라함과도 연관이 있나요?

구약성경에 아브라함이 떠나온 도시, 우르가 바로 메소포타미아의 우루크로 대표되는 도시입니다. 우르크를 중심으로 기원전 4,500년부터 기원전 1,900년 경까지 수메르 문명이 탄생하였지요. 지구라트(ziggurat)라 불리는 피라미드형 신전이 건설되었고 물레의 제작으로 무색 토기를 대량 제작했습니다[20]. 메소포타미아 문명은 인구밀도가 높아 대규모 거주 도시가 발달하였습니다.

메소포타미아 유물 (Public Domain)

메소포타미아 문명의 특징은 무엇인가요?

메소포타미아 문명은 기원전 4,250년에서 기원전 3,750년 사이에 작은 도시 공동체가 형성되면서 발달했고 기원전 3천년대에 점토판에 적은 설형문자를 발명하였고 지구라트라 불리는 피라미드형 신전이 그 특징입니다.

> 이집트 문명과 메소포타미아 문명의 만남
>
> 1. 이집트와 메소포타미아 두 문명의 공통점은 소규모 엘

> 리트층이 인구 대다수를 착취하는 체제에 기반하고 있으며[21] 나아가 형태는 다소 다르지만 피라미드를 보유하고 있다.
>
> 2. 아프리카 북부에 자리 잡았던 이집트 문명과 근동 지방에서 발전했던 메소포타미아 문명이 충돌한 사건이 있었다.
>
> - 이집트의 파라오 람세스 2세와 히타이트의 왕 무와탈리스 2세가 기원전 1300년 경 전쟁을 치뤘는데 이집트는 카데시 탈환에 실패하고 이집트에 우호적이었던 주변국들이 히타이트에 투항하였다.
> - 인류 역사상 최초의 평화조약을 맺었다. 즉, 상호불가침조약과 양국이 위기에 처했을 때 원군을 보내주기로 한 상호방위협정, 항구적인 평화를 위한 노력과 위반 시에는 신이 가만두지 않을 거라는 페널티 조항이 들어 있다[22].

단군조선이 메소포타미아 문명과 만난 적이 있나요?

이집트 문명과 메소포타미아 문명이 부딪힌 사건이 있었다고 보았지요. 아시아에서 자리 잡은 메소포타미아 문명과 단군조선의 문명은 어떠했을지 궁금해지지 않나요?

최근의 연구에 따르면 수메르족은 동방에서 유입된 산악민족으로 추정되며 한국어와 같은 교착언어를 사용하고 있는데 그

모양이 복희씨의 팔괘 부호와 비슷합니다. 수메르라는 말은 한국어 소머리의 전음일 가능성이 있다는 연구가 있어 흥미롭습니다.[23]

<단군세기>에 따르면 수밀이 국, 즉 수메르에서 조공을 했다는 기록이 있으며 우루인들이 투항했다는 기록이 나옵니다

> 동(冬) 10월에 양운(養雲), 수밀이(須密爾)의 두 나라 사람이 와서 방물을 바쳤다. 추(秋) 7월에 우루인(虞婁人) 20가(家)가 투항하여 왔으므로, 鹽水(염수) 근처의 땅에 정착하도록 명하였다.

람세스

히타이트-이집트 평화협정

수메르에서 단군조선에 조공을 했다는 기록이 사실일까요?

단군세기에 나오는 이 내용은 수메르족이 단군조선 때 메소포타미아 지역에서 동부 아시아로 이동해 온 사실을 기록한 것입니다. 단군세기에 나오는 단군 시대 천문현상을 첨단과학으로 검증[24]한 연구가 있어 단군세기에 나오는 사료의 진실성을 확인한 바가 있으니 사실로 여겨집니다.

> 수메르족과 단군조선의 관계는 어떠한가요?

> 수천 년 전 단군조선의 강역이 한반도를 넘어서 내몽고지역, 요서 지역, 만주지역을 포함하는 쪽으로 시각을 넓히면 이 기록이 더욱 사실로 와닿을 것입니다. NHK 취재반의 <잃어버린 과거에의 여행>[25]에 의하면

> (메스칼람투우)의 무덤에서는 각가지 財寶(재보)에 쌓여, 황금 단금 두 자루를 몸에 지니고 죽은 왕의 시체가 나왔다. 머리 부분에는 찬란히 빛나는 황금투우가 있었다. 이 투우는 전체가 왕의 머리를 본떠 만든 것으로, 머리카락 하나하나가 부조되어 있고, 그 머리카락을 뒤에서 묶어 상투를 틀었다.

수메르 왕의 머리가 상투를 틀었다는 기록은 수메르족이 바로 우리 한민족, 즉 동이족이었음을 나타냅니다. 우리 한민족의 뿌리인 동이족만이 머리에 상투를 하는 풍습을 지니고 있었음을 기억하면 좋겠습니다. 더욱이 기원전 2,400년 경 수메르 문명의 구리로 만든 향로는 씨름하는 모습의 인물이 받침으로 만들어져 있는데 우리의 씨름 장면과 똑같습니다. 이는 수메르족이 우리 민족과 뿌리가 같은 동이족, 환족이었음을 암시하고 있습니다.[26]

인더스 문명

오늘날 인도 대륙의 인더스 문명은 언제 시작되었나요?

기원전 6,000년 무렵 오늘날 파키스탄과 북서부 인도의 경계인 인더스 계곡에서 밀과 보리가 재배되었으며 완두콩, 렌틸콩, 대추야자, 목화가 재배되었습니다. 인더스 문명은 기원전 3,000년 기 중엽부터 약 1,000년 동안 인더스 유역을 중심으로 번영했다가 서쪽에서 침입해온 아리아인에 의해 멸망하였습니다.

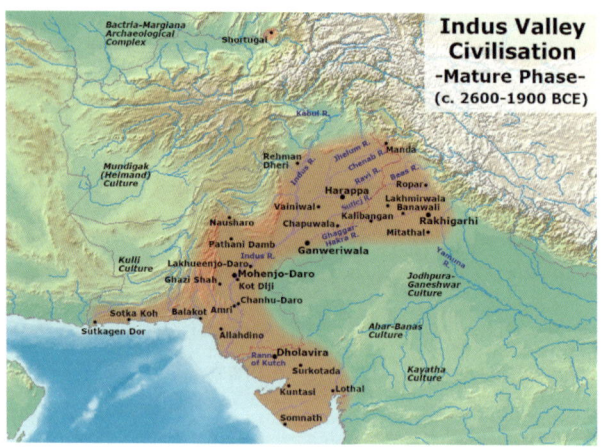

인더스 문명 지도indus-valley-seals (Public Domain)

대표적인 유적지는 어디인가요?

파키스탄 북서부의 하라파에서 최초로 유적지가 발견되었는데 대표적인 도시유적은 모헨조다로(MohenjoDaro) 도시 건축물과 배수시설, 대목욕장, 테라코타로 만들어진 토우와 청동 조각상 등이며 인장에 새겨진 미해독 문자[27]가 존재합니다. 하라

파와 모헨조다로 두 도시의 전성기 인구는 3만-5만에 이릅니다.

인더스 문명은 다른 지역과 교류를 했나요?

인더스 문명은 거미줄처럼 퍼진 교역망의 한가운데를 차지하고 있었으며 320km 떨어진 쇼르투가이에 교역 식민지를 두었고, 카스피해의 안틴 테페와 메소포타미아와도 교역을 하였습니다. 인더스 계곡에서는 아궁이에 나무를 때 벽돌을 말렸는데 수백 년도 안되어 삼림이 사라지고 토양 침식이 진행되었지요. 그 후 외부 세력의 침략으로 멸망한 후 중심지는 갠지스 강과 주변 남동부로 이동하였습니다[28].

최근 메소포타미아 문명과 인더스 문명의 중간 교역로 역할을 한 딜문 (Dilmun 혹은 Telmoon) 왕국의 유적지들이 사우디아라비아 동부 해안 지대에서 확인되어 두 문명과의 교류가 있었음을 알 수 있습니다[29].

인더스 문명의 인장

이처럼 문명은 홀로 생겼거나 홀로 발전하기보다는 다른 문명과 상호작용하면서 생성하고 발전했다고 보는 것이 더 합리적이지요.

황하 문명

 이제 수천 년 전에 우리 한민족이 살아갔던 중국 대륙으로 갑니다. 오늘날 중국의 황하 문명은 황하 중류와 남북지역인 중원에서 발생한 한족의 문명으로 인류의 4대 문명으로 알려져 왔습니다.

 황하 문명은 언제 어디서 발생했나요?

갑골문 (국립민속박물관)

 신석기 시대인 기원 5,000~3,000년 황하 지역의 주요 유적인 앙소 문화를 토대로 하여 청동기 시대인 기원전 2,000~1,500년 하도(夏都) 유적지가 대표적인 문명이지요, 한족은 황하 문명을 바탕으로 삼황오제의 전설 시대에 이어 기원전 2,070년~1,600년경의 하나라, 기원전 1,600년~1,040년의 상나라(은), 기원전 1,046년~771년의 주나라를 거쳐 춘추전국시대, 진·한·삼국 시대를 거쳐 오늘날 중국에 이르렀습니다[30].

 황하 문명의 특징은 무엇인가요?

하나라는 폭군 걸 왕이 상나라의 탕왕에 의해 멸망합니다. 상나라는 은허, 갑골문 그리고 순장의 풍습이 있는데 미인과 향락에 빠진 주왕은 주나라의 무왕에 의해 멸망하였지요. 주나라는 통치자를 천자라고 부르며 하늘의 명을 받아 다스린다는 천명사상이나 외부의 세력을 오랑캐라 부르는 존왕양이(尊王攘夷)[31] 사상, 그리고 예의 관념과 중화사상 등의 개념을 만들어 중국의 정신적인 틀을 마련하였습니다[32].

황하 문명의 개척자는 어느 민족인가요?

중국의 학자들은 황하 유역에서 원시 한족(漢族)을 이룬 집단 중에서 문화적, 인구적, 지리적, 실력적, 언어적으로 가장 우세한 집단이 동이족이었다고 주장합니다. 근대 중국의 역사학자 유절도 <중국고대종족이식사론>에서 동이족(東夷族)과 화하족(華夏族)은 모두 맥족, 즉 단군조선을 세운 구이(九夷)의 하나에서 나왔다고 주장합니다[33].

이는 실제로 황하 문명의 개척자는 동이족이 가장 주도적인 역할을 했다는 주장으로 우리의 상식을 뛰어넘는 사실입니다. 중국이 동북공정을 추진하면서 8천 년 이상 된 동이족의 문명을 한족 중심의 문명으로 거짓 포장하는 이유이기도 하니 놀라운 따름입니다.

실제로 지난 사천 년의 중국 역사를 보더라도 동이족(東夷族)의 갈래인 상(은)나라뿐 아니라 거란족 (요나라), 몽고족 (원나라), 만주족 (청나라) 등이 중원을 더 오래 지배하면서 역시를 일구어왔다는 사실을 알 수 있습니다.

지금도 중국은 수많은 소수민족이 있지만 한족의 문화권에 있는 대부분의 사람들도 따지고 보면 동이족, 거란족, 몽고족, 만주족이 한족화되었다고 보는 것이 합리적이지 않을까요?

단군조선 문명 (요하 발해 문명)

이제 드디어 5천년 전 한민족이 세운 단군조선이라는 나라와 그 문명에 대해 살펴볼 차례입니다.

우리는 왜 단군조선 문명에 대해 모를까요?

단군조선 문명, 요하 발해 문명, 혹은 고조선 문명에 대해 잘 모르는 이유는 다음과 같습니다.

1984년 중국의 발해유역 북쪽인 내몽고 적봉시에 있는 홍산에서 5,000년 전의 여신상을 비롯한 요하 문명이 발굴되었습니다. 황하 문명과 다른 성격이면서 수천 년 더 오래된 문명이 발견되어 중국 고고학계는 충격에 빠졌습니다. 중국인들의 자존심이었던 황하 문명보다 오래되고 황하 문명에 영향을 준 문명을 중국 고고학계는 요하 문명으로 일컬으며 중국 문화의 원형으로 탈바꿈하는 연구를 진행했습니다. 이것이 바로 탐원 공정과 동북공정이라 불립니다.

최근에 소수의 한국 학자들이 요하 문명이 바로 우리 한민족의 문명이라고 알리고 있지만 식민사관을 받드는 대부분의 역사학계는 단군조선의 존재를 인정하고 있지 않으며 국사 교과서에조차 단군조선이 국가라는 내용을 싣고 있지 않습니다.

단군조선 문명, 요하 문명이 중국의 중원문화와 다른가요?

네. 중국 고고학계가 발굴한 요하 발해 지역에서 나온 유물은 중국의 중원문화와 매우 다릅니다. 오히려 우리 한민족의 상고시대 도시국가 유적임을 증명하고 있습니다. 왜 그럴까요? 다음과 같은 일곱 가지 증거 때문입니다[34].

1. 중국 한족은 토광묘를 쓰지만 요하문명 홍산문화는 우리 한민족의 고유한 무덤 형태인 돌무지무덤인 적석총이 발굴되었습니다. 적석총과 고인돌은 한민족의 고유한 장례문화를 나타낸다는 것은 역사학계와 고고학계에 널리 알려진 사실이지요.

2. 홍산과 흥륭와 문화에서 나온 옥기의 재질은 압록강 유역의 수암옥이라 불립니다. 서해 옥 귀걸이, 강원도 고성 문암리 옥 귀걸이와 모양이 같아서 한민족의 단일 문화권이라고 볼 수 있습니다.

3. 홍산 문화에서 출토된 여신상인 웅녀상은 곰 토템을 나타낸 것으로 단군 사화에도 자세히 나와 있습니다.

4. 용봉 문화는 천자 문화와 연관된 것인데 이는 한민족의 문화에서 나온 것이지요.

5. 요하 문명이 나온 곳은 단군조선의 강역입니다.

6. 홍산 문화에서 나온 유골의 유전자는 현대 한국인과 일본인의 유전자와 가깝고 일부는 현대 한국인과 완벽하게 일치하는 반면, 중국 한족과는 다릅니다.

7. 요하 문명에서는 빗살무늬토기가 발굴되었습니다. 빗살무늬토기는 중국 중원 일대에는 보이지 않는 계통으로 한민족의 강역이었던 요서 일대, 흑룡강 중·하류, 한반도, 일본 등지에서 발견되고 발해문명권, 한반도의 압록강, 두만강, 대동강, 한강 유역, 동해안, 남해안, 김해로 이어지고 있는 한민족의 대표 유물입니다.

우리 역사에서 단군조선이란 2천 년 역사가 사라진 것을 알고 있었던 함석헌 선생은 한탄했습니다.

> "그동안 단군조선의 역사가 일찍부터 문자로 기록되어 고기로 편찬되었으나 모두 소실되어, 단군조선의 역사는 '기록이 없는 5천 년 역사'였다"[35]

이처럼 함석헌 선생은 기록이 없는 단군조선의 역사에 대해 한탄했지만 이제 요하 문명의 유적들이 발굴되면서 가장 확실한 땅속의 기록이 나타났습니다. 누구도 부인할 수 없는 눈에 보이는 증거물로서 단군조선을 보여주고 있으니 우리 민족에게는 얼마나 천우신조의 일인가요!

단군조선 문명의 특징은 무엇인가요?

요하 문명으로 지칭되는 단군조선 문명의 특징은 5,000년 이상이 되는 도시국가 유적입니다. 이 유적에서는 빗살무늬토기, 곰토템 유물, 적석총, 옥기 문화와 용봉 문화가 특징인 한민족, 즉 동이족의 대표 유물이 출토되었습니다. 드디어 삼국유사와 삼국사기에서 '기원전 2,333년 조선이란 나라를 세웠다'라는 글의 진실성을 증명하는 유물과 유적들이 오천 년을 지나 마침내 땅속에서 나타나서 단군조선의 존재를 드러내게 되었습니다.

문명을 판단하는 또 다른 기준인 문자로는 단군조선에서는 가림토 문자를 발명했다는 기록이 있으며 현재까지 다른 형태의 문자가 문헌과 암석 그리고 명도전이라 불리는 화폐에 남아 있습니다. 단군조선에 대하여 그동안의 학문적인 결실과 수천 년 잠들고 있었던 유물 유적 발굴 결과를 종합적으로 검토하여 역사적 사실과 그 존재의 의미에 대해 깊이 탐구하고자 합니다.

단군조선 문명을 살펴보기 전에 간략하게 세계 5대 문명을 시대와 뿌리 문명, 지역 그리고 특징을 살펴보도록 하겠습니다.

5대 문명 비교

문명	시대	뿌리문명	지역	특징
이집트	기원전 2,700 ~1,100	기원전 4,300년 (촌락형성)	나일강 유역	다신교, 피라미드와 스핑크스, 히에로글리프(상형문자)
메스포타미아	기원전 4,250년 ~기원전 3,750년	괴베클리 테페 1만2천년 전 신전도시 발굴중 차탈회위크 9,500년전 계획도시 발굴 기원전 6,000년경 원시 경작촌, 밀과 보리 등 곡물 재배, 개, 염소, 돼지, 양 사육	티그리스, 유프라테스 강 유역	작은 도시 공동체, 점토판에 적은 설형문자, 지구라트(피라미드형 신전)
인더스	기원전 3,000 ~2,000	기원전 6000년 밀, 보리, 완두통, 렌틸콩, 대추야자, 목화 재배	인더스 강 유역	도시유적, 모헨조다로(MohenjoDaro) 도시 건축물과 배수시설, 대목욕장, 테라코타로 만들어진 토우와 청동 조각상 등
황하	기원전	기원전 5,000~3,000년 앙소 문화	황하 중류	하도(夏都) 유적지가 대표적인 문명으로 중국 황하 중류
단군조선	기원전	기원전 9천년전	요하 발해 연안 중심	5,000년 이상 도시국가 유적, 빗살무늬 토기, 곰토템 유물, 적석총, 옥기 문화와 용봉 문화

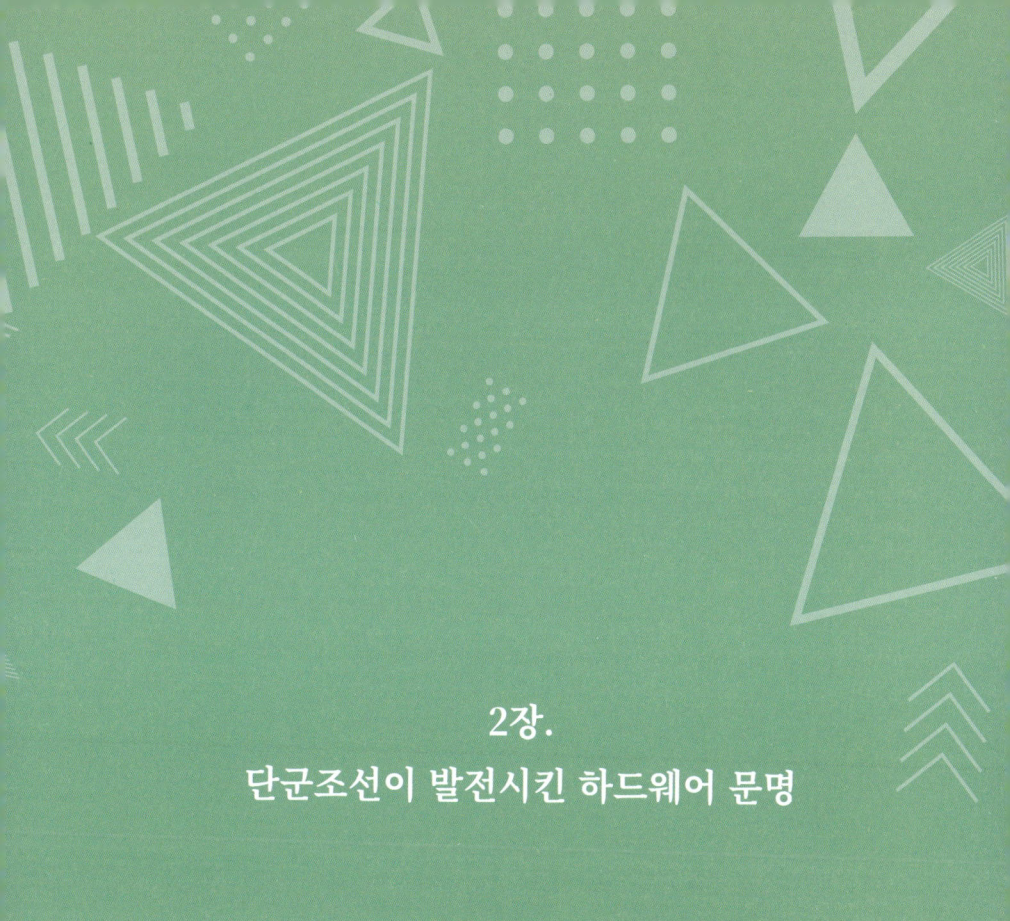

2장.
단군조선이 발전시킨 하드웨어 문명

2장. 단군조선이 발전시킨 하드웨어문명

01 단군조선의 과학기술
- 큰 활의 발명
- 비파형 동검과 창
- 최초의 석성
- 눈금돌 (자)의 사용
- 최초의 배와 조선소

02 단군조선의 하늘 숭배 문화
- 세계 최초의 제단
- 고인돌 무덤
- 선돌 문화
- 적석총

03 단군조선의 경제 사회 인프라
- 화폐 - 명도전의 발명

04 단군조선의 교육 문화 예술 스포츠
- 옥(玉) 문화 유물
- 용(龍) 문화 유물
- 금동문화 유물

05 단군조선의 보건 의료
- 세계 최초의 골침 유물

2장
단군조선이 발전시킨 하드웨어 문명

기원전 2,333년에 개국한 단군조선은 어떠한 나라였을까요?

국가는 3가지가 갖추어져야 이뤄집니다. 즉, 영토와 백성 그리고 주권을 가지고 있어야 국가의 자격이 됩니다. 단군조선은 수도와 나라의 영토를 확정하고, 백성들을 법률과 예악으로 다스리며 이웃 나라와의 관계에서도 주권을 행사한 당당한 국가였습니다.

단군조선의 강역은 단군이 통치하던 나라인 아홉 개의 나라를 포함하고 있으며 단군조선은 변방의 작은 나라가 아니라 아홉 개의 제후국을 거느린 대제국이었음을 살펴보게 될 것입니다. 단군조선의 통치 영역은 북경 근처의 난하 서쪽인 요서 지역부터 요동을 거쳐 북쪽으로는 지금의 흑룡강 유역과 그 상류인 아르군 강 유역이었으며 동북쪽으로는 연해주 지역까지 미치며 남쪽은 한반도 남부의 해안선에 걸치는 지역입니다. 놀라운 사실이지요. 후에 자세하게 알아볼 것이니 지금은 이 정도로 넘어가지요.

지금 우리 한민족이 주로 거주하는 한반도를 벗어난 광대한 지역에서 수만 년에서 수천 년의 세월에 걸쳐 이뤄진 삶의 역사는 우리의 상상을 초월하는 서사시이지만 우선은 오천 년 전에 세워진 단군조선이 일구었던 문명을 살펴보려 합니다.

단군조선 문명, 혹은 고조선 문명이라 불리기도 하고 발해 요하 지역에서 발생했다고 해서 요하 문명으로 불리기도 합니다. 이 문명은 우리가 알고 있던 수메르 문명이나 이집트 문명, 인도 문명, 황하 문명과 차별화되면서 세계 최초로 기록될 수 있는 수많은 특징이 있어 세계 5대 문명으로 기록될 만한 깊은 뿌리가 있으며 그러한 가치가 있습니다.

단군조선이 건국되기 전에 존재한 배달국과 환국[36]에 대해서는 이제 막 연구가 시작되고 있다고 해도 과언이 아닙니다. 현재 중국 영토에 속한 배달국과 환국의 유물들, 즉 홍산 문화 이전의 유물들도 엄청나게 발굴되어 있습니다. 이들 유물들은 우리 한민족의 대표 유물들뿐 아니라 아시아 최초, 나아가 세계 최초의 유물들이 많습니다.

단군조선 시대 일군 문명은 그 자체로 세계 최초의 발명과 문화도 있지만 단군조선 이전 시대인 배달국이나 환국부터 내려온 부분도 있기 때문에 함께 소개하고자 합니다. 앞으로 배달국과 환국에 대한 많은 연구가 있기를 기대합니다.

01 단군조선의 과학기술

단군조선의 과학기술은 어떤 것을 꼽을 수 있을까요?

우선 먼저 사냥을 통해 먹거리를 구하고 나아가 적의 침입에 대비해 나라를 지키기 위해서 필요한 무기인 큰 활과 비파형 동검과 창의 발명, 그리고 돌로 만든 성인 석성을 들 수 있습니다. 나아가 농기구 등을 제작할 때 필요한 눈금돌 (자)의 발명도 중요한 과학기술이지요. 그리고 강이나 바다를 항해하기 위한 배를 조선소 설립을 통하여 만들었다는 것도 세계 최초의 기록이 됩니다.

큰 활의 발명

우리 한민족과 활과는 어떤 관계가 있나요?

오늘날 올림픽 양궁 종목에서 금메달을 휩쓸어 가는 나라는 대한민국인데 이는 한민족이 가진 역사와 전통이란 DNA를 여실하게 보여주는 사례입니다. 우리 민족을 중국의 화하족들은 오래전부터 동이(東夷)라고 부르는데 이를 쉽게 풀이하면 중국 동쪽 지역에 큰 활 (대궁; 大弓))을 사용하는 민족이란 뜻이죠.

실제로 고중국에서는 동이가 처음 활과 화살을 발명했다는 전설이 기록으로 내려옵니다. 진서에는 "단궁(단군조선의 활)은 5척 5촌이고 호시(호나무 화살)의 길이는 1척이 조금 넘는다"고 기록되어 있는데 활 길이 5적 5존은 약 1m 5cm로서 당시에 상당히 큰 활이지요. 활과 화살은 부식되어 없어졌으나 돌

화살촉은 오늘날도 출토되고 있어 활의 존재를 알려주고 있습니다.[37]

활을 처음 만든 민족은 누구인가요?

활과 화살 제조법을 동아시아에서 처음 만들어 보급한 민족은 우리 한민족, 동이족이라는 중국의 역사학자의 기록이 있습니다.

"(고조선 이주민) 소호족이 처음 활과 화살 제조법을 고중국에 가르쳐 주었으며 고조선 이주민 전욱족은 좋은 활과 화살의 별기를 고중국에 전하여 가르쳐 주었다" - 중국학자 부사년-[38].

우리나라에 최초로 활을 사용한 기록이 있나요?

울산 천천리 각석 활쏘기 부분 모사도 국궁신문 2021년

네, 울산의 천천리 명문과 암각화에서는 우리나라 최초로 활쏘는 모습을 남기고 있어서 활의 존재와 활사용에 대한 유물과 기록의 진실성을 뒷받침하고 있지요.

우리 민족의 활쏘는 문화가 후대에 전승되었나요?

단군조선 이래 우리 민족이 사용한 활은 부여, 고구려, 백제, 신라에 전승되어 사냥뿐 아니라 전쟁시 공격용 혹은 방어용 무기로 사용되어 왔습니다. 고구려 벽화에는 말을 타는 무사가 사냥하면서 활을 겨누는 동적인 모습이 잘 그려져 있습니다.

우리 민족이 수천 년 사용한 활, 활쏘기가 올림픽 경기종목에서 채택되어 세계 1위를 차지한 기록은 수천 년 동안 내려온 우리 한민족의 DNA를 잘 말해주고 있습니다.

고구려 고분벽화 기념액자 (국립중앙박물관)

비파형 동검이란 무엇을 말하고 있나요?

비파형 동검이란 비파 모양의 청동기 칼을 말합니다. 고대 악기 비파 모양으로 검 끝과 검 아래의 돌기를 중심으로 부드러운 곡선의 모양새로 도안되어 비파형 동검으로 불리고 있습니다. 검 몸과 검 자루를 별도로 주조하여 조립하는 조립식 청동 단검으로 검 몸의 한가운데 등대가 검의 끝부분에서 검 자루 이음새까지 세로로 곧게 만들어져 있는 것이 특징입니다.

비파형 동검이 우리 한민족의 유물임을 어떻게 알 수 있나요?

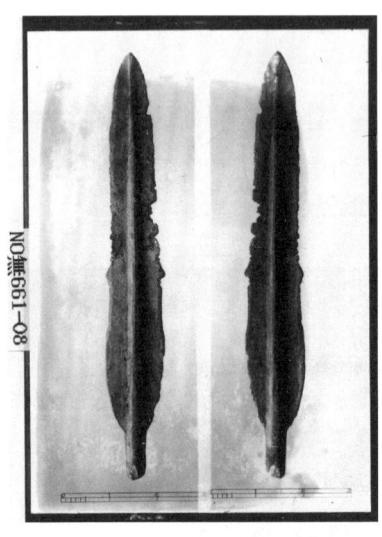

평남 출토 비파형동검(국립중앙박물관)

칼이 악기인 비파 모양을 본딴 것은 우리 민족이 세운 최초의 평화 국가인 단군조선의 대표적인 청동기 문화 유물이기 때문입니다. 청동칼의 경우 비파라는 악기처럼 생겨 비파형 동검, 고조선식 동검이라 불리는데 다른 지역의 칼은 뾰족한 모양으로 공격형이나 비파형 동검은 악기 모양으로 방어 위주의 칼로 보여집니다. 비파형 동검은 전쟁보다 평화를 선호하는 우리 민족의 홍익사상, 평화 사상이 구체화된 동검의 형태라고 주장됩니다[39].

이는 중국이나 다른 이웃 나라의 청동기 유물과는 형태와 도안, 구조가 확연히 상이합니다.

비파형 동검의 출토지역을 살펴보면 바로 단군조선의 통치 영역임을 알 수 있는 기준이 됩니다. 비파형 동검은 한반도, 만주의 요동·요서·동내몽고 지방의 옛 무덤에서 널리 분포되어 발굴되어 단군조선의 영역이 바로 한반도뿐 아니라 요동·요서·동내몽고 지방을 포함하고 있음을 말해주고 있습니다[40].

또 다른 우리 한민족의 청동 무기가 있나요?

비파형 청동검과 더불어 사용된 청동 무기로 단군조선 문명을 나타내는 또 다른 대표 유물은 비파형 청동 창끝입니다. 비파형 청동 창끝은 손잡이에 긴 나무 막대를 끼워 긴 창으로 사용한 것인데 디자인이 비파를 닮아서 비파형 청동 창끝이라 불리고 있습니다.

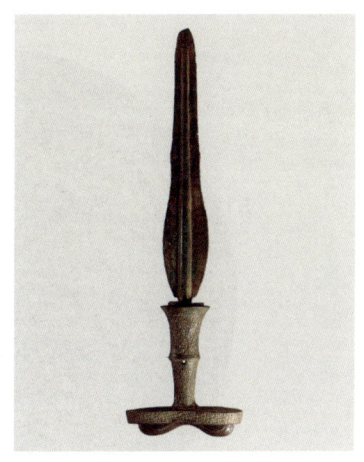

비파형청동검 (遼寧式靑銅劍把)
(국립중앙박물관)

비파형 청동 창끝 역시 중국이나 시베리아 등의 이웃 나라에 없는 단군조선 고유의 유물입니다. 주로 한반도, 만주의 요동·요서·연해주에 걸쳐서 발굴되어 단군조선의 경계를 말해주고 있습니다[41].

또 다른 청동유물이 있나요?

BC 4세기 무렵의 잔줄무늬 청동거울 (다뉴세문경)이 단군조선을 대표하는 유물입니다. 이 청동거울은 지름이 21.2cm에 불과하나 100여 개의 동심원과 1만 3천 개의 정교한 선이 그려진 청동 주물로서 새로운 디자인, 섬세한 도안, 정밀한 주조 기술이 이뤄낸 세계 최고의 명품입니다.

청동거울 국립중앙박물관

최초의 석성

고대의 유적지를 방문한 적이 있나요? 필자는 서울의 북한산성, 남한산성, 아차산의 백제 산성, 공주의 공산성을 가본 적이 있는데 수백 미터에서 수천 미터 산기슭을 따라 만들어졌기 때문에 가장 눈에 띕니다. 서울의 사대문을 잇는 성이 있었지만 일제 강점기에 파괴되어 지금은 혜화동의 낙산 산성의 성벽 일부가 남아 있을 뿐입니다.

고대에는 성(城)은 어떤 역할을 했나요?

수천 명의 사람들이 동원되어 오랜 세월 동안 성벽을 쌓은 이

유는 무엇일까요? 고대 국가의 근간은 농업이지요. 성안의 농부들에게 소중한 논과 밭, 과수원, 집과 곡식 저장고, 가축을 키우는 우리가 중요하고 상인들에게는 유통을 할 수 있는 시장과 상점, 수공업자들에게는 각종 기구와 도구를 만드는 가게가 중요했기 때문이지요. 그리고 성안의 군인들과 지배계급들이 사는 집과 성채, 방어를 위한 건물 등이 성안에 있었기 때문이고요.

<길가메시 서사시>에도 국가를 세운 왕은 백성을 보호하기 위해 도시에 성벽을 쌓는다는 기록이 남아 있습니다.

단군조선의 성에 대한 기록이 있나요?

단군조선을 세운 임금인 단군도 성을 쌓아 그 흔적이 남아 있습니다. 단군왕검이 BC 2,333년경 조선을 세운 후에는 성을 쌓아 경계를 정하고 신하들과 백성들이 안전하게 살게 하였을 것입니다. 단군조선이 세운 조선성의 흔적이 5천 년 지난 이후에도 남아 있다면 우리 민족으로서는 얼마나 다행한 일인가요?

단군조선의 도읍지 조선성에 대한 기록의 흔적을 역사학자 심백강 박사가 중국 문헌에서 발견하였습니다[42].

"하북성 노룡현에 기자가 동쪽으로 와서 봉함을 받은 조선성이 있다" - 송나라 낙사의 <태평환우기> -

단군조선 시대의 폐허가 된 조선성이 있는 하북성 노룡현은 천여 년의 세월이 지난 지금도 중국 지도상에 그대로 남아 있습니다. 행정구역상으로 하북성 진황 도시(지도에는 베이징 우측

하북성 노룡현

에 진황다오시로 표시)에 속해있으며 조선 시대 중원과 동북을 가르는 관문인 산해관과 중국 공산당 간부들의 피서지로 유명한 북대하(北戴河)와 이웃해 있습니다[43]

아시아뿐 아니라 유럽 그리고 아메리카 대륙을 포함하여 고대사회에서는 도읍지를 비롯하여 주요 거점에 성을 쌓아 군사의 요충지 겸 경제, 사회의 중심지로 삼아 사람들이 생활하였지요. 초기에는 흙으로 담을 쌓기 시작하다가 청동기 시대에 이르면 돌로 성을 쌓기 시작하였습니다.

최초의 석성이 어디에 있나요?

단군조선의 강역인 요녕성 조양시 건평현 동부 라복구 부근에 하가점하층문화 유형 유적에는 후산성, 북산성, 서성, 노사분성, 모두산성 5개 산성을 연결하여 석성을 쌓았는데 이를 오련성(五連城)이라 합니다. 중국 중원에서는 청동기 시대에 돌로 쌓은 석성이 발굴된 적이 없는데 오련성은 세계 최초로 돌로 쌓은 석성이라고 말할 수 있습니다[44].

오늘날 수천 년간 폐허가 된 성벽과 무너진 성이 세계 각처에 산재해 있지요. 성벽은 수풀과 흙으로 덮여져서 성벽의 흔적은 전문가의 눈으로 겨우 알 수 있는 경우가 많습니다. 왜 그러할까요? 한 국가가 다른 국가를 정복할 경우 패배한 국가의 성벽을 완전히 무너뜨립니다. 망한 나라의 백성이 성안에서 살아가면서 경작을 하거나 식량을 저장할 수 없게 하며 성벽 밖으로 주민을 쫓아내어 나라의 근본을 파괴하기 위함때문이지요[45].

또 다른 단군조선 유적지가 있나요?

네, 최근에 춘천의 중도에서 엄청난 규모의 유물과 유적지가

중도 유적

2장 단군조선이 발전시킨 하드웨어 문명   69

발굴되었습니다. 단군조선의 유적지는 2천 년이 넘기 때문에 발견되면 영국의 스톤헨지처럼 세계적인 문화 관광 유적이 될 수 있습니다.

　단군조선 시대의 고인돌과 집터 등이 발견된 춘천의 중도 유적지가 기업가와 정치인의 무지와 단기적인 사업 안목으로 레고랜드 사업을 벌여서 땅속에 묻혀 있습니다. 우리 민족에게 그지없이 귀중한 유적지와 유물이 훼손되고 있어 안타깝기 그지없습니다. 역사의식 있는 정치가의 판단으로 단군조선의 귀중한 유물과 유적이 세상에 널리 알려지길 바랍니다.

눈금돌 (자)의 사용과 10진법

　오늘날 사용하는 자(척도)는 언제 처음 만들었을까요?

　우리 선조들도 자를 사용했을까요? 네, 수만년 전에 자를 만들어 사용한 유물이 발견되었습니다.

　최근 남한강변 충북 단양군 적성면 하진리의 구석기 유적지에서 눈금을 새긴 돌 제품이 발굴되었습니다. 길이는 20.6cm, 너비 8.1cm, 두께 4.2cm의 길쭉한 규질 사암 자갈돌에 0.41cm의 간격으로 눈금 21개를 새긴 것인데 동아시아에서 처음 발견되었습니다. 38,000년 전- 39,000년 전에 만들어졌다고 합니다. 약 39,000년 전에 눈금 돌을 갖고 측정하면서 자로 사용하였다는 사실이 믿기는가요?

눈금돌(자)가 어떻게 10진법과 관련이 있을까요?

 남한강 유역의 말기 구석기인들과 초기 신석기인들이 숫자는 물론 20개 급간의 줄자를 사용한 것으로 보아 10진법 (5진법 포함)의 산수개념을 갖고 있었다고 신용하 교수는 주장합니다.

 다음 절에 살펴볼 농경문화 기념 선돌 (남곡리 1호 선돌)에는 45개의 밭고랑이 새겨져 있습니다. 밭고랑의 길이는 41cm이고 눈금 돌의 1 눈금의 길이는 0.41cm입니다. 연관성이 보이지 않나요? 이 눈금돌 1단위(0.41cm)에 100을 곱하면 선돌 밭고랑 길이 (41cm)가 되네요. 한강 유역에 거주했던 초기 신석기 시대의 한민족들은 0.41cm의 눈금 돌을 길이 척도로 사용했으며, 10진법을 활용하여 선돌에 41cm의 밭고랑을 새겼다고 말할 수 있습니다. 거저 놀랍기만 한 발견이 아닌가요?

눈금돌 (국립청주박물관)

눈금돌(자)를 사용하여 만든 또 다른 유물이 있나요?

네, 있습니다. 눈금돌(자)로 밭고랑의 길이를 자로 측정해서 만들었다면 토기를 만들 때도 사용하지 않았을까요?
 한강 유역에서 출토된 토기중에 중주 조동리 붉은 간토기는 높이가 25cm인데 눈금 돌 척도 60 눈을 사용한 것이네요. 조동리 굽잔 토기는 높이가 16.5cm로 눈금돌 척도 40 눈을 사용한 것이 되고요. 수양개 II 지구 항아리형 단지는 높이가 41.0cm인데 눈금 돌 척도 100개를 사용한 것이네요[46].

 수천 년 전에 만든 토기의 높이가 토기를 제작한 사람이 거저 대충 짐작하여 만든 것이 아니라 눈금 돌의 척도를 기준으로 40배, 60배, 100배로 만들었다니 거저 감탄할 뿐입니다. 눈금돌(자)의 연대가 39,000년 전이라니 더욱 놀랄 따름입니다.

최초의 배와 조선소

 지구에는 육지와 바다가 함께 있습니다. 육지나 섬에 사는 사람들이 바닷길을 통해 다른 지역으로 왕래하기 위해서는 다양한 형태의 배를 이용했겠지요. 지금과 같은 모양의 유선형 배도 있지만 둥그런 모양의 배도 있어 아직도 동남아시아 지역에서 활용되고 있습니다.

 돛단배는 언제 만들어졌을까요?

 사람이 배에 돛을 달게 된 것은 약 6,000년에서 7,000년 전이

이집트 배 그림

라고 합니다. 배에 나무 막대를 세워놓고 천으로 돛을 만들어서 바람을 받으면 바람의 힘으로 배가 나가게 했지요. 시기적으로 단군조선 이전 시대에 돛단배가 발명되면서 사람들은 가까운 바다로 나가서 항해를 하기 시작하지 않을까 추측해 봅니다.

단군조선 시대에 배를 만들었나요?

한민족이 중국의 산동 지방을 중심으로 하여 북경 지역, 발해만, 한반도를 주름잡고 있던 5천 년 전에는 황해안의 연안을 중심으로 항해하면서 교류하지 않았을까 추정합니다.

이러한 추정의 근거가 되는 기록, 즉 단군조선(朝鮮) 시대 배를 만든 기록과 조선소를 세운 기록이 전합니다.

> 서기전 2,131년에 살수(薩水)의 상류에 조선소(造船所)를 설치한 적이 있다.

2장 단군조선이 발전시킨 하드웨어 문명

살수(薩水)는 지금의 요동반도에 있었는데, 해성(海城)의 남쪽으로 흘러 황해(黃海)로 남하(南下)하는 강이며, 고구려 시대 을지문덕 장군의 살수대첩이 있었던 곳입니다. 살수의 상류에 설치한 조선소는 살수(薩水)라는 강과 발해만이나 황해(黃海)를 운행하는 배를 만든 것이 되지요[47].

제 11대 도해 천왕 시기에 배와 노 등 기물을 만든 기록 역시 전하고 있습니다.

> 서기전 1,846년에 송화강의 기슭에 작청(作廳) 즉 공장을 설치하여 배(舟)와 노(楫) 등 관련 기물(器物)을 많이 만들었다

그 후 약 400년이 지난 제19대 구모소(緱牟蘇) 천왕 때 조선소를 세운 기록이 남아서 전한다.

> 서기전 1410년 신묘년(辛卯年)에 조선소(造船所)를 송화강(松花江) 남쪽 기슭에 세웠다.

송화강 유역에 설치한 조선소는 주로 강에 띄우는 배를 만든 것이 되겠지요. 이처럼 단군조선 시기인 4천여 년 전에 최초의 조선소를 세운 기록이 있습니다. 세계 4대 문명의 기록 중에 조선소를 만들었다는 기록이 존재하지 않고 있으니 단군조선에서 조선소를 세워 세계 최초의 배를 만들었다는 것이 진실이 아닐까요?

한민족이 만든 배 유물이 남아 있나요?

단군조선에서 배를 만들었다는 것을 유물이나 유적으로 입증하기는 쉽지는 않습니다. 하지만 우리나라에서 발견된 배의 유적을 추적한다면 배를 만든 흔적은 찾지 않을까요?

　2005년 경남 창녕군 부곡면 비봉리 고대 유적 발굴지에서 약 8,000년 전 고대 신석기 초기 나무로 만든 고선박이 발견되었습니다. 일본의 가장 오래된 선박으로 알려진 도리하마1호나 이키리키 유적 출토품보다 2,000년 앞서 만들어진 것이지요.

최초의 배(창녕박물관)

8,000년 전 한민족은 배를 어떻게 만들었나요?

　경남 창녕군 부곡면 비봉리에서 발견된 고선박 유물은 소나무 속을 파서 만든 U 자형 단면의 환목주(丸木舟)입니다. 발견된 부분이 길이 3.1m, 폭 60cm, 깊이 20cm, 두께 2~5cm로 배의 길이가 4m가 넘었을 것으로 추정됩니다. 철기나 청동기가 발명되기 이전 시대에 치밀하게 가공한 흔적이 나타납니다. 통나무를 군데군데 불에 태운 다음 돌자귀 같은 날카로운 석재를 이용해 깎아내고 다시 갈돌과 같은 기구로 표면을 정리하는 방식을 사용했지요.

 우리 한민족이 8,000년 전에 길이가 4m, 폭이 60cm가 되는 배를 만들었다는 사실을 비봉리의 배 유물을 통해 증명이 되었습니다. 수천 년 세월이 지나면서 배를 만드는 기술이 더욱 발전되고 이후 나라가 세워지면서 단군조선에서는 국가 차원의 조선소를 만들게 되었으리라 추정합니다.

 8천년 전의 배 유물이네요. 그렇다면 단군조선 이전에 배를 만들었다는 것이네요?

 네, 단군조선이 건국되기 전 3천년 전에 만들어진 배 유물이지요. 그런데 배를 만드는 기술이 단군조선 이전의 배달국 시대에 있었다는 기록도 전하고 있습니다.

> 한웅천왕이 배와 수레를 타고 사해를 방문하였다
> -부도지

 배달국의 기술을 전수받은 단군조선 시대에는 길이가 수십 미터, 폭이 수 미터가 되는 선박을 대량으로 조선소에서 만들어 황해안 연안의 산동반도, 발해만, 그리고 한반도의 황해안을 왕복하며 물자와 사람을 실어 날랐으리라 생각됩니다. 황해안과 발해안 바닷속에서 잠자고 있는 단군조선 시대의 배 유물이 발견되는 날이 오길 기대합니다.

02 단군조선의 하늘 숭배 문화

세계 최초의 제단

임금은 하늘의 아들이고 "짐이 곧 천자이다"라는 선언은 동서양을 불문하고 하늘로부터 받은 권위를 주장하는 왕정체제를 옹호하는 발언이며 천손 의식의 다른 표현이기도 합니다.

천손 의식은 어디에서 유래했을까요?

수천 년 전부터 한민족은 태양을 숭배했고 임금은 "태양의 정기를 받고 태어난 하느님의 자손"이라는 천손 의식을 유지해왔습니다. 임금이 하늘의 아들이라는 천손 의식은 제일 먼저 하늘에 제사를 지내는 의식으로 나타나게 됩니다.

4,300년 이전의 단군조선에도 하늘에 제사를 지내는 풍습이 있었나요?

단군조선 시대에 하늘에 제사를 지낸 기록을 살펴보면 매월 10월 하늘에 제사를 지내는 풍습으로 조제(朝祭), 조선제가 있었지요. 지금은 중국 땅이 된 지 오래인 섬서성 장안 부근에서 지냈으며 이를 위해 사해의 모든 백성들이 장안 부근의 조시(朝市)와 발해안과 황해 주변의 네 나루와 네 포구에서 해시(海市)를 열어서 교역을 했습니다[48]. 신라 시대 박제상이 쓴 부도지에 생생하게 나타나 있습니다.

단군조선에서는 매년 10월에 조제(朝祭)를 지내니 사해의 모든 족속이 지방 토산물을 가져와 바쳤다. 산악족들은 사슴과 양을 바치고 해양족들은 생선과 조개를 바치며 빌었다. 이는 인류가 지상낙원 마고성을 상실하게 된 오미의 화를 반성하고 마고성을 회복하기 위하여 하늘에 제사를 지내는 의식으로 중국 섬서성 장안 부근에서 조시를 열고 조제, 즉 조선제(朝鮮祭)를 열었다[49].

하늘에 제사를 지낸 의식이 오늘날까지 전해지고 있을까요?

하늘에 제사를 지낸 전통은 예로부터 내려온 종교와 뿌리와 같습니다. 한국 사회에서 가장 오래된 종교 형태는 무엇일까요? 한국인의 생활에 뿌리를 내려온 유교는 공자의 가르침으로 삼국 시대부터 고려를 지나 조선 시대에 확장되고 심화되었고, 불교 역시 삼국 시대에 전래된 이래 원시 신앙과 더불어 토착화되었습니다.

굿

한국인이 가진 원시 신앙은 무엇일까요? 오늘날은 보기가 힘들지만 민간 신앙으로서 사람들이 흔히 기복을 위해 찾는 무교가 바로 한민족의 원시 신앙의 정수이라고 말할 수 있습니다. 굿의 형태로 주로 알려져 있고 고려 시대 팔관회나 연등회에서 보이듯이 유교나 불교, 그리고 선교와 공존하면서 서로 영향을 주면서 장구한 세월 맥을 이어왔습니다. 오늘날에도 하늘에 제사를 지내는 전통이 단군을 모시는 사당이나 단체, 혹은 불교 등에서 전해오는 것으로 알고 있습니다.

팔관회

하늘에 제사를 지낸 천제(天祭)의 유적지는 어디에서 찾아볼 수 있을까요?

영국의 거석문화의 상징인 스톤헨지(stonehenge)는 수천 년 전에 춘분과 추분을 관찰한 천문학 유적이며 신성한 종교의 중심지입니다. 로마 침략 이전에 영국 제도에 살던 주민인 켈트족들은 태양을 숭배하여 낮과 밤의 길이가 같은 춘분과 추분에 음악을 연주하고 하프를 켜고 춤을 추었다고 전해집니다[50].

하늘에 제사를 지냈다는 기록을 뒷받침할 수 있는 유적이 있는가에 따라 기록의 신빙성이 달라집니다. 놀랍게도 동이족, 즉 우리 한민족이 하늘에 제사를 지낸 유적이 발견되었습니다.

그리스 로마의 신전보다 2,000년 전인 기원전 2,500년 전 여신을 모시는 신전이 1980년대 초에 발굴되었습니다. 단군조선의 강역에 속한 중국 요녕성 조양시 건평현 우하량의 홍산문화 유적지에서 신전과 더불어 황토로 빚은 여신상이 발견되어 세계 신전 건축과 더불어 여신상의 역사를 5,500년 전으로 끌어올렸습니다[51].

단군조선의 강역인 중국 요녕성 조양시 객좌현의 홍산문화 유적지에서 발굴된 동산취 원형 제단은 하늘에 제사를 지내는 세계 최초의 제단으로 여겨집니다. 동산취 제단은 하늘을 상징하는 원형 제단과 땅을 상징하는 방형 제단으로 구성되어 있습니다[52].

홍산문화를 일군 동이족은 태양을 경외하고 하늘을 숭배하였기 때문에 하늘의 태양을 상징하는 둥근 제단을 만들고 제사를 지낸 것이지요. 제단 유적에서는 도자기로 빚은 여인상의 부서진 조각, 도기로 빚은 여인상의 부서진 조각, 쌍용의 머리 모양으로 조성된 장식품 옥황, 채도로 만든 제기 등이 출토되었습니다. 한민족의 하늘 숭배 사상, 용봉문화 등을 잘 보여주는 유물과 유적이 발굴된 것이지요.

하늘에 제사를 지낸 또 다른 유적지가 있나요?

네, 하늘에 제사를 지낸 제단 유적지는 홍산문화 유적지뿐이 아닙니다. 중국정부는 백두산 서쪽 옛 제단군을 조사 발굴하였습니다. 제단군의 연구결과를 한국인의 시각에서 복원하여 새롭게 해석하니 매우 놀랍습니다.

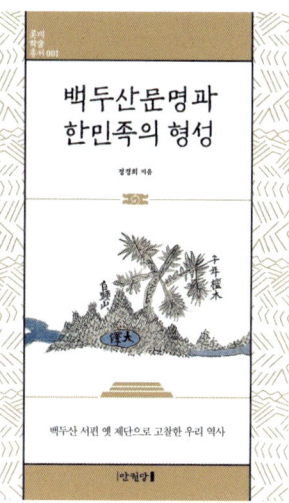

백두산 제단

통화 지역 만발발자 옛 제단의 1차 제천시설은 서기전 4,000~서기 3,500년 무렵의 3층 원단(圓壇)(모자합장묘) 방대(方臺)였음이 확인되었습니다. 그리고 백두산 서쪽 옛 제단군이 대체로 '환호를 두른 구릉성 제천시설'형식, 구체적으로 '3층-원·방-혼호'형 적석 단총제였음도 확인되었습니다[53].

백두산 서쪽의 제단군들은 서기전 4,000년~서기 3,500년 무렵의 유적으로 단군조선 이전의 배달국 시대로 여겨지며 요서 지역의 홍산 문화 후기인 BC 3,500년~BC 3,000년에 영향을 준 것으로 여겨집니다[54]. 다시 말하면 지금으로부터 6,000년 전에 우리 한민족은 하늘에 제사를 지냈다는 사실을 백두산 서쪽의 제단군을 통해 확인할 수 있었습니다.

한반도 안에 하늘에 제사를 지낸 유적이 있을까요?

강화도의 참성단이 바로 하늘에 제사를 지내기 위한 제단으로 알려져 있습니다. 필자도 몇 차례 다녀온 적이 있는데 참성

단에 대해서는 다음과 같이 기록되어 있습니다.[55]

　민족 제1의 성적(聖蹟)으로, 마니산 제천단(摩尼山祭天壇)이라고도 한다. 참성단에 관한 기록은 고려 때의 문헌 여러 곳에서 이미 나타난다. 고려 후기에 이암(李嵒)이 엮었다는 단군조선의 연대기인 『단군세기(檀君世紀)』에는 "…이 분이 단군이다. …제천단을 쌓고(강화도 마니산에 있음.) 삼랑성(三郎城)을 쌓으시다(성이 강화 전등산에 있고 세 아들을 보내어 쌓았기 때문에 삼랑이라 한다)."라는 기록이 있다.

　해외에도 하늘에 제사를 지낸 유적지가 있을까요?

　영국의 거석문화의 상징인 스톤헨지(stonehenge)는 수천 년 전에 춘분과 추분을 관찰한 천문학 유적이며 신성한 종교의 중심지입니다. 로마 침략 이전에 영국 제도에 살던 주민인 켈트족들은 태양을 숭배하여 낮과 밤의 길이가 같은 춘분과 추분에 음악을 연주하고 하프를 켜고 춤을 추었다고 전해집니다[56]. 태양을 숭배하며 춤을 추고 음악을 연주한 것은 하늘에 제사를 지내며 춤과 노래를 불렀다는 것과 같은 맥락에서 볼 수 있습니다.

　하늘에 제사를 지낸 전통이 지속되었나요?

　우리 민족이 하늘에 제사를 지내는 제천 의례는 최소 6,000년 전부터 시작되어 단군조선 시대에 이르러 단군조선의 제후국에서도 계속되었습니다. 단군조선이 멸망한 후 부여, 동예, 고구려 등에서도 계승되었습니다. 삼한 시대에 신단수(神檀樹)를 중심으로 제사만 지내는 장소가 있었는데 바로 소도(蘇塗)입니다. 소도 혹은 수두에 대해서는 다음 절에서 다루게 됩니다. 조선의 고종 황제가 환구단 (혹은 원구단)을 만들어 하늘에 제사를 지내는 전통을 이어갔지만 일제가 조선호텔을 짓는다는 명분으로 허물어 지금은 환구단의 상징물만 남아 있습니다. 단군교와 단군을 국조로 받드는 여러 단체에서 아직도 하늘에 제사를 지내는 전통은 미미하지만 이어지고 있습니다.

최초의 복골(卜骨·점을 친 뼈)

복골이란 무엇인가요?

고대에는 나라의 중요한 일을 하기 전에 점을 쳤습니다. 이때 불에 구워서 '점을 친 뼈'를 복골(卜骨)이라고 합니다. 한자에서 점을 치는 것을 나타내는 '점(占)'자나 '복(卜)'자는 모두 불에 구워서 '점을 친 뼈'인 복골(卜骨)의 갈라지거나 터진 모양을 그대로 상형한 글자이지요.

뼈가 갈라지거나 터진 방향이나 수를 보고 점을 치는 행위를 '골복(骨卜)'이라고 하는데 골복 문화는 동이족의 문화입니다. 골복 문화의 최초의 기원은 7,000년 전 요하 문명의 부하문화에서 발굴되었습니다.

최초로 복골에 대해 알려 주세요

> 발굴된 시기: 1962년 발굴
> 발굴 장소: 내몽고 적봉시 파림좌기(巴林左旗) 호얼토
> 　　　　　향(浩尔土郷) 부하구문촌(富河溝門村)
> 연대: 최초의 부하문화(富河文化: B.C. 5200~5000)
> 유적지: 부하구문유지

복골문화가 퍼졌던 지역은 어디인가요?

　동물의 뼈를 이용해서 점을 치는 골복문화, 즉 복골문화는 동이족의 문화권에서 보입니다. (1) 요하문명 지역에서 출발해서, (2) 중국의 동해안 지역과 중원 지역, (3) 한반도 일대, (4) 일본 지역으로 확대됩니다.

복골(국립중앙박물관)

골복(骨卜)이 한자와 관계가 있나요?

　'골복'은 요서 지역에서 남하한 상족(商族)들에 의해서 문자가 있는 '갑골점(甲骨占)'으로 발전하게 됩니다. '갑골문(甲骨文)'은 점을 친 결과를 자라나 거북의 배 껍질에 새긴 '갑문(甲文)'과 동물의 뼈에 새긴 '골문(骨文)'을 합쳐서 말하는 갑골복사(甲骨卜辭)를 말하는 것으로 현재 한자의 기원이 됩니다.

갑골문 (국립중앙박물관)

단군조선에서도 점을 쳤나요?

단군 시대에 점을 친 기록이 내려옴을 보면 복골 전통이 지속되었음을 알 수 있지요
"팽우에게 명하여 토지를 개척하고 궁실을 지었다. 신지는 문자를 만들고, 기성은 의약을 베풀었다. 나을은 판적을 관정하고 희전으로 하여 점을 치며 더욱 병마를 관장하였다."

"23세 단군 아홀은 미리 점을 쳐보고 남쪽을 정벌하도록 하였다." -단군세기-

복골문화가 계승되었나요?

복골 문화는 동이 계열의 상(商)을 이어 등장한 화화족 계열의 주(周)나라가 서면서 중국의 중원에서는 갑자기 사라져 버립니다. 한반도에서는 부여는 물론 변한과 가야에서도 이어지며, 일본 지역에서도 계승됩니다.
베링해를 통해 건너간 북아메리카 인디언의 문화에도 남아 있으며, 오늘날에도 캄차카반도 일대의 코리야크족과 축치족의 문화에도 남아 있어 동이족의 이주 역사를 짐작하게 됩니다[57].

고인돌 무덤

우리나라에는 곳곳에 고인돌이 널려 있습니다. 강화도와 전라남도 화순에도 고인돌이 남아 있고 전라북도 고창에는 1,500기 이상이 남아 있어 세계 최대의 고인돌 유적지로 유네스코 세

계자연유산으로 등재되어 있습니다.

고인돌 무덤이 어떻게 만들어졌을까요?

신석기인들은 영혼 불멸 사상을 갖고 있어서 부족장이 사망하면 족장의 영혼이 승천하여 후손들을 보호해줄 것이라고 생각했습니다. 족장의 시신을 땅에 묻고 그 위에 커다란 돌을 옮겨와 덮고 덮개돌 위와 주변에 족장을 기념하는 의식을 하면서 표시한 것이 고인돌 무덤이 발생하게 된 기원이라고 말할 수 있지요.

신석기 초기에는 무덤 위를 돌로 덮는 형태인 개석식(蓋石式) 고인돌이 주류를 이뤘습니다. 그러다 고인돌의 고임돌 높이를 높이고 덮개돌도 최대로 큰 것을 다듬어 모양을 낸 탁자식(卓子式) 고인돌이 신석기 말기부터 청동기 초기에 제왕급 왕족이나 귀족 권력자들에게 사용된 것이라고 여겨집니다.[58]

고인돌의 분포는 어떻게 되나요?

전 세계에 분포된 고인돌의 대부분이 단군조선의 강역에서

발견되고 있는데 우리 한민족의 유물인 빗살무늬토기가 발굴된 한반도와 요동반도에 몰려 있는 것이 흥미롭습니다.[59]

　세계 고인돌 분포에 있어 한반도와 쌍벽을 이루는 영국의 스톤헨지는 기원전 약 3,300년부터 기원전 1,100년까지 약 2,000년에 걸쳐 건축된 것으로 추정되는데 주변의 무덤에서 아시아 계열의 청동기 문화 유물이 나왔습니다.

　더욱 신기한 것은 영국 전역에서 한반도의 고인돌과 비슷한 형태의 고인돌이 발견되고 있습니다. 아일랜드와 네덜란드 등 유럽 각지에서도 다양한 고인돌이 발견되고 있어서 고인돌의 기원이 어디일까 궁금증을 자아내게 합니다.

　고인돌의 기원은 어디에 있나?

　단군조선 강역의 고인돌은 기원전 4,000년 후반부터 기원전 2,000년 전반기에 건축되어 영국보다 천년 정도 시기적으로 앞서고 있어서 단군조선의 청동기 문화가 영국으로 전파된 것으로 유추됩니다[60].
　실제로 세계 최대의 고인돌이 전북 전주에 있으며 전북 고창에는 1,500기에 달하는 많은 고인돌 무덤이 있으며 그중 447기가 세계문화유산으로 지정되어 있습니다. 이는 고인돌의 기원이 우리 한민족임을 나타내는 증거가 됩니다. 고인돌 무덤의 부장품은 돌화살촉과 함께 반달돌칼이 다수 출토되고 있으며 고인돌 덮개에 별자리 구멍이 새겨져 있는 경우가 많아 농경문화와의 연관성을 보여주고 있습니다.

고인돌 1 유럽

선돌 문화

 고인돌이 죽은 사람을 묻고 그 위에 덮은 큰 돌 문화이라면 살아 있는 사람을 위한 기념비는 없을까요? 지금부터 이야기하는 선돌 문화가 바로 산 사람을 기념하기 위해 세운 큰돌 문화입니다.

고인돌 2 유럽

고인돌 3 유럽

선돌이란 무엇을 말하는 것인가요?

선돌은 마을공동체 또는 씨족 마을 공동체의 표지석으로 세워졌습니다. 족장이 부계 족장일 경우 남성 상징으로 선돌의 끝을 뾰족하게 하였고 모계 족장의 경우 여성 상징으로 끝을 납작하게 만들었지요.

선돌은 농업생산의 풍요와 후손의 다산의 상징으로 평지, 야산, 구릉의 끝자락에 샛강의 물줄기를 따라 세워졌습니다. 또 선돌은 마을 공동체를 외부의 적이나 질병, 악귀의 침입으로부터 보호하려는 안전·안녕과 수호 의지의 표현으로 세워지기도 했습니다. 선돌이 고인돌 무덤의 부근에 세워졌을 경우 고인돌 무덤의 묘표 역할을 했을 가능성도 있습니다. 신용하 교수는 선돌이 동아시아 비석문화의 기원을 이루었다고 주장합니다[61].

선돌이 천손 의식과 관련이 있나요?

제천 입석리 선돌

네, 선돌이 천손 의식과 연관이 됩니다. 수천 년 전부터 한민족은 태양을 숭배했고 임금은 "태양의 정기를 받고 태어난 하느님의 자손"이라는 천손 의식을 유지해왔음을 보았습니다. 단군 사화에서 환웅을 환인(한울님, 하느님)의 아들이라고 기록한 것도 천손 의식의 발로입니다. 단군조선 문명의 후예인 부여, 고구려, 신라 등의 개국설화에도 햇빛을 받아 태양의 정기로 잉태하여 낳은 아기가 장성하여 임금이 된 것으로 기록된 것 또한 천손 의식과 관련되어 있습니다.

천손 의식을 증명하는 선돌이 우리나라에 있나요?

네, 신석기 시대의 유물로 우리나라에 잘 보존되고 있습니다. 한민족의 초기 신석기 시대 농업혁명의 요람으로는 한강, 금강 등을 들 수 있습니다.

금강 상류에 있는 옥천 지역에 신석기 시대 선돌이 남아 있습니다. 태양을 임신한 여성의 형태로 족장의 어머니, 할머니, 혹은 여족장을 상징하는데 높이 260cm, 가로 92cm, 세로 54cm 크기의 대형 바위를 다듬어서 임신부의 형상을 갖게 만들었으며 복부 중하위에 둘레 86cm의 둥근 원으로 커다란 태양을 쪼아 아름답게 새겨서 태양을 임신했음을 표시하였습니다.

선돌의 주인공이 낳은 아기가 바로 아기 태양인 천손이며, 하늘에 있는 태양의 아들이라는 상징을 부여하고 있습니다[62]. 수천 년 이상 내려온 천손 의식을 반영하는 선돌은 우리 한민족, 나아가 나라의 보물이 아닐까요?

적석총

장례 문화는 어떤 것이 있나요?

사람이 죽은 후 주검을 처리하는 방식은 시대와 지역, 민족에 따라 매우 다양합니다. 땅을 파고 묻는 매장(埋葬)이 가장 보편적이고, 물속에서 물고기의 밥이 되게 하는 수장(水葬)도 있으며, 나무에 올려놓아 날짐승의 먹이가 되게 하는 하거나 육탈을 하는 수장(樹葬), 불에 태우는 화장(火葬), 비바람에 자연스럽게 없어지게 하는 풍장(風葬) 등이 존재합니다[63].

우리 민족은 어떠한 매장 방식을 택했을까요?

한민족, 즉 동이족은 죽은 사람을 매장할 때 돌무덤을 사용했습니다. 돌무덤은 적석총, 석곽묘, 석관묘, 지석묘 등으로 분류되며 동이족이 활동했던 바이칼, 발해 연안, 요동 반도와 한반도 일대에 발견됩니다.

적석총(돌무지 무덤)은 땅밑을 파고 돌로 벽을 쌓아 직사각형의 묘실을 설치하고 석판을 덮은 후에 흙으로 봉한 다음 그 위에 다시 자갈돌을 쌓는 것으로 묘실은 석관묘를 포함하지요.

가장 오래된 적석총은 어디에 있나요?

단군조선의 강역인 요하 발해만 유역에 걸쳐 있는 요하문명으로 알려진 홍산문화 유적지에서 기원전 3,500년에서 3,000년 정도 거슬러 올라가는 적석총 유적이 발굴되었습니다. 산등성이 주변의 넓은 부지에 제단, 여신전과 적석총이 함께 분포되어 이 지역이 종교와 제사의 중심지임을 알 수 있지요.

적석총안에서는 어떤 유물이 출토되었나요?

특이한 것은 수장품에는 토기는 없으며 오직 옥기(玉器)만이 있습니다. 봉황새와 용, 곰, 거북 등 동물을 사실적 신화적으로 형상화한 옥 장식품, 위와 아래가 관통된 말발굽 형태의 옥잡(玉箍), 꽃무늬를 장식한 구름 모양의 구운형(勾云形) 옥패(玉佩) 등이 보입니다.

홍산옥기

옥과 장례문화는 어떤 관계를 갖고 있나요?

옥은 우리 한민족이 예를 표하기 위해 전통적으로 사용한 귀금속입니다. 홍산문화에서도 옥기(玉器)는 신성한 예기나 제기로 사용되었습니다. 한민족은 무덤 안에 옥기를 부장하고 무덤 밖에는 통형기(筒形器)를 세우고 무덤의 구조는 돌로 조성한 적석총 형식을 갖추고 의식(儀式)을 행함으로써 사자를 떠나보내는 인류 최초의 장례문화가 형성되었을 것으로 추측됩니다.[64]

적석총의 형태가 피라미드로 발전해왔나요?

우하량 유적 머리쪽에는 커다란 토구(土丘: 흙동산)가 있습니다. 얼핏보면 구릉처럼 보이지만 중국과 한국의 일부 학자들은 이 토구가 피라미드형 거대 적석총이라고 여기고 있습니다.

고구려의 광개토대왕릉과 장군총(장수왕릉)은 바로 이러한 피라미드형 거대 적석총이 계승 발전된 것으로 여겨집니다[65].

장군총

이집트의 피라미드, 중남미의 아메리카 인디언의 피라미드 그리고 우리 한민족의 피라미드 모두 그 기원이 어디일지 궁금하지 않나요? 현재 집필 중인 세계 최초의 문명 이야기에서 이를 자세히 다루려고 합니다. 기대해 주세요.

03 단군조선의 경제 사회 인프라

화폐, 명도전의 발명

 오늘날 우리가 사용하는 화폐의 기원이 어디에서 왔을지 궁금하지요. 그리스 로마 시대에도 화폐를 사용했는데요.

 단군조선에서도 화폐를 사용하지 않았을까요?

 단군조선에서는 나라에서 하늘에 제사를 지내고, 제후국도 소도에서 제사를 지냈습니다. 단군조선의 수도와 제후국의 소도, 혹은 큰 고을마다 제사용품을 사기 위해서 수많은 사람들이 물건을 교환하였겠지요.. 하지만 물물교환에는 한계가 있습니다. 많은 사람이 모여 큰 시장이 생기면 물건을 잘 유통하기 위해 화폐가 필요합니다.

 단군조선에서 과연 화폐가 발명되어 유통되었을까요?

4세 단군 오사구 시절 기록입니다.

> "무자 5년(BC2133년) 둥근 구멍이 뚫린 패전을 주조하였다[66]"

 이 패전은 어떤 모양일까요? 단군조선의 영역에서 발굴된 구멍이 뚫린 패전이 유물로 남아 있을까요? 그 실마리를 찾아봅시다. 우선 먼저 단군조선의 영역에서 가장 많이 발굴된 패전을 찾아보면 어떨가요? 현재까지 어느 나라의 화폐인지 정확하게 밝혀지지 않은 명도전은 가운데 구멍이 뚫린 모습으로 단군조선의 영토 내에서 17,000점 이상 엄청난 양이 출토되었습니다[67].

그동안 몇몇 연구에 의하면 명도전이 연나라 화폐라고 주장됩니다. 연나라가 영토를 확장함에 따라 명도전이 요동, 요서, 만주, 한반도에 출토되었다고 주장합니다. 하지만 연나라의 영토인 황하 유역에는 명도전이 발굴되지 않고 있습니다.

자기 나라 땅에 출토되지 않는 화폐가 그 나라 화폐라고 주장하는 학자는 참으로 상식도 없는 억지를 부리는 격이 아닐까요. 이는 역으로 명도전이 연나라 화폐가 아니라 다른 나라의 화폐라는 증거가 됩니다[68].

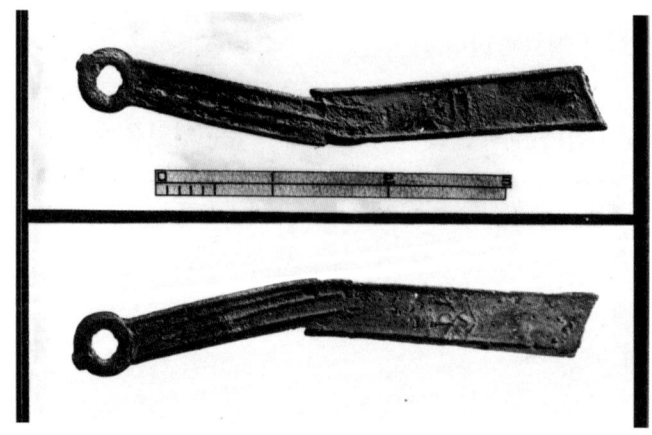

명도전 국립중앙박물관

명도전은 어느 나라의 화폐일까요?

명도전의 출토 영역을 보면 잘 알 수 있을 것 같습니다. 명도전은 단군조선의 유물인 청동검, 청동거울, 빗살무늬토기가 출토되는 영역과 일치하고 있습니다. 이를 미뤄보면 명도전은 단군조선의 화폐임이 확실시되고 있습니다. 더욱이 명도전에 새겨진 문자가 당시 연나라의 문자와는 다르며 오히려 단군조선의 표식이 되는 해와 달을 형상화한 문자라는 주장도 힘을 얻고 있습니다. 단군조선의 강역에서 발굴된 명도전이 단군조선의 화폐가 아니라는 증거를 식민사학자들이 제시해야 할 것입니다.

04 단군조선의 교육 문화 예술 스포츠

단군조선을 특징짓는 문화는 옥문화, 용문화 그리고 금동문화라고 말할 수 있습니다.

옥(玉) 문화 유물

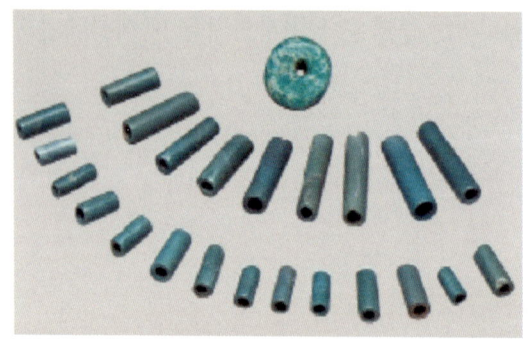

춘천 중도의 옥기 장식물

오래전에는 옥으로 만든 반지와 목걸이가 유행했던 적이 있지요. 지금은 다이아몬드, 금과 은이 귀금속으로 사랑을 받았지만 옥이 가진 그윽한 색깔과 감촉은 다른 귀금속과 다른 특색을 갖고 있습니다. 그래서 우리 한국의 박물관이나 우리 민족이 활동한 중국 대륙의 박물관에서는 옥으로 만든 다양한 장식품이나 제기(祭器) 혹은 예기(禮器)들을 만나 볼 수 있습니다.

옥을 처음 만들고 사용한 민족은 누구일까요?

옥을 가장 먼저 귀하게 여기고 사랑한 민족은 다름 아닌 우리 한민족, 동이족입니다. 춘천 중도에서도 옥으로 만든 유물이 발굴되었습니다.

가장 오래된 옥기는 얼마나 오래되었을까요?

가장 오래된 옥기는 지금부터 8,200년전까지 거슬러 올라갑니다. 단군조선의 유적지인 홍산 문화에서 가장 오래된 흥륭와(興隆洼) 문화 유적(BC 6,200년 ~ BC 5,200년)에서 매우 다양한 형태의 옥기가 발굴되었습니다.

춘천 중도의 비파형 옥검

옥기는 석기와 달리 생산력 발전에는 직접적인 영향을 미치지 않지만 제기(祭器) 혹은 예기(禮器)로서 사용된 이념, 종교, 미학적 취향과 지혜의 결합체라고 말할 수 있습니다. 홍산 문화의 옥기는 사람, 신, 곰 토템, 새 토템, 용과 봉황, 동물 모양을 갖고 있으며 귀걸이, 팔찌, 옥벽, 옥관, 장신구와 제사용구 등이 출토되었습니다.[69]

박물관에서 볼 수 있는 대표적인 옥기는 무엇인가요?

옥으로 만든 귀걸이입니다. 태양처럼 둥그런 모양에 귀에 끼우는 부분만 열린 모양입니다. 이러한 모양의 귀걸이는 강원도 고성군 죽왕면 문암리 유적(BC 6,000년 이상)과 동일한 형식이며 전라남도 여수시 남면 안도 패총 유적(BC 4,000년 ~ BC

3,000년)에서도 발견되었습니다. 발해 연안의 요하 유역에서부터 한반도 전역에 같은 모양의 옥 귀걸이가 출토되어 우리 한민족 모두에게 옥 문화가 전파되었음을 알 수 있습니다.[70]

옥 문화는 고구려, 백제, 신라로 전승되어 왕족이나 귀족, 호족들의 장식물로 애용되어왔지요. 백년전만 하여도 옥가락지가 유행이었지만 지금은 다른 귀금속에 밀려 박물관에서 보는 것 외에 실제 착용하는 사람이 보이지 않아 안타깝습니다.

옥 돼지(국립중앙박물관)   홍산문화의 옥조각(하회세계탈박물관)

용(龍) 문화 유물

용은 봉황과 더불어 임금 혹은 최고 지도자를 상징합니다. 중국의 왕조나, 한민족이 세운 국가인 고려나 조선 시대 왕의 도포에 나타나며 오늘날 대통령을 상징하는 문양에도 사용되고 있습니다.

용 문양이 언제 어디서 처음 나타날까요?

놀랍게도 8천년 전 단군조선의 통치 영역에서 처음 나타났습니다. 단군조선의 강역인 발해 연안 요녕성 부신시(阜新市) 사해(査海) 유적지에서 돌무더기를 이용해 만든 용의 형상이 발굴되었습니다. 이는 8,000년 전에 조성된 석룡으로 동아시아에서 가장 빠른 시기의 용 형상으로 판명되었지요.

용의 기원은 어디인가요?

단군조선 강역인 홍산 문화에서 발굴된 용의 유적은 중국 중원의 용보다 2천 년이나 앞서서 용의 기원이 발해유역이라는 것이 입증되었습니다.

발해의 대릉하 유역 홍산 문화 유적지에서는 옥으로 만든 다양한 형태의 옥룡(玉龍)이 발굴되었습니다. 옥룡은 서남쪽에 있는 은나라에 영향을 미쳤고, 이후 중원에서 활동한 한족의 용 문화 형성에도 큰 역할을 했으며 동남쪽 방향에 있는 만주 지방과 한반도에도 영향을 끼쳤습니다. 중원의 한족이 용 문화의 계승자라면 동북방의 동이 민족은 용 문화의 창조자라고 말할 수 있습니다[71].

한반도의 돌무덤과 일본의 구주 지방, 관서 지방에서는 곡옥(曲玉)이 출토되는데 홍산 문화의 옥룡과 동일한 형태인 것으로 나타나 동일한 문화권에 있었음을 알 수 있습니다.

금동문화 유물

옥 문화가 처음 시작된 것이 지금부터 8천 년 전 단군조선 강역이라고 보았지요

그렇다면 금을 사용한 문화는 언제 어디서 시작되었는가요?

동아시아에서 최초로 금 문화를 창조하여 발전시킨 문명 역시 단군조선입니다. 금이 일찍 발견되어 사용되었지만 순금은 귀하고 소량뿐이었습니다. 기원전 2,500년경 도금기술이 발명되자 청동기에 금을 도금한 금동 장식품이 널리 사용되어 새로운 형태의 금 문화가 시작되었습니다.

평안남도 강동군 순창리에서 기원전 2,500년 경 금동 귀걸이, 강동군 송석리에서 기원전 2,400년 경 금동 귀걸이가 발굴되어 왕족과 귀족들이 금동 귀걸이를 사용하였음을 알 수 있습니다[72].

특히, 요령성 평강지구 유적에서 출토된 금동장식은 단군 사화의 내용을 상징적으로 표현한 매우 귀하고 아름다운 유물입니다.
환웅으로 대표되는 새 (태양의 전령)가 가운데 있으면서 곰과 호랑이가 양옆에 있으며 늑대는 곰을 따라가는 모습을 표현하였습니다. 이는 태양, 곧 하늘을 숭배하는 환웅족이 곰 토템 족인 맥족과 호랑이 토템족인 예족뿐 아니라 늑대 토템족인 실위족과 연대하여 연방 제국을 건설한 사실을 확인하여 주는 역사적으로 매우 중요한 금동장식 유물입니다[73].

금동문화가 계승되었나요?

우리 민족의 금동문화의 전통은 후대 왕조에서도 계승되었겠지요. 특히 금동 제조기술은 백제인에게도 전수되어 금동대향로가 제작되었습니다. 오늘날 우리가 금동대향로의 아름다움을 만끽하게 된 것은 수천 년 대를 이어 금동문화를 이어온 수많은 장인의 노력이라고 생각되어 옷깃을 여미게 됩니다.

금동대향로

05 단군조선의 보건 의료

단군조선이 일찍부터 보건의료에 공을 들였다는 사실을 무엇을 통해 알 수 있을까요? 우리가 잘 아는 단군 사화에 단군조선 이전 환웅 시대에 생명과 질병을 주관하는 전문가가 있었음을 말하고 있습니다. 또 단군왕검 시기에 의술과 약 처방을 했다는 기록이 이를 증명하고 있습니다.

더구나 수천 년의 세월을 지나면서 오늘날까지 우리에게 전해지는 침술의 기원이 단군조선에 있음을 보여주는 골침 유물은 너무나 명백한 증거물이 되고 있습니다.

세계 최초의 골침

사람이 살아갈 때 가장 중요한 것이 의식주이지만 이것 역시 건강이 허락될 때 필수적인 것이지요. 예로부터 건강에 대한 염려는 의술의 발전과 약제의 개발로 이어져왔습니다.

의술에 대한 기록이 전해져 내려오고 있나요?

단군 사화에는 환웅이 신시를 세울 때 생명과 질병을 주관하는 무리가 따라왔음을 말하고 있습니다.

> 환웅은 3천의 무리를 거느리고 태백산 꼭대기 신단수 아래로 내려와 신불이라 일컬으니 이 분이 곧 환웅천왕이다. 풍백과 우사 그리고 운사에게 곡식과 생명 그리고 질병과 형벌 및 선악을 맡게 하고 무릇 인

간 세계의 360여 일을 주관하여 세상에 머물며 올바른 이치로서 백성들을 교화하였다.
- 삼국유사, 기이(紀異)편[74] -

단군왕검 초기부터 의술과 약 처방을 가르쳐 백성들로 하여금 병이 날 때 처치하도록 하였다는 기록이 전하고 있습니다.

"팽우에게 명하여 토지를 개척하고 궁실을 지었다. 신지는 문자를 만들고, 기성은 의약을 베풀었다."
-단군세기[75]-

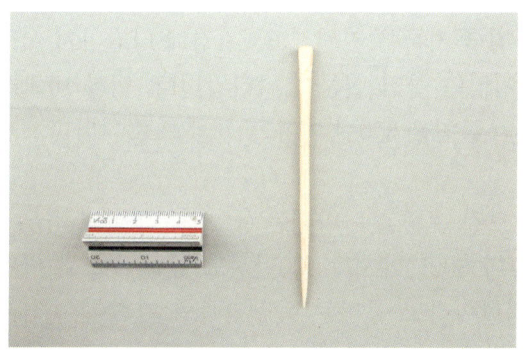

골침 (대성동 고분 박물관)

단군조선에서 의약을 베풀었다는 증거가 있나요?

전통의술에는 침과 더불어 약재가 가장 중요한 것으로 여겨지고 있습니다. 오늘날에도 한의학에서는 침의 효과가 뛰어나서 한국, 중국, 미국 등 한의학이 성행하는 나라에서는 침이 각종 질병 치료에 사용되고 있으며 그 효과성이 검증되고 있습니다.

침은 철이 발견되기 전에는 동물의 뼈로 만들어져서 사용되었는데 골침(骨針) 유물이 발굴되었습니다.

골침 유물은 어디서 발굴되었을까요?

최초의 골침 유물이 발굴된 곳은 단군조선의 강역인 두만강 유역입니다. 이 유물은 탄소연대측정을 통해 단군조선 시대인 기원전 12세기에서 9세기 사이의 골침 실물로 확인되었습니다.

침술은 중국이 앞서지 않았나요?

중국의 침술 기록은 기원전 6세기경에 나타나기 시작하여 기원전 2세기경의 골침 실물이 나타납니다. 이를 비교하여 보면 단군조선의 골침은 600년 이상 앞선 것으로 나타나고 있지요.

의료와 보건 수준을 나타내는 동양전통의학의 경우 단군조선이 중국보다 600년에서 1,000년정도 앞선 것으로 나타나고 있어서 한의학이라고 불리는 동양의학의 기원이 우리 한민족에 있다고 주장해도 과언이 아닙니다[76].

단군조선에서 중국보다 먼저 한약재를 사용했나요?

질병 예방이나 치료의 핵심적인 재료는 한약재입니다. 불로초에 대한 기록은 단군조선 의약의 발전을 입증하는 자료라고 볼 수 있습니다. 단군조선의 약재와 의약이 중국의 하나라나 은나라보다 앞섰다는 것은 진시황이 불로초를 구하러 단군조선의 강역인 한반도에 사람을 보냈다는 사실을 통해 추측할 수 있습니다. 이러한 이야기가 남아서 불로초를 들고 있는 산신화가 내려오고 있습니다.

진시황이 선약을 구하기 위해 사람을 동쪽으로 보낸 기록은 제주도의 바위에 "서불이 다녀감 "란 글자가 새겨져 있는 것으로 알 수 있습니다. 오늘날에는 제주도 서귀포에 서복 공원과 서복 전시관을 마련하여 이와 관련된 이야기를 뒷받침해주고 있어 흥미롭기만 합니다.

산신도 호랑이 국립중앙박물관

3장.
단군조선이 발전시킨 소프트/휴먼웨어문명

3장. 단군조선이 발전시킨 소프트/휴먼 웨어 문명

01 단군조선의 농업 혁명
- 치수 사업
- 벼 재배 농경 문화
- 농경 문화 밭이랑
- 돼지와 개의 사육

02 단군조선의 과학기술
- 최초의 별자리 관측소와 천문지리학
- 최초의 달력

03 단군조선의 하늘 숭배 문화
- 천손 의식
- 최초의 복골(卜骨·점을 친 뼈)

04 단군조선의 경제사회 인프라
- 조선제와 시장의 발달
- 기마문화
- 최초의 양잠과 비단 제조

05 단군조선의 교육 문화 예술 스포츠
- 최초의 문자 발명
- 존대어의 발명
- 소도, 세계 최초의 교육기관
- 씨름 문화

06 단군조선의 코즈모폴리턴 문화
- 선도 문화
- 홍익인간
- 연방제 국가

3장
단군조선이 발전시킨 소프트/휴먼웨어문명

01 단군조선의 농업 혁명

단군조선이 발전시킨 소프트/휴먼웨어 문명 중 첫 번째 먹고 사는 문제를 해결한 농업혁명을 살펴봅니다. 우리 민족은 수천 년 이상 쌀과 기장, 보리, 콩, 팥 등을 주식으로 살아왔습니다. 예나 지금이나 농사에는 물관리, 즉 치수 사업이 가장 중요합니다. 물을 논에 제공하고 오랫동안 논에 물을 가두어두는 벼 재배 농경문화는 우리 민족의 식생활을 윤택하게 했습니다. 밭이랑의 발명은 콩이나 팥 등 밭농사의 수확을 풍요롭게 하는데 기여했습니다. 또한 정착 생활을 하면서 돼지와 개를 사육함으로써 단백질을 제공하는 가축으로서, 애완동물로서 혹은 사냥개로서 역할을 하게 했습니다.

치수 사업

농업에 가장 중요한 것은 무엇일까요?

바로 물입니다. 물이 없으면 작물이 자라지 않기 때문에 예로부터 농사는 강의 주변이나 저수지가 있는 곳에서 지었고 그로 인해 마을과 도시가 형성되기 시작했지요. 물을 다스리는 일, 곧 치수 사업은 농업의 가장 중요한 부분으로 여겨졌지요. 왜냐하면 홍수나 가뭄은 농사 경작에 치명적인 폐해를 주기 때문이니까요. 오늘날에도 농촌에 가면 저수지나 웅덩이에 우기에 내린 빗물을 모아 보관하면서 논과 밭에 물을 대는 치수 사업의 현장을 목격할 수 있으며 지하수나 냇물, 강물을 활용하여 농작물을 키우는 경우가 빈번합니다.

제천 의림지

치수사업을 한 유적이 남아있나요?

한반도에는 수천 년 된 인공 저수지가 아직 남아 있는데 전북 김제의 벽골지와 충청북도 제천의 의림지를 들 수 있습니다. 이들 저수지는 벼농사에 필요한 물을 공급하기 위해 삼국 시대부터 치수 사업을 대대적으로 한 우리 민족의 농업 수자원 관리 유산이라고 할 수 있지요.

단군조선에서 치수사업을 하였다는 기록이 있나요?

기원전 2,300년 경 인류의 역사 기록에는 세상에 큰 홍수가 나서 산으로 피해가고 수많은 도시가 잠겼다는 이야기가 나옵니다. 성경에 나오는 노아의 홍수 이야기와 수메르 길가메시의 서사시에도 홍수 이야기가 전해지고 있습니다. 지구 전체를 휘몰아버렸던 홍수는 바로 기후 위기에서 시작되었으며 단군조선 시대의 동북아시아에도 예외가 아니었음을 기록을 통해 알 수 있습니다.

"정사50년 (BC2284년) 홍수가 범람하여 백성이 쉬지 못하였다. 제는 풍백 팽우에게 치수를 명하여 높은 산과 큰 내를 정하고 백성이 편안히 살게 하였다."

단군왕검이 치수에 성공하였다는 기록은 치수사업의 성공에 대한 현존하는 세계 최초의 기록입니다.

중국에서도 치수사업을 한 적이 있지요?

중국 중원에는 순임금이 우나라를 건국한 이후에도 9년 대홍수(실제 22년)를 해결하지 못하였다고 전해집니다. 요임금 말기부터 순임금의 우나라 때까지 치수를 담당하던 곤(鯤)은 치수에 실패하여 처형당하고 아들 우(禹)가 사공(司空, 현 건설부 장관)

의 벼슬자리를 계승하여 치수 사업을 담당하게 되어 13년 동안 치수 사업에 전념했지요. 하지만 계속된 홍수로 나라의 존립 자체가 위태로울 정도가 되자 단군조선의 초대 단군왕검께 구원을 요청합니다.

> "9년 동안 홍수가 일어나 그 재앙이 만민에게 미치므로 단군왕검께서 태자 부루를 보내 우나라 순임금과 약속하게 하시고 도산회의를 소집하셨다. 순임금이 사공 우(禹)를 보내어 우리의 오행치수법을 받아 치수에 성공하였다."
> - <환단고기>의 <삼한관경본기 - 번한세가>

단군조선의 초대 단군왕검께서 맏아들 부루 태자를 보내 우나라의 사공 우(禹)에게 오행치수법이 담긴 금간옥첩을 전한 것을 기록하고 있습니다. 이처럼 인류의 대홍수 시기에 단군조선은 치수 사업에 성공적이었고 혼란에 빠진 이웃 나라인 우나라에도 오행치수법을 전수한 것으로 전해집니다. 오행치수법이 무엇인가는 여전히 궁금증이 남습니다.

벼 재배 농경문화

홍수를 관리하는 치수 사업에 전문성이 있었던 단군조선은 물을 잘 관리하여 벼를 비롯한 각종 작물을 잘 재배하여 충분한 식량을 백성들에게 공급한 것으로 여겨집니다.

한민족이 수천 년 전부터 재배한 농작물은 무엇일까요?

한민족이 오래 살아온 한강문화와 대동강 문화에서 경작 재배된 곡류는 쌀, 콩, 조, 기장, 수수, 밀, 보리, 들깨 등이었습니다. 이 중에서 조, 기장, 수수는 유라시아 대륙 도처에서 널리 재배된 곡물이며 밀은 서남아시아에서 BC 9,500년~BC 8,500년에 재배가 시작되어 메소포타미아 문명과 이집트 문명의 농업기반이 되고 유라시아 대륙에 전파되었다고 합니다. 9천 년 전 요하 지역에서 기장 농사를 하던 민족이 원시 한국어를 사용했다는 독일 막스프랑크 연구소의 연구는 기장 재배가 요하 지역에서 이뤄졌음을 보여주고 있습니다.

쌀(단립벼), 콩, 팥, 들깨는 한강문화, 대동강 문화 등의 농경에서 보이는 곡물입니다.

그렇다면 쌀을 최초로 재배한 시대는 언제일까요?

벼를 경작한 논의 유적이 발견되면 알 수 있겠지요. 다행히도 최초의 볍씨가 발견되어 벼의 재배 시기를 알 수 있습니다. 한반도에서 발견된 최초의 볍씨는 놀랍게도 수천 년이 아니라 12,500년 전까지 거슬러 올라갑니다.

어디에서 벼농사를 처음 시작했나요?

볍씨 (국립중앙박물관)

남한강과 금강 상류에 위치한 충북 청원 소로리에서 약 1만 2,500년 전의 단립벼 볍씨가 출토되었습니다. 이 볍씨는 중국의 양자강 유역의 옥섬암 장립벼 볍씨보다 약 1,200년 앞서고 있습니다. 따라서 벼농사 재배의 기원은 한강에서 기원했다고 말할 수 있습니다. 단군조선 문명의 단립벼 재배는 한강 유역에서 북으로 고양, 김포, 대동강을 거쳐 요동 반도와 산동 반도에도 전파되었고 남으로는 옥천, 여주, 일본 규슈지방으로 전파된 것으로 보입니다[77].

콩과 팥은 언제 재배했나요?

콩 밭

우리 한민족은 쌀밥에 콩이나 팥을 넣어 밥을 해서 먹는 전통이 있지요. 콩이나 팥은 언제 재배해서 먹기 시작했을지 궁금하죠. 오산리 유적의 토기에서 약 7,200년 전 전의 콩과(콩, 팥)의 압흔이 측정되었는데 이로 미루어보아 한반도에서는 7천~8천년 전에 콩과 팥을 주식으로 삼은 것을 알 수 있습니다.

농업 혁명의 발명품, 밭고랑 (이랑)

흔히 구석기 시대에는 수렵 채집을 하면서 이동 생활을 하던 것으로 여겼고 신석기 시대에 이르러 농업 혁명을 통해 정착 생활을 시작했다고 여겨왔습니다. 하지만 학자들은 구석기 시대에도 수렵 채집을 하는 동시에 정착 생활을 했다는 학설을 주장하고 이러한 학설이 널리 받아들여지고 있습니다.

오늘날 컴퓨터와 스마트폰의 보급으로 정보 혁명이 시작된 것 이상으로 당시 신석기인들은 농업혁명의 성과를 인지하고 기념했을 것으로 상상됩니다. 신석기 시대에 고래를 숭상하면서 고래 사냥을 통해 부족의 식량을 마련하던 사람들이 바위에 다양한 고래의 모습을 담고 사냥하는 모습을 그린 울주 대곡리 반구대 암각화 역시 신석기인들이 자신들의 방식으로 축제를 지내고 기념하는 방식이 아니었을까요?

농업혁명의 발명품은 무엇인가요?

신석기인들은 이동을 하면서 수렵 채집이나 유목을 하던 방식에서 벗어나 한곳에서 정착하는 농경 생활로 전환하면서 자신들의 농업혁명을 후세에 남기게 됩니다. 오늘날에도 경작을 하기 위해서는 땅을 파고 고랑을 만들어 물이 잘 빠지게 하며 가운데는 흙을 돋우어 씨앗이 잘 자랄 수 있게 만드는 고랑이 밭농사의 기본이 됩니다.

이러한 밭고랑 혹은 밭이랑이 신석기 시대부터 시작되어 수천 년 이상 내려왔다는 것은 신석기인들의 농업혁명 발명품이라고 할 수 있지 않을까요?

농업혁명의 발명품인 밭고랑 유적이 있나요?

한반도의 금강 상류에는 세계에서 유일하게 신석기 시대 농업혁명의 업적인 밭고랑을 기리기 위해 남겨둔 유물이 두 개 남아 있습니다. 신석기인들은 마을공동체 또는 씨족 마을 공동체의 표지석으로 선돌을 세웠습니다. 선돌은 농업생산의 풍요와 후손의 다산의 상징으로 평지, 야산, 구릉의 끝자락에 샛강의 물줄기를 따라 세워졌지요.

또 선돌은 마을 공동체를 외부의 적이나 질병, 악귀의 침입으로부터 보호하려는 안전·안녕과 수호 의지의 표현으로 세워지기도 했습니다. 바로 이 선돌에 신석기인들은 자신들의 농업혁명의 발명품인 밭고랑(이랑)을 새겨놓았다는 것은 놀라운 사실입니다.

옥천 선돌

밭고랑이 새겨진 선돌을 어디서 볼 수 있을까요?

지금은 대청댐으로 수몰된 충청북도 옥천군의 남곡리 개미재에 밭고랑을 새긴 한 개의 선돌이 남아 있어 남곡리 1호 선돌로 전해지고 있습니다. 그곳과 100미터 떨어진 수복리 동정마을에 또 하나의 밭고랑을 새긴 선돌이 있어서 수북리 선돌이라 불리고 있습니다.

문자가 없던 신석기 시대에 농업경작이란 농업혁명을 기념하기 위해 선돌 표면에 논밭 고랑 50개를 같은 간격으로 줄을 새기어 표시하였습니다.

선돌에 새겨진 줄들이 논밭 고랑(이랑)이라는 증거는 무엇일까요?

이 선돌이 발견된 같은 충청권인 대전 괴정동에서 출토된 농

농경문 청동기

경문 청동기에 그 단서가 담겨 있습니다. 놀랍게도 농경문 청동기에는 밭갈이하는 농부의 논밭 이랑이 새겨져 있는데 그 논밭 이랑과 이 선돌들에 새겨진 논밭 이랑의 도안이 완전히 동일하다는 사실을 통해 알 수 있습니다[78].

밭고랑의 길이를 측정하여 했을까요?

네, 그렇습니다. 앞서 눈금돌자와 십진법 사용에서 살펴본 것과 같이 농경문화를 기념하는 선돌인 남곡리 1호 선돌에 새겨진 45개의 밭고랑의 길이는 41cm인데 눈금 돌의 1 눈금의 길이는 0.41cm이라는 것입니다. 즉, 눈금돌 1단위(0.41cm)에 100을 곱하면 선돌 밭고랑 길이 (41cm)가 되지요.

한강 유역에 거주했던 초기 신석기 시대의 한민족들은 0.41cm의 눈금 돌을 길이 척도로 사용했으며, 10진법을 활용하여 선돌에 41cm의 밭고랑을 새겼다고 말할 수 있습니다.

 밭고랑을 만들 때도 그저 눈으로 어림짐작하여 만들지 않고 눈금자를 사용하여 만들었다고 하니 오늘날 농사를 짓는 사람들보다 측정 도구인 자를 더 잘 활용했다고 해도 과언이 아닙니다.

개와 돼지의 사육

돼지모양 토우 (국립중앙박물관)

 사냥이나 채집이 위주인 이주 생활 대신 정착 생활로 시작되었으며 이에 따라 동물을 길들여서 야생 동물의 침입에 미리 대비하기도 하고 가축을 통해 식생활에 필요한 단백질을 공급받기도 했습니다.

 동물 중에서 가장 먼저 길들여 인간과 함께 살아온 동물은 무엇일까요?

오늘날도 반려동물로 친근한 개와 가축으로 인간에게 단백질을 제공하는 돼지로 여겨집니다. 개와 돼지를 가축화한 예족과 맥족의 이야기를 먼저 해 드리지요.

예족이 머문 지역은 어디인가요?

단군조선의 한 축인 예족은 지금의 대요하 동쪽 요동반도, 태자하, 제2북류 송화강, 눈강, 목단강, 수분하, 혼강, 두만강 중하류, 연해주 남부 일대에 정착하였습니다.

예족이 호랑이를 토템으로 숭배하였나요?

네, 예족이 거주한 장백산맥과 천산산맥을 중심으로 한 울창한 삼림지대에는 범을 비롯한 맹수들이 많아 부족의 정체성을 맹수의 왕인 범(호랑이)을 토템으로 정하여 외경하였습니다[79]. 중국의 사서 삼국지에도 기록이 전합니다.

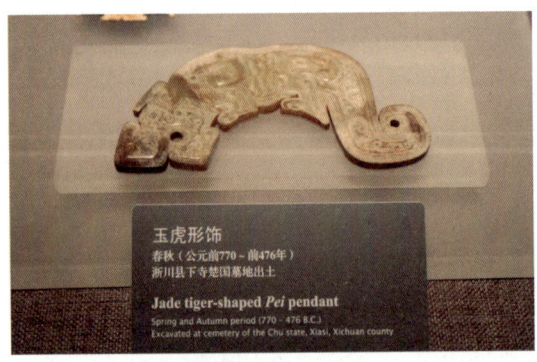

호랑이 옥기

122 우리가 몰랐던 단군 조선, 세계 최초의 평화국가

"항상 10월을 제천하는 달로 주야로 음주하고 노래하고 춤추니 이름하여 무천(舞天)이라 한다. 또 범을 신으로 여겨 제사 지낸다"
- <삼국지> 동이전 예조-

　예족의 유적지인 압록강 하류 요녕성 동구현 후와 하층문화에는 범(호랑이 머리) 조각이 출토되었고 예족이 흩어져 거주한 중국 요녕성과 길림성 일대에 범 조각상이 발견되어 문헌뿐 아니라 유물이 예족의 범 토템신앙을 입증하고 있습니다[80].

　예족은 어떠한 생활을 했을까요?

　예족이 거주한 심양 신락 하층문화에서는 탄화된 곡물, 갈돌, 공이, 마제석기 농구와 돌화살촉, 어망추, 짐승뼈와 탄화된 과일씨가 출토되었습니다. 이를 살펴보면 예족은 농경을 주업으로 하되 어로와 수렵, 과실 채집을 병행한 것으로 여겨집니다.

　예족이 돼지와 개를 가축화하였다는 증거가 있나요?

　단군조선의 영토에서 출토된 마제석기 농기구와 돌화살촉은 신석기 시대의 유물이며 같이 출토된 짐승뼈는 사냥으로 잡은 동물이거나 가축일 가능성이 큽니다.

　요동반도 대련시 곽가촌 유적에서는 생활 용구와 생산 도구 그리고 많은 짐승뼈들이 출토되었는데 55%가 사슴뼈이고, 다음은 돼지뼈가 200여개, 그리고 개뼈도 나왔습니다. 사슴은 사냥한 것이지만 주거지와 저장 구덩이에서 나온 돼지와 개는 가축화하여 사육한 것으로 나타났습니다.

언제부터 개와 돼지를 사육하기 시작한 것일까요?

멧돼지 윗턱뼈 (국립중앙박물관)

약 7천 년 전에 개를 사육한 유적이 출토되었습니다. 예족의 가장 오래된 소주산 하층 1기 문화(약 7,000년 전) 유적지에는 개뼈만 출토되어 개를 가축화시켜 사냥에 활용함으로써 농경과 병행하여 수렵 문화를 발전시킨 것으로 보입니다.

소주산 2.3기 문화시기의 유적에는 개뼈와 함께 200여 개체의 집돼지뼈가 다수 출토되고 있습니다. 소주산 유적지의 출토물을 볼 때 예족은 7,000년 전에 개를 가장 먼저 가축화시켜 사육하였고 그 후 돼지를 맥족과 함께 가축화하여 사육화한 것으로 해석됩니다[81].

맥족은 어떤 부족인가요?

단군조선의 또 다른 축을 차지하는 맥족은 지금의 요서, 내몽고자치구 동부지역 일대에서 정착하여 형성된 부족으로 곰 토템을 가지고 있으면서 옥기 문화를 발전시켰습니다. 맥족은 농경을 주업으로 하면서 돼지를 가옥(수혈주거)에 부속하여 키웠고 새끼돼지는 가옥 내부 공간에서 애완동물처럼 사육한 것으로 보입니다.

맥족이 돼지를 사육한 증거가 있나요?

맥족은 돼지를 사육해서 가축으로 키웠으며 애완용 혹은 장례용으로 사용하였습니다. 우하량 유적을 비롯하여 홍산 문화 유적에서 옥패물 장식의 대상 동물은 바로 돼지입니다.

맥족의 돼지 사육과 애호의 흔적은 흥륭와 문화 (BC 6,200년-BC 5,200년) 유적에 사람과 돼지를 합장한 무덤이 발굴된 것에서도 볼 수 있습니다[82].

지금부터 8,200년 전 이전에 벌써 돼지를 사육한 유적이 발굴된 것은 5,000년 전의 단군조선 문명 이전에 발달했던 또 다른 뿌리 문명을 확실하게 말해주고 있습니다. 배달문명 혹은 환국 문명의 실체를 밝혀야 할 때가 아닐까요?

돼지가 가축이라는 또 다른 증거가 있나요?

돼지가 소중한 가축이었기 때문에 집안에 키운 흔적은 또 다른 문화의 발명품인 주거의 형태와 함께 맥족이 발명한 문자에서도 찾아볼 수 있습니다. 맥족이 돼지를 집에 함께 키우거나 부속된 주거에 키운 흔적이 바로 집의 형태에서 발견되고 있습니다.

오늘날 카렌 소수민족의 창고 (2024년 치앙마이, 필자 촬영)

단군조선의 후예인 고구려는 초기에 산악지대에 살았습니다. 산악에서는 토지가 척박하여 농산물이 풍부하지 않아 정복활동을 통해 피정복인으로부터 공납을 받아 집집 마다 창고에 보관했는데 이를 부경(桴京)이라 합니다. 위층은 창고나 임시 거주를 할 수 있고, 아래층은 창고나 돼지를 키우는 용도로 사용되었지요.

이러한 집의 구조는 고구려가 668년 멸망한 지 1,500년 이후인 1960년대에도 제주도의 가옥에는 아래층에 돼지우리가 있고 위층에 사람이 거주한 집이 유지 보존되었습니다.

더욱 흥미로운 것은 고구려의 유민으로 추정되는 태국과 미얀마 국경지대의 카렌족도 같은 구조의 집을 아직도 지어 살고 있는데 아래층에 돼지를 키우거나 창고로 활용하고 있습니다.

돼지를 집에 키운 전통이 문자에도 있다구요?

네, 돼지를 집안에 키운 주거 형태는 문자에도 남아 있습니다. 우리가 사용하는 한자의 집 가(家)는 집 면(宀) 아래에 돼지 시(豕)가 들어가서 집을 구성하는 모습을 보입니다. 한자는 형태를 본뜬 상형문자이므로 이 한자를 발명한 사람들이 살고 있는 집은 돼지를 집에서 함께 키우고 있으며 특히 집 아래 돼지를 키우는 문화를 갖고 있음을 나타내고 있지요.

맥족의 생활 방식이 바로 돼지를 애완동물로 여기는 문화도 있고 또한 집 혹은 집의 부속시설인 아래층에서 돼지를 키우고 있음을 보았습니다.

단군조선을 구성한 맥족이 돼지를 8,200년 전에 최초로 사육하였음을 알 수 있는데 이것이 세계 최초의 돼지 사육을 나타내는 발견이 아닐까요?

02 단군조선의 과학기술

5,000년 전의 단군조선은 농업을 기반으로 하며 태양을 숭배하였으며 정치와 종교가 일치한 사회였지요. 농업은 하늘의 날씨에 따라 수확이 좌우되므로 하늘을 관측하는 과학기술이 발달하였고 계절의 순환을 표시한 달력이 만들어졌습니다.

최초의 별자리 관측소와 천문지리학

우리 한민족은 농경문화를 시작하면서 농사를 결정하는 기후, 기온, 강우량에 대한 관심을 가졌기 때문에 이를 좌우하는 하늘의 태양, 달, 별에도 관심을 가지고 별자리를 관측하였습니다.

단군조선의 천문현상에 대한 기록은 언제부터 나올까요?

놀랍게도 기원전 24세기에 나타나고 실제 천문현상인 오성취루, 즉 다섯 개의 별인 수성, 금성, 화성, 목성, 토성이 한곳에 몰려드는 현상에 대해 기원전 13세기에 기록되어 있습니다.

고대 중국의 천문현상 기록은 어떠할까요?

중국은 오성취루에 대하여 기원전 5세기에 기록하고 있어서 단군조선이 약 8백 년 앞선 것으로 나타납니다[83].

천문학 분야에서도 고대에는 단군조선이 중국의 왕조보다 8

백년 앞서고 있다는 것은 곧 단군조선의 문명이 더 선진적이고 나아가 가까운 중국에 영향을 주었다는 것을 말하고 있습니다.

단군조선에 천문대를 설치했다는 기록이 있나요?

단군조선의 10세 임금인 단군 노을 시기에 거북점과 더불어 윷이 점을 치는 것에서 유래되었다는 것을 말해주며 4천 년 전 단군조선 시대에 천문대[84]의 설치가 이뤄졌음을 말해주는 기록이 전하고 있습니다.

> "병오 16년(B.C.1935년) 천하의 신우(神龜)가 도면을 짊어지고 나왔는데 윷판과 같았고,…을축 35년 (B.C.1916년) 처음으로 감성(監星)을 설치하였다"

기록이 사실임을 밝히는 것은 유물이나 유적입니다. 별자리를 관측했다는 사실을 뒷받침하는 유물이 있을까요?

세계 각지에서 발견되지만 한반도에서 가장 많이 발견되는 고인돌이 바로 그 유물입니다. 고인돌 무덤의 덮개돌을 관찰해 보면 놀랍게도 굼(홈 구멍)을 쪼아 파거나 찍어 파서 새긴 별자리가 보입니다.

신석기 초기의 양평 양덕리 고인돌에는 고대 동양과 서양에서 이름 붙여진 삼수(參宿, 오리온), 필수(畢宿, 황소), 오차(五車, 마부), 천반(天盤, 페로세우스), 규수(奎宿, 안드로메다), 각도(閣道, 카시오페아) 등의 별자리와 별들이 새겨져 있는데 별자리 모양은 굼(홈구멍)의 모임 형식으로 표시하고, 별의 크기

3장. 단군조선이 발전시킨 소프트/ 휴먼웨어문명

는 굼의 크기로 표시한 것으로 여겨집니다[85].

이뿐만 아니라 단군조선 시대 청동기 거울이나 제기 등에 천체 모양이 새겨진 유물이 발굴되어 이러한 사실을 입증하고 있습니다.

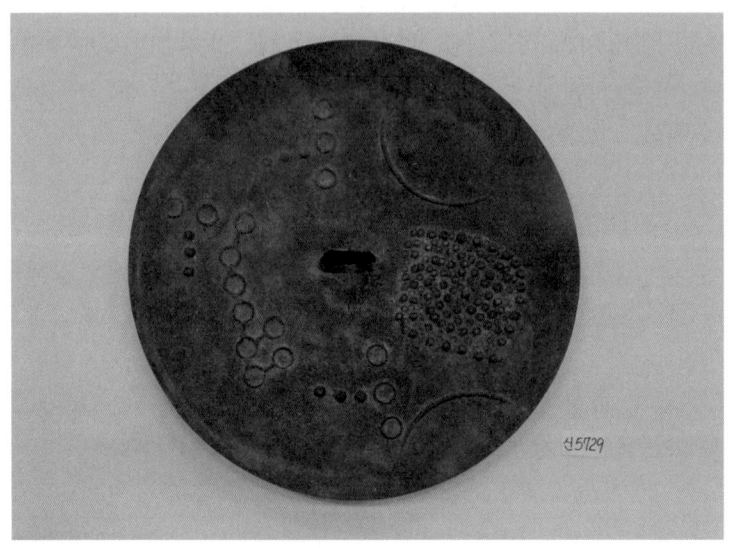

천체가 새겨진 뚜껑 모양 청동기 (국립중앙박물관)

천문 관측의 전통이 후대에도 내려왔나요?

기원전 2,400년부터 천체를 관찰하고 기록하는 우리 한민족의 전통은 삼국 시대를 지나면서 조선 시대에도 이어져 내려왔습니다. 태조 이성계는 평양 대동강에 빠져 사라진 고구려 천문도의 영인본을 교정하여 천상열차분야지도 (天象列次分野之圖)를 만들었습니다. 이는 현재까지 발견된 천문도 중 관측연대

기준 세계 최초로 만들어진 전천(全天) 천문도이자 고경도 석판 위에 새겨진 전천(全天) 천문도입니다. 이러한 전통이 이어져서 한국의 천문학과 우주과학이 세계적인 이목을 집중시키는 우주 산업에 기여할 날이 오기를 기대합니다.

천상열차분야지도 (국립중앙박물관)

최초의 달력

천문 관측과 함께 발달한 것이 역, 즉 우리가 달력이라고 말하는 것입니다. 역(曆)이란 쉽게 이야기하면 해그림자가 움직이는 것을 보고, 달이 기울다가 보름달이 되고, 별의 위치가 계절에 따라 바뀌는 것을 보면서 우리가 사는 곳이 가만히 있지 않고 회전하는 것을 알아내어 그 변화의 수를 기호로 표시한 것이지요.

오늘날 사용되는 달력은 어떤 달력인가요?

현대에 사용되는 달력은 그레고리 달력입니다. 1년은 12개월 1시간 60분인데 1562년 가톨릭 신부들이 종전의 이단들이 사용하는 달력들을 교체하기 위해 그레고리력을 선포하였고 서구 문명이 확장되면서 대부분의 나라들이 사용하고 있습니다. 그런데 그레고리 달력은 당시 지구는 태양을 중심으로 돌고 있다고 지동설을 주장한 천문학자들을 박해하던 연장선에서 이해해야 합니다.[86]

우리가 일상적으로 사용하지만 매달 29일, 30일, 31일 들쑥날쑥하고 요일조차 매달 시작하는 것이 달라서 날짜와 요일을 기억하기 힘듭니다. 오늘은 며칠이고 무슨 요일인지 알려면 반드시 달력을 봐야 하는 번거로움을 거쳐야 하지요.

우리 한민족이 수천 년 전에 천문대를 설치하고 별자리를 공부했다는 사실을 앞에서 살펴보았지요.

우리에게 역에 대한 기록이 있을까요?

천년 전 신라의 박제상이 지은 부도지[87]에 역법에 관한 이야기가 나옵니다.

> 환웅씨가 돌아와 8개 지방의 소리(말)와 2개의 을을 다듬고, 역법을 정하고 의약을 다듬으며 천문과 지리를 저술하여 홍익인세(弘益人世)하였다.

한웅 천황이 다스리던 시대인 5천 년 이전의 시대에 역법을 정했다는 이야기는 그때 벌써 달력을 제정하였다는 말입니다. 믿을 수 있나요? 그런데 수천 년 전의 역법에 관한 또 다른 기록이 있습니다.

환단고기 (신시본기, 마한세가(상)에는 신시 시기에 칠회제신력(七回祭神曆)이 있었다고 하고, 소도경전본훈에는 칠성력(七星曆)이 나옵니다.

칠회제신력(七回祭神曆)이란 무엇을 말하나요?

일, 월, 수, 화, 목, 금, 토의 각 신에게 제사를 지내는 달력을 말합니다. 달력의 근원은 오행에서 나온 것이 아니라 제사 날짜를 정하는 일에서 나온 것이지요. 1주일이 7일이 된 기원이 해와 달, 수성, 화성, 목성, 금성, 토성의 신에게 제사를 지내는 것에서 유래했다는 것이지요. 이러한 사실은 부도지 14장에서도 확인되고 있습니다.[88]

"북극성과 칠요의 위치를 정하여 반석 위에서 속죄 희생물을 우워 제사를 올리고 함께 모여 노래하며 천웅의 악을 연주하였다"

부도지의 칠요란 곧 7일을 말합니다. 더 자세한 내용은 아래에서 설명합니다.

난군조선이 왜 역(曆)을 만들어 백성들에게 알려주고 널리 배포하였을까요?

부도지는 널리 인간세상에 이롭게 하기 위해서라고 홍익인세(弘益人世)라 하였습니다. 백성들이 농사를 짓기 위해서는 거름을 주고 씨앗을 뿌리며 장마에 대비하고 곡식을 추수하고 그 다음에 쉴 수 있는 시기를 알려 주어야 백성들의 삶이 풍족해지고 나라 역시 평화로워집니다. 예전의 달력에는 농사에 적합한 절기가 있어서 농부들이 달력을 보면서 자연의 순환에 따라 농사를 지었습니다.

단군조선의 역과 중국의 요는 어떤 관계가 있을까요?

부도지를 쓴 저자는 중국의 우상인 요를 비판하면서 요는 세 가지 잘못, 즉 제왕지도를 주창하고 오행설을 만들고, 잘못된 역을 만드는 잘못을 저질렀는데 이는 허위의 욕망에서 나왔다고 말합니다[89].

우리가 알고 있는 중국의 평화로운 시대를 연 요(堯)가 거북이 등의 부문(負文)과 명영(蓂英)의 피고 지는 것을 보고 신의 계시라 여겨 새로운 역(曆)을 만들고 천부(天賦) 이치와 부도(符都)의 역을 버려 인간 세상의 두 번째 변고를 초래하였다는 것입니다.

> "역은 인생 증리(證理)의 바탕이니… 역이 바르지 못하면 천수에 어그러져 화가 되는 것이니 복은 이치가 있는데 있고, 이치는 바른 깨달음에 있는 까닭이다. 그러므로 역의 바르고 바르지 못함이 인간 세상의 화와 복의 실마리가 되는 것이니 어찌 두렵지 않겠는

가?"

이렇게 부도지의 저자는 역(曆)의 중요성을 강조하며 잘못된 역(曆)을 만든 요(堯)를 강하게 비판합니다[90]. 새로운 역(曆)이라면 그전에 사용했던 역이 있다는 이야기인데 바로 단군조선의 역을 말하는 것이지요.

단군조선 시대의 역은 어떤 것일까요?

13개월 28일 달력 (단군조선 달력, 마고력)

일	월	화	수	목	금	토
1	2	3	4	5	6	7
8	9	10	11	12	13	14
15	16	17	18	19	20	21
22	23	24	25	26	27	28

부도지 23장을 살펴보면 단군조선의 역은 1년을 소력(小曆)이라 하고 사(祀)로 칭하는데 제사는 1년마다 오기 때문에 1년에 해당됩니다. 1사(祀)는 13기(期)가 있는데 기는 달과 월경의 주기로 오늘날의 월(月)에 해당하며 1년은 13달이 있지요. 1기(期), 즉 매월에는 4요(曜), 즉 4주가 있고 1요(曜)는 7일로 되어 있어서 1년은 364일이 됩니다. 그런데 사(祀)의 시작마다 단(旦), 즉 1일이 있어서 365일이 되지요...그리고 네 번째 사(祀)는 366일이 됩니다.

난군조선의 역과 현대의 달력과는 얼마나 차이가 나죠?

부도지 저자는 단군조선의 역은 1년은 365일이고 4번째 되는 해는 366일로 정하여 1년을 365.25일로 정하여 현대 천문학이 정하는 1년 365.25636042일과 거의 일치합니다. 단지 0.00636042일의 차이만 납니다.

단군조선의 역의 특징은 무엇인가요?

이처럼 1년이 13달, 28일로 된 달력을 마고력이라는 이름을 김상일 교수가[91] 붙이고 있으며 마고 배열에 의한 순수 수리에 의한 인류 최초의 달력이라고 주장합니다. 지금까지의 달력은 해와 달이 지나는 길에 인간이 불완전하게 천체 관측을 하면서 만들어 태양력과 태음력을 섞어서 제멋대로 난도질을 해 놓아 만든 것입니다.

하지만 단군조선의 역, 즉 마고력은 순수 수의 배열에 의해 만들어져 자연의 질서, 여성의 생리 주기에도 맞고, 식물과 동물을 포함한 자연의 질서, 우주 천체의 질서에도 맞는 것이라고 합니다.

이를 증명하기 위해 피보나치 수열이 마고 배열과 일치한다는 것을 자연계의 꽃잎의 수, 잎차례의 각도와 비례, 나선형 잎차례와 나선형 등을 보여주며 설명합니다.[92]

단군조선과 같은 13개월 28일 달력이 세상에 있나요?

실제로 구글에서는 '13월 28일' 달력을 "역사 이전부터 인도, 중국, 남미, 이집트, 폴리네시아, 마야, 잉카, 라코다, 체로키, 켈트 등지에서 사용한 표준 달력"이었다고 소개합니다.

여기서 중국의 달력이라고 한 것은 요임금과 요임금의 오행 사상을 비판한 부도지[93]가 강조하듯이 우리 달력이 중국의 것으로 둔갑된 것입니다.

그러면 마고력이라 불리는 13개월 28일 달력의 이점은 무엇일까요?

첫째, 한해의 첫날인 1월 1일이 매년 동일합니다.
둘째, 한 달, 4분기, 2분기의 길이가 같습니다.
셋째, 한 주일이 두 달에 걸쳐 있는 경우가 없습니다.
넷째, 부활절과 이와 관련된 많은 교회 축일이 비교적 동일합니다.
다섯째, 순수 수의 배열에 의해 만들어져 자연의 질서, 여성의 생리 주기에도 맞고, 식물과 동물을 포함한 자연의 질서, 우주 천체의 질서에도 맞습니다

이처럼 이점이 많은 13개월 28일 달력을 2천년대 다시 이용할 필요성이 넘치고 넘칩니다. 이제부터라도 기억하기 쉽고 너무나 편리한 13개월 28일의 k-calendar를 사용할 수 있도록 k-culture의 힘을 활용하면 어떨까 감히 제안해 봅니다. 널리 알려 주시면 좋을 것 같습니다.

03 단군조선의 하늘 숭배 문화

단군조선이 하늘을 숭배한 전통은 어디에서 찾아볼 수 있을까요? 임금은 하늘의 아들이라는 천손 의식과 중요한 일을 결정하기 위해 제사를 지낼 때 점을 친 것에서 그 전통을 찾아볼 수 있습니다.

천손 의식

임금은 하늘의 아들이고 "짐이 곧 천자이다"라는 선언은 동서양을 불문하고 하늘로부터 받은 권위를 주장하는 왕정체제를 옹호하는 발언이며 천손 의식의 다른 표현이기도 합니다.

천손 의식은 어디에서 유래했을까요?

수천 년 전부터 한민족은 태양을 숭배했고 임금은 "태양의 정기를 받고 태어난 하느님의 자손"이라는 천손 의식을 유지해왔습니다.

어디에서 천손의식의 근거를 찾을 수 있을까요?

우리 민족에게 수천 년 동안 내려온 단군 사화에서 찾을 수 있습니다. 단군 사회에서 환웅을 환인(한울님, 하느님)의 아들이라고 기록한 것이 바로 천손 의식의 발로이지요. 단군조선 문명의 후예인 부여, 고구려, 신라 등의 개국설화를 살펴보아도 햇빛을 받아 태양의 정기로 잉태하여 낳은 아기가 장성하여 임금이 된 것으로 기록되고 있는데 이 또한 천손 의식과 관련되어 있습니다.

천손 의식을 증명하는 유적이 어디에 남아 있을까요?

앞장의 선돌에서 다룬 바와 같이 신석기 시대의 귀한 유물이 아직 우리 곁에 남아 있어서 천손 의식을 명확하게 드러내고 있습니다.

한민족의 초기 신석기 시대 농업혁명의 요람의 하나인 금강 상류인 옥천 지역에는 태양을 임신한 여성, 즉 족장의 어머니, 할머니, 여족장을 나타낸 신석기 시대 선돌이 있습니다. 이 선돌은 높이 260cm, 가로 92cm, 세로 54cm 크기의 대형 바위를 다듬어서 임신부의 형상을 갖게 만들었습니다.

선돌의 가운데 아랫부분에는 둘레 86cm의 둥근 원으로 커다란 태양을 쪼아 아름답게 새겨서 태양을 임신했음을 표시하였습니다. 선돌의 주인공이 낳은 아기가 바로 아기 태양인 천손을 나타내며, 하늘에 있는 태양의 아들이라는 상징을 부여하고 있지요[94].

여성 부족장의 아들이 하늘의 아들이라는 상징은 환웅 천황이 곰토템 여성 부족장과 혼인을 맺어 단군왕검을 잉태했다는 단군 사화가 생각나네요.

천손 의식이 어떤 형태로 나타나지요?

임금이 하늘의 아들이라는 천손 의식은 하늘에 제사를 지내는 의식으로 나타나게 됩니다. 단군조선 시대에 하늘에 제사를 지낸 기록을 살펴보면 매월 10월 하늘에 제사를 지내는 풍습으로 조제(朝祭), 조선제가 있었지요. 지금은 중국 땅이 된 지 오래인 섬서성 장안 부근에서 지냈으며 이를 위해 사해의 모든 백성들이 장안 부근의 조시(朝市)와 발해안과 황해 주변의 네 나루와 네 포구에서 해시(海市)를 열어서 교역을 했다고 합니다[95].

이처럼 하늘에 제사를 지낸 의식이 오늘날까지 전해지고 있을까요? 그리고 수천 년 된 천제의 유적지는 어디에서 찾아볼 수 있을까요? 궁금한 사항은 다음 절에서 설명됩니다.

최초의 복골(卜骨·점을 친 뼈)

한자에서 점을 치는 것을 나타내는 '점(占)'자나 '복(卜)'자는 모두 불에 구워서 '점을 친 뼈'인 복골(卜骨)의 갈라지거나 터진 모양을 그대로 상형한 글자입니다. 이렇게 뼈의 갈라지거나 터진 방향이나 수를 보고 점을 치는 행위를 '골복(骨卜)이라고 하는데 골복 문화는 동이족의 문화이지요.

복골

골복 문화의 기원은 어디일까요?

지금부터 7,000년 전 요하 문명의 부하문화에서 골복이 발굴되었습니다.

골복/복골 문화의 기원

* 동물의 뼈를 이용해서 점을 치는 문화
* 최초의 골복/골복 발견 장소: 1962년 내몽고 적봉시 파림좌기(巴林左旗) 호얼토향(浩尔土鄉) 부하구문촌(富河溝門村), 최초의 부하문화(富河文化: B.C. 5200~5000)

유적인 부하구문유지

* 동이족의 문화권에 속함
* 요하 문명 지역에서 출발해서, 중국의 동해안 지역과 중원 지역, 한반도 일대, 일본 지역으로 확대됨

골복문화는 어떻게 발전되나요?

'골복'은 요서 지역에서 남하한 상족(商族)들에 의해서 문자가 있는 '갑골점(甲骨占)'으로 발전하게 됩니다. '갑골문(甲骨文)'은 점을 친 결과를 자라나 거북의 배 껍질에 새긴 '갑문(甲文)'과 동물의 뼈에 새긴 '골문(骨文)'을 합쳐서 말하는 갑골복사(甲骨卜辭)를 말하는 것인데 현재 한자의 기원이 됩니다.

갑골문甲骨文 (국립민속박물관)

단군조선 시대에 복골 문화가 지속되었나요?

단군조선 시대에 점을 친 기록이 내려옴을 보면 복골 전통이 지속되었음을 알 수 있습니다.

"팽우에게 명하여 토지를 개척하고 궁실을 지었다. 신지는 문자를 만들고, 기성은 의약을 베풀었다. 나을은 판적을 관정하고 희전으로 하여 점을 치며 더욱 병마를 관장하였다."

"23세 단군 아홀은 미리 점을 쳐보고 남쪽을 정벌하도록 하였다." -단군세기-

복골 문화가 후대에 계승이 되었나요?

복골 문화는 동이 계열의 상(商)을 이어 등장한 화화족 계열의 주(周)가 서면서 중국의 중원에서는 갑자기 사라져 버립니다. 그러나 한반도에서는 부여는 물론 변한과 가야에서도 이어지며, 일본 지역에서도 계승됩니다.

베링해를 통해 건너간 북아메리카 인디언의 문화에도 남아 있으며, 오늘날에도 캄차카반도 일대의 코리야크족과 축치족의 문화에도 남아 있어 칠천 년 이상 전승되고 있습니다[96].

04 단군조선의 경제 사회 인프라

어떤 문명이든 그 문명을 일으키고 지탱하는 것은 경제이며 단군조선의 문명에도 예외가 되지 않습니다. 오늘날 경제는 시장이 큰 역할을 하는데 단군조선 시대에도 예외가 아니었습니다. 단군조선이 제정일치제에 기초를 두었기 때문에 시장은 제사와 연관해서 발달했습니다. 그리고 시장에서 유통되는 물자를 운반하기 위해서는 말이란 운송수단을 활용하였고 이를 위해 수레를 사용하였고 물자를 보호하기 위해 기마술과 활쏘기가 발달하여 전쟁시에도 적극적으로 활용되었습니다. 나아가 왕족이나 귀족의 의복과 관리들의 관복 제조를 위해 양잠이 권장되었고 비단이 제조되었음을 알 수 있지요.

조선제와 시장의 발달

오늘날도 추석이나 설날이면 제사를 지내거나 가족들이 함께 모여 음식을 나누어 먹기 때문에 각 지역의 시장에서는 각가지 물건을 내놓고 팔고 사는 사람들로 번잡하였습니다. 수천 년 전의 단군조선도 예외가 아니었지요.

단군조선에서 시장이 어떻게 발달하였나요?

단군조선 시절에는 매월 10월 하늘에 제사를 지내는 풍습으로 조제(朝祭)가 있었습니다. 단군조선이 국가 차원에서 지내므로 조선제(朝鮮祭)라 볼 수 있는데 중국의 섬서성 장안 부근에서 지냈지요.

단군조선의 온갖 백성들이 제사를 지내기 위해 각종 특산물을 가지고 와서 장안 부근의 시장인 조시(朝市)에서 교역을 했기에 오늘날 보아도 굉장히 큰 시장이 열렸습니다. 산악에 사는 부족들은 사슴과 양을 바쳤기 때문에 포와 가죽을 팔았고 해안에 사는 부족들은 생선과 조개를 바쳤기 때문에 생선과 조개를 팔았지요.

매년 제사를 지낼 때 물화가 폭증하였으므로 바닷가와 강가의 나루에서 시장을 크게 열었습니다. 발해안과 황해 주변의 네 나루와 네 포구에서 해시(海市)를 열어서 교역을 했습니다[97].

오늘날 추석이나 설날에도 각 도시에서 큰 시장이 형성되어 각 지역의 특산물인 곡물, 해산물, 소나 돼지 등을 서로 팔고 사는 모습을 보면 조선제를 위한 조시와 해시의 모습을 조금은 상상해 볼 수 있습니다.

기마문화

옛날부터 말을 타고 달리면서 활을 쏘기도 하고 창을 휘두르는 기마문화는 동서양 모두 널리 퍼져 있습니다. 하지만 기마문화의 기원이 어디인지 밝혀진 적이 없어 궁금증만 더해주고 있지요.

기마문화의 기원은 어디인가요?

기마문화의 기원을 설명해줄 단서가 단군세기의 단군왕검에 대한 기록에서 다행히 전해옵니다.

> "팽우에게 명하여 토지를 개척하고 궁실을 지었다. 신지는 문자를 만들고, 기성은 의약을 베풀었다. 나을은 판적을 관정하고 희전으로 하여 젖을 치며 더욱 병마를 관장하였다."   -단군세기-

단군왕검 시대에 희전에게 병마를 관장하게 하였다는 기록은 4,300년 전에 기마문화가 있었음을 짐작케 합니다. 환웅 시대부터 전래 되어온 청동기 문화는 단군조선에 이르러 꽃을 피어 최초의 비파형 청동검이 사용되었으며 야생마의 가축화로 동북아시아형 기마문화가 형성되어 독특한 기마술과 활쏘기법이 발전되었습니다.

단군조선에서 기마문화가 발달했다는 또 다른 증거는 있나요?

신용하 교수는 단군조선의 선진적 기마문화는 고중국 문명에 전수되었다고 주장합니다. 중국은 단군조선 이주민들이 가져온 말을 수레를 끄는데 사용했으며 BC 4세기 후반 단군조선의 후국이었던 동호로부터 조(趙)나라가 기병(騎兵)제도와 기사법(騎射法)을 도입했습니다.

이는 조나라 무령왕이 BC 307년 호복(胡服:흉노, 동호의 복장)을 입고 기사(騎射)를 제의했고 당시 전국시대 군주 중에 기병 창설을 선도적으로 제창한 가장 유력한 인물이었다는 데서 알 수 있습니다.

단군조선의 기마문화가 고대 중국에 영향을 미쳤나요?

네, 그렇습니다. 중원을 처음 통일한 진시황의 장례식 때 남긴 거대한 병마용갱이 시안 즉 장안에서 출토되어 놀라움을 자아내게 했지요. 군대의 편제와 인원을 그대로 알 수 있게 기마병들뿐 아니라 말의 모습 또한 너무나 생생하게 표현하여 마치 살아 있는 듯합니다.

그런데 진시황을 비롯한 지배계급이 동이족이라는 것이 진시황뿐 아니라 병마용갱에 있는 군사들 역시 상투를 튼 모습으로 수천 년 땅속에 있다가 나타나 그저 놀랍기만 합니다.

진시황의 병마용갱을 살펴보면 주나라 시절부터 시작한 존왕양이(尊王攘夷), 즉 왕을 높이고 단군조선을 비롯한 이웃 나라를 오랑캐로 멸시하는 풍조는 아직은 보이지 않고 있습니다.

무용총 기미인물상

시안에서 발굴되었다가 발굴을 멈춘 피라미드 등에서 동이족
의 유적이 나왔다는 인터넷 소식은 어쩌면 기마문화 등 동이 문
화의 숨어 있는 비밀에 대한 단서를 갖고 있는지도 모릅니다.
세월이 흘러서 양심 있는 학자와 글로벌 문화가 확산될 때 진실
이 드러나겠지요.

최초의 양잠과 비단 제조

오늘날에도 비단은 부드럽고 강하면서도 가볍고 품위 있는
옷감으로 귀하게 여겨지고 있습니다. 비단이 만들어진 후 수천
년 동안 왕족과 귀족만이 사용할 수 있었지요. 누에고치를 길러
서 비단을 만드는 법은 고대로부터 왕실의 여인들이 중시하며
널리 민간에 퍼뜨렸습니다.

우리 한민족이 최초로 양잠, 즉 누에 치기를 했나요?

중국 신화에는 황제의 부인인 누조가 누에치기의 창시자로
나와 있습니다. 황제가 동이족이므로 누에치기 역시 동이족이
최초로 시작한 것으로 볼 수 있지요.

단군조선에서 누에 치기를 했나요?

누에 치기에 대한 최초의 기록은 단군왕검 때 황후로 하여금
누에 치는 법을 가르치게 하였다는 사실이 나옵니다.

"비서갑 화백의 딸을 들여 후로 삼고 누에 치는 법을

가르치게 하니 순방지치의 밝음이 천하에 미치었다."
-단군세기-

누에치기의 전통이 후대에 계속되었나요?

누에치기의 전통은 삼국 시대와 고려 시대를 거쳐 조선 시대에도 전해 내려왔습니다. 고려와 조선에서는 백성들에게 양잠을 장려하고 누에치기의 풍년을 기원하기 위해 선잠제를 지냈으며 왕비는 궁궐 후원에서 뽕잎을 따며 양잠의 모범을 보이는 친잠례(親蠶禮)를 행하였습니다. 오늘날의 서울의 잠실은 조선 시대에 누에를 많이 재배하여 붙여진 이름이고 조선 시대의 친잠례를 거행한 의식을 기록한 친잠 의궤가 전해지고 있습니다.

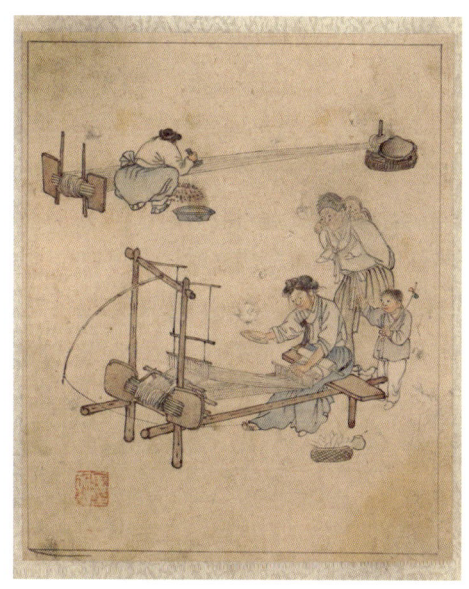

길쌈 《단원 풍속도첩》 국립중앙박물관

05 단군조선의 교육문화예술 스포츠

문명의 척도는 문자의 발명에서 찾습니다. 세계의 문명이 시작되고 그 문명이 수백 년 혹은 수천 년 동안 지속되기 위해서는 사람의 기억에 의존하는 것은 한계가 있기 때문에 글로 기록되어야 하고 후대에 전수되기 쉽기 때문입니다. 단군조선에서 문자가 발명되었는지는 단군조선 문명을 성립하는 중요한 관건이 됩니다. 어떤 문명이든 말과 글을 통해 다음 세대를 가르치는 교육기관이 문명 발달에 지대한 역할을 하게 되지요.

우리가 사용하는 한국말은 존대어가 있다는 점이 특징입니다. 존대어가 단군조선 문명 시대에 족장 사회와 농경문화의 형성에 따라 족장과 노인에 대한 존경, 신분적 사회질서와 예절 교육에 따라 발전되어 왔습니다.

예로부터 동서양의 교육은 지식뿐 아니라 육체적인 강건함을 갖추게 하는 것과 더불어 덕성을 가르치는 것도 중요하게 여겨 왔습니다. 단군조선의 소도는 세계 최초의 교육기관임을 문헌들과 단군조선을 이은 고구려의 선인, 신라의 화랑제도의 전통이 이를 입증하고 있습니다. 오늘날의 스포츠 문화가 수천년 전 단군조선에서 중시되었다는 것은 흥미롭지 않은가요?

최초의 문자 발명

문명의 척도 중 가장 먼저 들 수 있는 것이 문자의 유무입니다. 세상에 존재하는 수많은 민족과 국가가 있지만 문자를 갖고 있지 못하여 고유 언어가 사라지는 부족이나 민족이 허다하지요. 오늘날 한글을 사용하는 우리 한민족은 여러 개의 문자를 발명한 것으로 여겨집니다.

단군조선이 남긴 문자가 있나요?

언어학자인 정연규 교수는 단군조선의 문자에 관한 문헌 기록을 조사하여 다음과 같이 남기고 있습니다[98].

단군왕검께서 조선을 세운 후 신지의 후손 신지선인(神誌仙人)이 녹도문을 사용하여 신지비사를 쓰게 했다는 사실이 예부터 전해 내려오고 있는데 소도(蘇塗)경전(輕典)본훈(本訓)에는 다음과 같이 기록되어 있습니다.

> 천부경(天符經)은 천제환국의 우전(口傳)의 서(書)다. 환웅대서존께서 하늘에서 내려 오셔서 신지(神誌) 혁덕(赫德)에게 명하여 녹도문(鹿圖文)으로써 그것을 썼다.

오늘날 전해지는 천부경이 녹도문으로 쓰여졌다고 하네요. 이러한 녹도문은 언제 만들어졌고 새로운 문자로 개발되었나요?

녹도문이 기원전 3,800년 이전 시대인 환웅 천황때 만들어졌으나 그림문자로 어렵고 복잡하여 자부(紫府)에 의해 기호문자인 우서(雨書)로 기원전 3,800년경 개량되었으리라 추측됩니다. 그리고 기원전 3,400년경 복희(伏羲)는 역을 정리하여 64

괘의 역문자(易文字)를 남겼는데 이는 용서(龍書)의 예가 될 수 있습니다. 기원전 2,700년 경 치우천왕때 화서(花書)가 있었는데, 투전문속(鬪佃文束)은 바로 그 잔흔이다는 기록이 전하고 있지요.

> 세상에 전하기를, 신시 때에는 우서가 있었다. 치우 때에는 화서가 있었다. 투전문속은 바로 그 잔흔이다. 복희 때에는 용서가 있었다. 이러한 자서들은 백산, 흑수, 청구 등의 우려의 지역에서 널리 쓰였다.
> -소도(蘇塗)경전(輕典)본훈(本訓)-

3세 단군 가륵 경자 2년 (기원전 2181년) 시속이 같지 아니하고, 방언이 서로 달라 상형표의문자(녹서, 우서, 용서, 화서 등을 말함)가 있었으나 멀리 떨어진 사람간에 이해가 어려워 삼랑(三郞) 을보륵(乙普勒)에게 명하여 정음(正音) 38자를 찬(撰)하니 이를 가림토(加臨土)라 했다. 또한 신축 3년 (기원전 2,180년) 신지 고결(高契)에게 명하여 배달(倍達)유기(留記)를 찬수하였다.

단군시대의 문자가 전해내려 오나요?

단군조선 시대 신지가 창제한 문자가 사용되었다는 전설과 기록이 전해오고 있으며 단군조선 시대의 토기, 청동기, 암벽 등에 그 문자들이 조각되어 있습니다. 더구나 중국 송나라 시대 순화각첩에는 한문자로 해독되지 않는 비문 28자가 창힐 문자라는 이름으로 수록되어 있는데 신지 문자와 비교하니 동일한 문자임이 확인되었지요.

 이를 통하여 단군조선 시대에는 신지문자가 존재했으며 BC 108년 한무제의 침공으로 단군조선이 멸망하고 한사군의 설치 이후 한문자가 도입됨에 따라 급격히 소멸하였습니다. 고려 시대까지 신지 문자를 비롯한 고유 문자가 존재하였던 것으로 여겨집니다.

 세종대왕이 창제한 훈민정음과 가림토문자는 어떤 관계가 있을까요?

 오늘날 우리가 사용하는 세종대왕께서 1443년 창제한 훈민정음도 가림토 정음 38자에서 명칭과 더불어 글자체도 모방한 것으로 여겨집니다[99]. 훈민정음의 뿌리는 문자의 역사가 가림토까지만 거슬러 올라가도 4,200년이 되니 우리 민족의 문자 창제의 역사는 가히 타민족의 추종을 불허합니다.

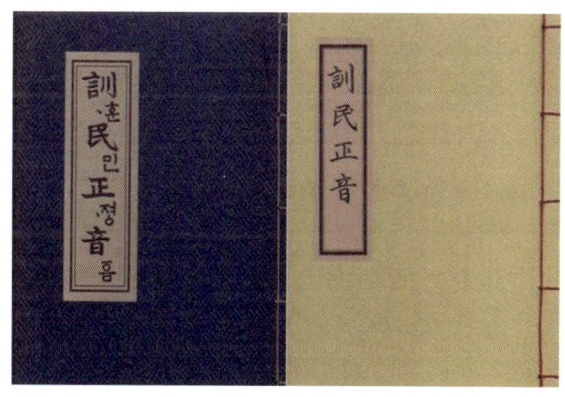

훈민정음

존대어의 발명

오늘날 영어가 세계어가 되었습니다. 유엔에서 공통으로 사용하는 영어, 불어, 스페인어, 러시아어 등에는 모두 한국어의 특징인 존대어가 없습니다. 한국어가 속한 우랄 알타이어족 가운데 존대어가 있는 언어는 신라어와 일본어뿐이라고 이기문 교수는 주장하지요.

존대어가 발명된 연유가 있나요?

단군조선 시대 신석기 농업 혁명을 통하여 농경사회로 정착한 한민족은 족장 사회와 농경문화의 형성에 따른 족장과 노인에 대한 존경, 신분적 사회질서와 예절 교육을 중시하면서 존대어를 발명한 것으로 여겨집니다.

실제 단군조선, 부여, 고구려 등에는 어른에게 무릎을 꿇고 인사하는 예절이 있었기에 언어 역시 이에 따라 높고 낮음을 구분하는 표현이 생겼다고 볼 수 있습니다. 지금도 제삿날이나 명절날에는 웃어른에게 무릎을 꿇고 절하는 전통이 전해지고 있지요.

주시경 선생은 동사에 '시'와 '니다'를 넣어 '가니'를 '가시니'로 말하고 '가다'를 '가십니다'로 표현하게 되었다고 한국어의 존대법에 들어가는 규칙성을 제시하였습니다. 단군조선 이래 지속적으로 어휘에도 보통어와 존대어의 어휘'쌍'을 만들어 내어 '나'와 '저', '우리'와 '저희', '말'과 '말씀', '있다'와 '계시다' 등과 같이 구분하게 되었지요. 접미어도 '가'(내가)와 '께서(아버지께서)와 같이 존대어가 도입되었습니다.

　농업경작 사회의 발전과 노인의 경험, 지혜, 지혜가 유일한 지식체계로 매우 존중되는 신석기 시대에 족장과 노인에 대한 존경의 표시로 존대어가 규범과 예절과 더불어 공동체의 문화에 접합되었으며 이러한 공동체의 가치를 다음 세대에 전승하고 학습시키는 과정에서 '시' '니'의 존대어의 특징이 형성되었다고 해석될 수 있습니다[100].

　존대어가 있는 언어가 있다면 우리말과의 연관성, 혹은 우리 민족과의 연관성을 따져볼 필요가 있습니다. 언어는 사람이 이동하면서 주변 환경에 따라 바뀌어지니까요.

주시경 조선어문법

소도, 세계 최초의 교육기관

서구에서 최초의 교육은 그리스 시대 철학자들이 정원에서 사색하면서 철학적인 질문을 던지고 논쟁을 하면서 이뤄진 것으로 나타납니다. 르네상스 시대에 이르러 수도원을 중심으로 공부하고 대학을 세워서 귀족의 자제를 가르친 역사가 있지요.

조선 시대에는 지방의 서당에서 어린아이들을 가르치고, 한양의 성균관에서는 서당공부를 마친 우수한 학생을 뽑아서 가르친 역사가 있습니다. 고려에서도 태학을 통해 인재를 양성한 적이 있지요.

단군조선에서는 어디서 교육을 했을까요?

제정일치 사회인 단군조선에서 소도(蘇塗)는 제사와 교육, 정치의 중심지 역할을 하였습니다. 예을 숭상하는 단군조선에서는 제사 예절을 통해 일차적인 교육이 이뤄졌겠지요. 소도에 대한 기록은 4천 년 전까지 올라갑니다.

> 경인원년(기원전 1891년) 제(帝)가 오가(五加)에 명하여 12명산의 제일 좋은 곳을 택하여 국선(國仙)소도(蘇塗)를 설치하게 하였다. 둘레에는 단수(檀樹)를 많이 심고, 제일 큰 나무를 가려내어 환웅상(桓雄像)을 봉하고 제사를 지냈는데 이를 웅상(雄常)이라 하였다. -단군세기 <11세단군 도해> -

또 무술 20년(기원전 1763년) 소도(蘇塗)를 많이 세워 천지화(天指花)를 꽂으므로, 그때 사람들이 천지(天指)화랑(花郞)이라 칭하였다.
-<태백일사> 삼신오제본기-

중국의 기록 중 우리 민족인 동이족에 대한 기록인 삼국지(三國志) 위지(魏志) 동이전(東夷傳)에 아래와 같이 전합니다.

"국읍에 각각 1명씩을 세워 천신에 대한 제사를 주관하게 하여 이를 천군이라 부르고 또 여러 나라에는 각기 별읍(別邑)이 있어 그것을 소도(蘇塗)라 한다. 큰 나무를 세우고 방울과 북을 달아놓고 제사를 지낸다. 그 지역으로 도망온 사람은 누구이든 돌려보내지 않는다"

소도에서 어떤 교육이 이뤄졌나요?

소도(蘇塗)가 선 곳에는 충효신용인(忠孝信勇仁)의 오상(五常)의 도(道), 계율이 있었습니다. 소도의 옆에는 견당(肩堂)을 세우고 미혼 자제로 하여금 독서(讀書), 습사(習射; 활쏘기), 치마(馳馬: 말타기), 예절(禮節), 가악(歌樂), 권박(拳博) 겸 검술(劍術)의 육예(六藝)를 강습하게 하였지요[101].

소도와 화랑은 어떤 연관이 있나요?

단군조선은 3천 년 전부터 소도를 설치하고 화랑을 뽑아 교육하였는데 이러한 전통은 고구려의 선인, 신라의 화랑제도로 계승됩니다.

　소도는 신라의 화랑제도의 원형으로 20세의 아름답고 말 잘하는 남아를 뽑아 마랑(馬郎)의 직책을 주어 먼 여행을 하면서 삶의 현장을 체험하며 살아 있는 공부를 하게 하고 마침내 온갖 역경을 이기고 되돌아오면 직사에 임명하여 천문, 지리, 역수, 박물을 정리하게 하였습니다.

　마랑의 여행과 지도자 교육은 어떤 관계가 있나요?

　마랑(馬郎)이 여행한 성생, 월식, 운해, 천산 지역은 인도와 동남아시아, 중근동 및 서유럽, 중국 대륙 전역과 몽고 시베리아 등 머나먼 길이었는데 이들이 만 리 먼길에도 절개를 지키고 굳은 뜻을 지니며 어려움을 이기고 사명을 완수하면 기풍과 도량이 호탕하고 뛰어나게 됩니다. 사해, 즉 온세상을 화합하고 인간 세상을 하나로 묶는 부도 수행법과 지도자를 양성하는 방법이었지요[102].
　오늘날 교육이 지식 중심의 교육이라고 한다면 수천 년 전의 단군조선의 교육은 지식과 경험, 체력과 의지, 덕을 닦는 총체적인 교육이었습니다. 이제라도 오래된 역사의 교훈을 배워 미래를 준비해야 하지 않을까요?

씨름 문화

　최근 씨름은 직접 하는 스포츠보다는 눈으로 즐겨 보는 스포츠의 하나로 자리 잡고 있습니다. 설날 등에 천하장사 씨름대회, 태백장사 씨름대회 등 여러 지방자치단체에서 씨름대회를 주관하여 전국의 씨름 선수들로 하여금 경기를 치르게 하여 관중을 열광케 합니다.

도서자료 중국길림 각저총 주실 동벽 우부 씨름
(국립중앙박물관)

우리 민족이 즐겨했던 씨름의 기원은 어디에 있나요?

단재 신채호 선생에 의하면 단군조선에는 매해 10월, 3월, 5월에 대회를 열고 수박(택견), 검술, 궁시(활쏘기), 격구, 주마(말달리기), 회렵(사냥), 한맹(얼음물 속에서 하는 경기), 금환의 8가지 종목 외에도 다양한 경기가 있었을 것이라고 말합니다. 이러한 대회를 통해 제후국의 민족들은 풍속 관습의 통일과 더불어 공동체 의식을 배우게 된다는 것이지요.

신용하 교수는 씨름이 고조선에서 일찍이 확립되어 고조선

문명권 전체에 전파되고 그 후예들에게 힘 기술 겨루기의 경기 종목에 포함되었을 것이라 주장합니다. 이는 중국 육조시대 제나라 태학박사를 지낸 임방의 글에 "치우씨는 머리에 뿔(달린 투구)를 쓰고 헌원과 싸웠는데, 병사들이 씨름꾼 장사들이어서 다른 사람들이 맞설 수 없었다"고 전합니다.

오늘날 기주에는 '치우희'라는 오락(음악 포함)이 있는데, 백성들이 2, 3인씩 머리에 소뿔을 쓰고 서로 씨름하는 놀이라고 씌여져 있습니다.

씨름문화가 세상에 어떻게 계승되고 있나요?

단군조선을 계승한 고구려의 <각저총> 벽화에 씨름하는 모습이 그려져 있는데 우리 민족의 상징인 상투를 틀고 있지요. 단군조선 시대 제후국을 형성했던 만주족, 흉노족, 몽골족 모두 씨름 등 단군조선 문명의 축제문화와 경기문화를 계승하였습니다.

한국뿐 아니라 중국, 중앙아시아의 여러 나라, 터키, 불가리아, 헝가리, 일본 등에서 씨름이 약간 변형된 형태로 민속놀이의 경기로 시행되고 있습니다[103].

단군조선의 씨름이 동아시아 지역뿐 아니라 중앙아시아와 유럽에 퍼진 것은 그 후손들이 이주를 하면서 남긴 문화적인 유산이 아니고 무엇일까요?

06 단군조선의 코즈모폴리턴 문화

코즈모폴리턴, 세계 시민이란 표현이 수천 년 전 단군조선 시대에 있었을까?라고 반문하는 사람이 많을 것입니다. 이제부터 코즈모폴리턴에 대해 살펴보겠습니다.

서양에서의 코즈모폴리턴 개념은 어디에서 왔나요?

철학자 디오게네스로부터 왔다고 알려져 있습니다. 디오게네스는 스스로 "집 없는 망명자, 매일 빵을 구걸해야 하는 방랑자"라고 일컬었는데 "당신은 어디서 왔는가?"라는 물음에 "나는 우주의 시민(I am a citizen of cosmos/kosmopolites)라고 대답했습니다.

우주의 시민이라는 은유적인 표현은 이 우주에 존재하는 모든 사람을 동료 시민으로, 공동의 거주자로, 이웃으로, 친구나 친척으로 대하는 이상적 평등 세계에 대한 비전을 제시합니다.

근대에 이르러 코즈모폴리턴은 누가 정립했나요?

독일의 철학자 칸트입니다. 칸트는 1784년에 발표한 <코즈모폴리턴 관점에서 본 보편적 역사를 위한 사상>에서, 인류라는 종족을 위한 가장 큰 문제는 정의를 보편적으로 관장할 수 있는 시민사회를 성취하는 일이라고 강조했습니다.

> 칸트의 1785년 <영구적 평화>
>
> 세상에 평화를 영구적으로 정착하기 위해 필요한 3가지
>
> 1 세계시민의식
> 2 환대에 대한 보편적 의무
> 3 지구위에 거주하는 모든 사람의 평화와 인간의 존엄성

위의 3가지 목표 중에서 칸트가 강조하는 코즈모폴리틴 환대란 한 인간을 고귀한 인간으로, 이 우주에 속한 동료 시민으로 보는 연민적 시선에서 출발합니다. 모두 다 고유한 얼굴을 지닌 개별적 존재로 보며 인간의 권리와 책임에 대한 실천을 해야 한다는 것이지요.

단군조선에서 코즈모폴리터니즘의 원형은 무엇인가요?

단군조선에서 코즈모폴리터니즘은 군자를 양성하는 뿌리 문화였던 선도 문화, 우리가 사는 온 세상을 종교나 이념, 피부 색깔, 부족(민족) 등과 상관없이 널리 이롭게 하는 홍익인간, 그리고 세계 최초의 연방제 국가 설립을 통해 평화를 중시한 연대의식에서 찾아볼 수 있다고 생각합니다.

선도 문화

한민족 고유의 전통사상은 풍류도, 풍월도, 선도, 신선도, 선

교 등 다양한 용어로 불려져 왔습니다.

선도에 대한 기록이 전하고 있나요?

<삼국사기>에는 최치원이 쓴 난랑비 서문이 전하고 있습니다.

"우리나라에 현묘한 도가 있으니 이를 풍류도라 한다. 풍류교를 창시한 근원이 선사에 자세히 실려 있다. 실은 바로 삼교를 포함하고 뭇 중생을 상대로 교화하는 내용이다"

최치원은 유불도(儒佛道) 삼교를 포함하고 있는 우리 고유의 풍류도에 관해 설명하면서 "교를 창시한 근원이 선사에 상세히 기술되어 있다"고 말했습니다. 풍류도가 언제 어디서 어떻게 누구에 의해 발원되었는지 말한 선교(仙敎)의 역사가 선사에 상세하게 기록되어 있다는 것이지요[104]. 하지만 아쉽게도 선사(仙史)는 전해지지 않고 있습니다.

단군조선에서 선도를 수련한 사람들이 있었나요?

<삼국사기>에 평양을 설명하면서 "선인 왕검이 거주하던 곳

최치원 초상화

이다(仙人王儉之宅)"라고 말한 내용이 나오는데 단군왕검을 선인, 곧 선도를 수련한 사람으로 불렸음을 알 수 있지요.

지광한(池光翰)은 695년(숙종21)에 태어나 1756년(영조32)까지 활동한 사람인데 홍사(鴻史)-동이열전을 저술하였는데 공빈(孔斌)이 동이에 대해 쓴 글에도 선도를 수련한 선인에 대한 기록을 남깁니다. 공빈은 공자의 7대손으로서 전국시대(戰國時代) 말기(약 2,300년 전) 사람으로 위(魏)나라의 재상이었습니다.

김홍도필 선인취생도
(국립중앙박물관)

동이의 나라에는 자부선인(紫府仙人:배달국 제14세 치우환웅 당시의 선인)이라는 도통한 분이 계셨는데 '황제 헌원(중국인의 시초)'씨가 그 문하에서 내황문(內皇文)을 배웠다.

"동이인 유위자(有爲子:제13세 흘달 단군 당시의 선인)는 하늘이 내신 성인인데 그분에게서 '중국'이라

하는 이름을 얻었고 이윤(은나라 건국공로자)이 그
문하에서 배워서 은나라 탕임금의 현명한 신하가 되
었다"

배달국에 자부선인이 황제 헌원의 스승이었고 단군 흘달 13세 시대에 유위자는 은나라 재상 이윤의 스승이었다는 기록이 전하고 있습니다.

선도를 가르친 곳이 어디인가요?

고려 공민왕 1363년 행촌 이암이 찬한 단군세기에는 국선(國仙)소도(蘇塗)를 설치하였다는 기록이 있는데 소도가 국선의 뿌리이며 중추임을 나타내고 있습니다. 선도는 소도를 통해서 가르친 것이지요.

> 경인원년(기원전 1891년) 제(帝)가 오가(五加)에 명하여 12 명산의 제일 좋은 곳을 택하여 국선(國仙)소도(蘇塗)를 설치하게 하였다.
> -단군세기 <11세단군 도해> -

선인과 군자는 뿌리가 같은가요?

네, 그렇게 여겨집니다. 중국 문헌 중 동이가 사는 지역을 신선향으로 흠모하여 군자국, 군자불사지국, 대인국 등으로 부른 기록이 남아 있습니다[105]. 특히, 논어 제15편 위령공에서 공자는 구이의 나라, 즉 단군조선을 군자의 나라로 부러워했습니다.

"의로써 바탕을 삼고, 예에 따라 행하고, 겸손으로 태도를 나타내고, 신의로써 이루는" 군자가 산다[106]

이러한 기록을 통하여 우리 민족의 전통사상인 선도 문화가 단군조선과 그 이전의 배달국에 뿌리를 두고 있으며 이후 단군조선의 후계국인 고구려나 백제, 신라 뿐 아니라 중국에도 큰 영향을 미쳐왔음을 알 수 있습니다.

홍익인간

4,300여 년 전 단군왕검은 조선을 건국하면서 건국이념으로 부국강병이나 대제국건설과 같은 이념이 아니라 '홍익인간'과 '재세이화'를 내세웠습니다.

홍익인간이란 어떤 의미인가요?

'홍익인간'은 우리가 잘 알다시피 널리 두루두루 인간을 이롭게 한다는 의미이며, '재세이화'는 세상을 다스림에 있어서 그 이치에 맞게 다스린다는 의미이지요. 즉, 특정인 또는 특정 집단에게만 이로운 국가가 아니고 만민에게 이로운 국가 그리고 누군가의 위에서 군림하는 것이 아니라 모두가 함께 어울리며 살아가는 세상을 만들겠다는 원대한 포부입니다.

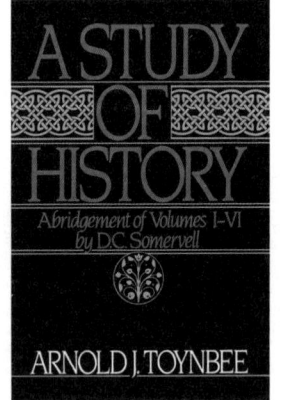

세계적인 문명사가이며 역사학자인 토인비가 홍익인간에 대해 아시나요?

네, 그렇습니다. 역사학자 토인비가 1973년, 1월 1일에 진행된 '동아일보'와의 인터뷰에서 한국의 효 사상을 듣고 눈물을 보였습니다. 그때 토인비는 '홍익인간' 정신에 대해서 언급합니다.

"21세기에 세계가 하나 되어 돌아가는 날이 온다면 그 중심은 동북아시아일 것이며, 그 핵심사상은 한국의 홍익인간 사상이 되어야 한다고 확신한다"

오늘날 온갖 위협과 국가 간의 분쟁과 전쟁은 '홍익인간'이라는 사상이 바탕이 된다면 절대로 일어날 수 없는 일입니다[107].

"널리 인간 세상을 이롭게 한다"는 홍익인간이 단군조선의 근본이념이 되었다는 근거가 무엇인가요?

홍익인간 사상의 뿌리는 단군 사화에서 찾아볼 수 있는데 단군 사화에는 다음과 같은 기록이 있다.

"고기(古記)에는 이렇게 말하였다. 옛날 환인의 서자 환웅이 자주 천하에 뜻을 두고 인간 세상을 탐내어 구하였다. 아버지가 아들의 뜻을 알고는 삼위 태백을 내려다보니 인간을 널리 이롭게 할 만하여, 즉시 천부인 세 개를 주어 내려보내 인간 세상을 다스리게 하였다. 환웅이 다스리는 데 필요한 무리 3,000명을 거느리고 태백산 꼭대기 신단수 아래로 내려왔다. 이곳을 신시라 하고 이분을 환웅천왕이라 한다. 풍백, 우사, 운사를 거느리고 곡식, 생명, 질병, 형벌, 선악 등 인간 세상의 360여 가지 일을 주관하여 세상을 다스려 교화(재세이화)하였다."

삼국유사 (국립한글박물관)

하느님 환인의 아들 환웅이 인간 세상에 내려온 것은 인간을 널리 이롭게 하기 위해서이지요. 인간 위에 군림하거나 지배하기 위해 내려온 것이 아니라 인간 세상을 널리 이롭게 하기 위해서입니다. 환웅의 홍익인간 사상을 물려받은 단군조선 이래 우리 민족은 DNA 속에 홍익인간(弘益人間), 즉 널리 인간 세상을 이롭게 한다는 사상을 보존하며 계승하여 왔습니다. 홍익인간이 어떤 뜻인가에 대하여 환웅의 역사적 실천 속에서 재해석한 것을 살펴보도록 하지요[108].

홍익인간의 재해석

1. 구름과 비바람의 신을 거느렸다
= 자연 생태계에 순조롭게 적응하는 생태계적 실천

> 2. 곡식을 으뜸으로 하여 식량문제를 해결하였다
> = 경제적으로 풍요로운 인간
>
> 3. 생명과 질병을 주관하였다 = 생리적으로 건강한 인간
>
> 4. 형벌과 선악을 주관하였다 = 윤리적으로 올바른 인간을 위한 봉사
>
> 5. 제세이화, 인간 세상에 머물면서 사람을 교화했다
> = 이타적 세계관의 실천

홍익인간과 군자는 어떤 관계가 있나요?

오천 년 전에 나라를 세운 목적이 세상을 정복하여 지배하는 것이 아니라 우리가 사는 세상을 이롭게 하기 위한 것임을 온 세상에 알렸고 이에 따라 세상을 다스리려 했다는 것이지요.

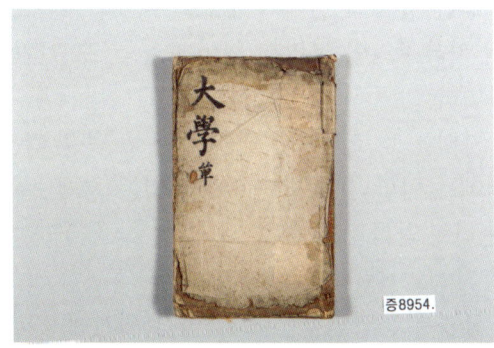

대학 (국립중앙박물관)

홍익인간이 대인(大人)[109] 곧 군자(君子)라고 말할 수 있는데 예기(禮記)의 한 편인 작자 미상의 '대학(大學)'은 군자로서 올바른 행실을 하게 하는 학문이라고 주자는 말하고 있습니다[110].

필자는 홍익인간이 단군조선의 건국 이념이고 군자를 키우는 기본 사상이기 때문에 군자의 행실을 가르치는 대학의 기본인 되는 3 강령과 8 조목이 홍익인간 사상에서 나왔으리라고 추측합니다.

대학에는 밝은 덕을 밝히고 백성과 친하며 지극한 선에 머무는 3 강령과 사물을 궁구하고 앎을 이루며, 뜻을 참되게 하며, 마음을 바르게 하고 몸을 닦으며 집을 다스리고, 나라를 다스리며 나아가 천하를 편안하게 하는 8 조목이 있지요.

홍익인간이 현대에도 적용될 수 있나요?

네, 그렇습니다. 오늘날 홍익인간은 좌와 우로 나뉘어 갈등하는 세상에 한 줄기 빛이 되는 사상이기도 합니다. 심백강 박사는 홍익인간은 공자의 인이나 불교의 자비를 말하는 동양사상과 서양의 자본주의의 논리를 넘어 모두를 포괄하는 사상이라고 주장합니다.

인이나 자비를 강조하는 동양 사상은 도덕 논리는 강하지만 경제 논리에는 약합니다. 반면 자본주의는 경제 논리는 강하지만 도덕 논리는 약하지요.

이러한 점에서 홍익인간은 널리 인간 세계에 이익을 혼자 가지지 말고 함께 나누고 누리라고 강조하는 사상이기 때문에 도덕과 경제를 함께 발전시키자는 사상이며 이러한 사상이 뒷받침되어 단군조선이 2,000년 동안 유지될 수 있었지요.

홍익인간 사상이 단군조선 사회에 어떻게 구현되었을까요?

단군조선에는 수확의 20분의 1이라는 낮은 세금을 거두었으며[111] 신분의 차별도 적었습니다. 이는 홍익인간의 정신이 정치 사회에 스며들었기 때문이지요. 단군조선이 문화국가로서 포용력과 높은 위상이 있기 때문에 공자도 군자가 사는 구이의 나라를 동경의 대상으로 삼았으며 중국에서 권력투쟁이 벌어지는 과정에서 그곳에 이주하여 살던 기자를 비롯한 동이족이 조선으로 피신한 것이지요[112].

연방제 국가

연방 국가라면 어떤 나라가 떠오르는가요? 미국은 미연방국가(USA)의 약자이고, 스위스도 연방 국가이며, 독일 또한 연방 국가입니다. 연방 국가는 연방과 주로 구성되지요. 각각의 주는

내무와 교육 정책 등에 부분적인 주권을 갖고, 연방은 외교 안보, 국방, 재정정책 분야 등에 책임을 집니다.

4500년 전의 단군조선이 연방제 국가인가요?

세종실록은 단군고기(檀君古記)를 인용하여 단군조선의 아홉 나라에 대해 다음과 같이 말하고 있습니다.

> "단군이 나라를 세우고 이름을 조선이라 하였다. 조선, 시라, 고례, 남옥저, 북옥저, 동부여, 북부여, 예와 맥이 다 단군이 다스리던 나라이다"

단군이 통치하던 나라는 한 나라가 아니라 아홉 개의 나라로 구성된 연방제 국가라는 사실입니다. 단군조선이 한반도에 갇힌 변방의 작은 나라가 아니라 아홉 개의 제후국을 거느린 대제국임을 말하고 있습니다. 단군조선의 통치 영역은 북경 근처의 요서에서 요동을 거쳐 오늘날 만주를 포함하고 한반도를 걸치는 광대한 지역이었음을 단군조선의 대표 유물인 빗살무늬토기, 고인돌, 비파형 청동검 등을 통해 보았습니다.

단군조선이 어떻게 연방국가를 만들 수 있었을까요?

단군 사화에서 보듯이 단군조선의 건국은 환웅족과 곰 토템 부족의 연합에서 시작되었습니다. 환웅족이 BC 3,000년경 훨씬 이전에 군장국가의 정치체를 형성하고 3상 5부의 막료체제를 갖추어 선진농업, 태양숭배, 새 토템의 신앙과 관습을 갖고 신석기 말기 농업사회를 유지하고 있을 때 곰을 숭상하는 맥족의 부족장과 혼인동맹을 통하여 평화적 방법으로 새로운 고대국가를 형성하였지요.

환웅족과 맥족의 여인 부족장의 혼인으로 태어난 단군왕검이 왕위에 오르면서 범을 토템으로 하는 예족도 일정한 자치권을 가진 제후국으로 받아들여 조선이라는 고대국가가 최초로 건국되었습니다.

단군조선이 연방국가임을 나타내는 증거가 있나요?

단군조선이 연방 국가임을 뒷받침하는 유물은 2장의 금동문화 유물에서 보았지요. 단군조선 강역이었던 만주 요녕성 평강지구 유적에서 발견된 고조선 말기의 금도금 장식의 유물이지요.

새는 환웅족의 토템이고 곰은 맥족, 범은 예족, 이리는 실위족 등 유목민족의 토템입니다. 커다란 새가 새겨져 있고 곰과 범이 새 날개 아래 좌우에 있는 조각되어 있으며 이리가 옆에 따르고 있는 모습은 환웅족의 지도 아래 맥족과 예족이 연맹을 맺어 단군조선을 형성하고 이리 토템족은 이후에 참여한 것으로 해석됩니다.

오늘날 미국, 영국, 캐나다, 러시아 등의 국가가 연합국가 조직을 가지고 있는데 5,000년 전에 단군조선의 국가 조직이 느슨한 연맹국가적 고대 연방 제국의 형태를 갖추었다는 것은 놀라운 일이며 우리 민족의 탁월함을 나타내 보입니다.

70여 년 이상 남북한이 전쟁을 하면서 위협하는 오늘날의 상황에서 단군조선의 연방 제도가 평화로 갈 수 있는 하나의 방법은 아닐까요? 시민들과 학자들, 정치가들이 함께 지혜를 모아야 할 것입니다.

단군조선이 어떤 방식으로 평화를 국시로 하였는지 다음 장에서 자세히 살펴보고자 합니다

4장.
단군조선은 왜 평화 국가인가?

4장 단군조선은 왜 평화 국가인가?

01 제후국과 연대
02 동물 토템 부족을 포용
03 홍익인간으로 자비를 베풀었다
04 반전 평화를 세계 최초로 주창

4장
단군조선은 왜 평화 국가인가?

　단군조선은 단군이 임금으로 있는 왕조 국가이며 신정 일체의 국가입니다. 단군은 임금인 동시에 하늘에 제사를 지내는 제사장이기도 합니다.

　4,500년 전 단군조선이 평화를 지향한 국가인가요?

　놀랍게도 그렇습니다. 단군조선의 국시(國是), 즉, 국민 전체가 지지하는 국가의 이념이나 국정의 근본 방침이 무엇인지를 알면 고개를 끄덕이게 됩니다.

　단군조선의 국가 정책은 이웃 나라에 대한 정복 전쟁보다는 제후국과의 연대를 통하여 평화를 지향하였습니다. 이를 위하여 하늘을 숭배하고 널리 인간 세계에 이롭게 하는 홍익인간 정신을 실천하려 하였지요. 이러한 국정방침 아래 전쟁보다 평화를 통하여 세상을 통치하려 했던 평화주의 국가가 바로 단군조선입니다.

철학자 하이데거 어록에 보면 "고조선은 가장 평화로운 방법으로 2천년이 넘게 아시아를 통치했던 국가[113]"라고 말하고 있습니다. 2천 년 동안 평화로운 방법으로 아시아를 통치한 단군조선은 문자 그대로 평화를 국시로 내세움으로써 문명사적으로 탁월한 업적을 성취할 수 있었음을 살펴보려 합니다.

평화를 국시로 내세웠던 단군조선의 통치 방법은 무엇이었을까요?

이제부터 단군조선만의 평화로운 통치 방법을 설명하고자 합니다. 첫째는 제후국과의 연대이고 둘째는 하늘을 공경한 마음으로 동물 토템 부족을 포용함이며 셋째는 홍익인간으로 자비를 베품이며 마지막으로는 세계 최초로 반전 평화를 주창한 것입니다.

01 제후국과 연대

오늘날 지구상의 강대국인 미국은 중앙집권적인 정부가 주에게 자치권을 주어 연방정부의 모습으로 통치하고 있으며 중국은 공산당 중심의 중앙집권적인 정부 체제하에 지방정부의 통치 형태를 갖고 있습니다.

오늘날 연방제를 채택하고 있는 국가가 있나요?

연방제는 미국뿐 아니라 스위스, 독일, 호주와 캐나다 등 다른 곳에서도 채택하고 있지요. 미국의 경우 역사적으로 주 정부와 연방정부 사이에 주도권이 왔다 갔다 하는 양상을 보이고 있습니다. 미 메릴랜드대 공공정책학부 돈 케틀 명예 교수는 "캐나다와 호주 같은 국가는 연방정부가 누리는 권한이 무엇인지 더 명확하지만 미국에서는 주 정부와 연방정부가 안정적인 관계를 맺은 적이 없었다"고 평가하고 있습니다[114].

오늘날에도 연방제를 택한 정부가 안정적인 관계를 맺기가 쉽지 않은데 5천 년 전 단군조선은 과연 어떻게 아홉 개 나라를 연대하면서 통치했을까요? 천천히 알아보도록 하겠습니다.

단군조선의 수도는 어디일까요?

우선 먼저 단군조선이 직할하는 도읍지, 수도는 강을 주변으로 하여 성을 구축한 조선성이 중심이 되는 모습입니다. 단군왕검은 조선을 건국한 후 성을 구축하여 수천 년간 외적의 침입에 대비하여 왔는데 이는 "하북성 노룡현에 기자가 동쪽으로 와서 봉함을 받은 조선성이 있다"는 기록에서 찾을 수 있습니다.

단군조선의 폐성 유적이 있는 하북성 노룡현은 행정구역상으로 하북성 진황도시에 속해있으며 조선 시대 중원과 동북을 가르는 관문인 산해관과 중국 공산당 간부들의 피서지로 유명한 북대하(北戴河)와 이웃해 있습니다[115]. 그리고 단군조선의 수도에 가로지르는 강의 이름은 조선하(朝鮮河)로 남아 있습니다. 이러한 기록은 단군조선의 수도가 한반도의 평양이 아니라 북경 부근에 있었음을 말하고 있지요.

단군조선을 구성한 국가는 몇나라인가요?

단군조선의 도읍이 요서의 하북성 노룡현, 즉 북경 인근에 있었는데 단군조선이 어떤 나라인지에 대해 세종실록은 단군고기(檀君古記)를 인용하여 다음과 같이 말하고 있습니다.

> "단군이 나라를 세우고 이름을 조선이라 하였다. 조선, 시라, 고례, 남옥저, 북옥저, 동부여, 북부여, 예와 맥이 다 단군이 다스리던 나라이다"

명나라의 오명제가 저술한 조선세기(朝鮮世紀)란 책에도 단군에 대해 "구이군지(九夷君之)" 즉 "아홉개의 이족들이 모여서 그를 임금으로 삼았다"라고 말하는데 구이는 단군고기에서 말하는 아홉 개 나라를 지칭한 것이라 여겨집니다.

다시 말하면 단군이 통치하던 나라는 아홉 개의 나라이며 단군조선은 변방의 작은 나라가 아니라 아홉 개의 제후국을 거느린 대제국으로 통치 영역이 북경 근처의 요서에서부터 요동을 거쳐 오늘날 만주를 포함하여 한반도 북부를 걸치는 지역이었음을 나타냅니다[116].

단군조선은 어떻게 제후국과 연대했을까요?

강력한 군대를 동원하여 강압 통치를 했을까요? 아니면 다른 방법으로 통치를 했을까요? 신용하는 단군조선이 대제국을 다스릴 때 제후국들과 연대를 맺으면서 다스렸다고 말합니다[117].

단군조선의 건국은 환웅족이 BC 3,000년경 훨씬 이전에 군장국가의 정치체를 형성하고 3상 5부의 막료체제를 갖추어 선진 농업, 태양숭배, 새 토템의 신앙과 관습을 갖고 신석기 말기 농업사회를 유지하고 있었을 때 곰을 숭상하는 맥족의 부족장과 혼인동맹을 통하여 부족간에 전쟁이 아닌 평화적 방법으로 새로운 고대국가를 형성하였습니다. 그리고 환웅족과 맥족의 부족장의 혼인으로 태어난 단군왕검이 왕위에 오르면서 예족도 일정한 자치권을 가진 제후국으로 받아들여 조선이라는 고대국가를 최초로 건국하였습니다.

단군조선이 제후국과의 연대했다는 역사적인 사실을 어떻게 알 수 있을까요?

단군 사화에서 나오는 위의 기록을 뒷받침하는 유물을 통해 알 수 있습니다. 2장의 금동문화 유물에서 본 단군사화를 상징하는 요녕성에서 발굴된 유물입니다. 금도금 장식 유물에는 커다란 새 날개 아래 곰과 범이 좌우에 있는 조각되어 있으며 이리가 옆에 따르고 있는 모습이 새겨져 있습니다. 지금도 임금을 상징하는 것은 용이나 봉황새를 그리고 있듯이 5천 년 전에도 상징물을 통해 표현했습니다.

수천 년 전의 고대 사회는 토템이 지배하는 사회였지요. 새는 환웅족의 토템이고 곰은 맥족, 범은 예족, 이리는 실위족 등 유목민족의 토템입니다. 금도금 장식은 환웅족의 통치 아래 맥족과 예족이 연맹을 맺어 단군조선을 형성하고 이리 토템족은 이후에 참여한 것으로 해석할 수 있습니다. 이처럼 단군조선의 국가 조직은 일종의 느슨한 연맹국가적 고대 연방제국이라고 말할 수 있겠습니다.

요녕성 단군사화 금도금 장식

단군사화의 내용에도 주변국과의 연대에 대한 내용이 있지요?

역사상에 대제국을 이루고 난 후 사라진 수많은 나라들은 거의 대부분 정복 전쟁을 통해 이웃 부족을 죽이거나 복속시킴으로써 나라를 세우고 확장하곤 했습니다. 하지만 단군조선은 건국할 때부터 이웃 나라와의 연대를 중요시하였다는 기록이 단군 사화에 나타납니다.

환웅은 지상에 내려와서 곡식, 인명, 질병, 형벌, 선악 등과 같은 인간의 360가지 일을 주관하면서 인간 세상을 널리 이롭게 함으로써 지상을 낙원으로 만들고자 하였다는 단군 사화를 기억하시나요?

나아가 주변의 곰 토템 부족이나 호랑이 토템 부족을 폭력으로 지배하지 않고 하늘의 사상으로 서서히 교화시키면서 주변 부족과의 결혼과 연대를 통하여 제후국으로 삼아 통치를 하였다는 역사적인 사실을 기억하시나요.

전제적인 통치나 지배가 아닌 다양한 구성원들과의 연대를 맺으면서 조화와 화합을 중시한 단군조선의 위대한 통치 방법을 널리 알릴 필요가 있습니다.[118].

단군조선이 다스린 제후국의 영토는 어디인가요?

단군조선은 단군왕검이 직접 통치하는 국가와 이웃의 제후국과 연대함으로써 거대한 제국을 형성했습니다. 단군조선의 경계는 북경 인근에서 요동반도, 한반도와 만주를 포함하는 거대한 영역에 걸쳐 있었는데 이는 단군조선의 대표 유물인 청동거울, 청동칼 그리고 옥 장식물 등의 다양한 유물이 이 지역에서 출토됨으로써 이를 확인할 수 있습니다.

단군조선의 영토에 대한 최근의 연구는 무엇인가요?

단군조선의 주요 후국들에 대해 신채호 선생이 강조하였고 신용하는 다음과 같이 후국의 위치를 정리하여 단군조선의 경계를 정립하였습니다[119].

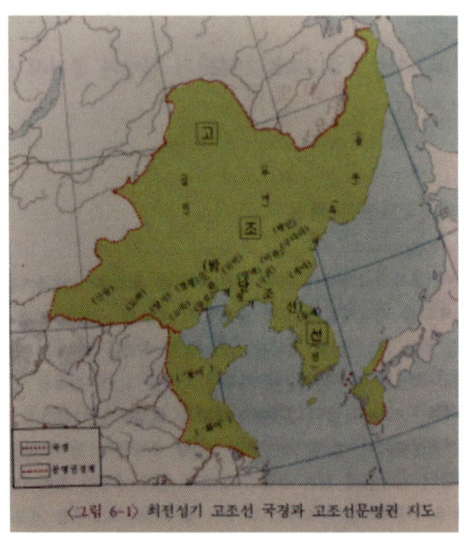

고조선 지도 (신용하 고조선문명의 사회사)

① 고조선의 중앙본국: 조선(직령지, 밝달조선, 발조선, 고조선)
② 고조선의 남부 후군: 진국
③ 고조선의 동부 후국: 옥저, 읍루
④ 고조선의 북부 후국: 부여
⑤ 요동지역 후국: 양맥, 구려, 비류, 개마, 구대, 행인, 임둔
⑥ 요서지역 후국: 고죽, 불령지, 불도하, 청구, 진반, 동호, 원오환, 선비, 고막해, 원정령, 오손
⑦ 동내몽고지역 후국: 산융, 원유연, 실위

광대한 영역을 통치한 단군조선은 어떻게 제후국을 다스릴 수 있었을까요?

단군조선이 홍범구주(洪範九疇)의 법을 통하여 제후국과 연대하면서 통솔하였고 제후국과 주변 나라가 위기에 직면하면 홍범구주를 전수하여 위기에서 벗어나게 하였다는 기록이 다음과 같이 나와 있습니다.

> 고기(古記)에 이르기를, "단군왕검이 아들 부루를 보내어 도산에서 하우를 만났다"

<오월춘추>에서도 비슷한 기록이 있습니다[120].

"당요(唐堯: 중국 고대의 성군으로 유명한 요임금) 때에 9년 홍수가 져서 요가 하우(夏禹: 하나라의 시조, 우임금)에게 이를 다스리라고 명하였다. 그러나 우가 8년 동안이나 공을 이루지 못하여 매우 걱정하다가 남악(南嶽) 형산(衡山)에 이르러 백마를 잡아 하늘에 제사를 지내며 성공을 빌었다. 그러자 꿈에 어떤 남자가 스스로 현이(玄夷)의 창수사자(蒼水使者)라 칭하면서 우에게 이르기를, '구산(九山) 동남쪽에 있는 도산(塗山)에 신서(神書)가 있으니, 석 달 동안 재계하고 이를 내어 보라'고 하므로, 우가 그 말에 따라 금간옥첩(金簡玉牒)의 신서를 얻어 오행(五行)의 물을 통하게 하는 원리를 알아서 홍수를 다스리어 성공하였다. 이에 주신(洲愼)의 덕을 잊지 못하

여 정전(井田)을 그리고 법률 및 도량형의 제도를 세웠다"

위 기록은 단군왕검이 중국의 수재(水災)를 구제해주기 위하여 아들 부루를 창수사자로 임명하여 도산에 가서 하우를 보고 삼신오제교의 한 부분인 오행의 설을 전하고 치수의 방법을 가르쳐 준 것을 나타냅니다. 우가 왕이 되고 나서 부루의 덕을 잊지 못하여 삼신오제의 교의를 믿어 이를 중국에 널리 퍼뜨린 것입니다.

그러면 단군왕검의 도움을 받은 순임금은 단군의 제후국인가요?

단군왕검께서 순임금을 도와주었다는 위 내용과 비슷한 기록이 서경(書經) 주서(周書)에도 전합니다.

"옛적에 곤(鯀)이 홍수로 인해 곤란을 겪고 있을 때 오행의 법을 어겼으므로 제(帝)가 노해 홍범우주를 주지 않으니 법도가 어그러졌다. 곤이 참을 당하고 우가 그 뒤를 이어받아 천제가 홍범우주를 주니 법도가 자연스럽게 되었다"

순임금으로부터 치수의 명령을 받은 우는 치수법을 배우기 위해 단군조선의 거수국인 도산국의 왕녀에게 장가를 들고, 단군왕검의 아들인 부루에게 치수법을 전수받아 대치수 사업을 완성했다는 것이지요. 한서(漢書) 외척열전(外戚列傳)에는 "하(夏)는 도산(塗山)국의 은덕으로 일어섰다'라는 내용이 나오는

데 단군조선의 도움으로 고대의 중국이 태동하였음을 나타냅니다. 이를 보면 단군조선의 도움을 받은 나라로서는 명백하며 제후국의 범주에 속하지 않았더라도 비슷한 위치에서 통치를 받았던 것이 아닐까 생각됩니다.

단군세기의 단군왕검 시기에 기록은 다음과 같다.

> "갑술 67년(BC2267년) 제가 태자 부루를 보내어 우의 사공과 도산에서 만나게 하였다. 태자는 오행치수법을 전하였다"

위의 단군세기의 기록은 서경(書經) 주서(周書)의 기록과 합치함을 말해주며 단군 시대 통치기법이 초기 화하족의 국가 성립에 기여했음을 말해줍니다. 순임금이 단군조선의 제후였다는 것을 간접적으로 나타내는 것이 아닐까요?

홍범구주란 무엇을 말하고 있나요?

단군조선이 중국의 하나라 우에게 전수한 홍범구주(洪範九疇)란 정치 도덕의 아홉 가지 원칙을 말합니다. 오행(五行), 오사(五事), 팔정(八政), 오기(五紀), 황극(皇極), 삼덕(三德), 계의(稽疑), 서징(庶徵), 오복(五福), 육극(六極)입니다.

이처럼 단군조선은 이웃 나라와 연대를 통하여 연합국가를 창설하였고 필요한 경우에는 홍범구주를 전수하여 이웃 나라의 어려움을 구제해주었습니다. 그렇기에 단군조선은 제후국의 황제 역할을 잘할 수 있었겠지요.

그러면 단군조선이 황제국인가요?

네, 그렇습니다. 아홉 나라인 제후 국가를 거느린 황제국이지요. 이는 황제의 황(皇)자의 기원에서 찾아 볼 수 있습니다.

단군조선의 이주민이었던 은나라, 곧 상(商)의 지배층이 고중국에서 한자를 만들 때 황제를 뜻하는 황(皇)은 백(밝달)자와 왕(임금)자를 합성하여 '황(皇)'자를 표시했습니다. 당시 동아시아에는 동아시아 최초의 고대 연방 제국인 단군조선에만 '황제'가 있었으므로 皇자는 단군조선의 제왕을 나타낸 것이지요[121].

집 가(家)란 상형문자가 집 아래에 돼지를 키우는 동이족의 문화를 나타내듯이 황제를 뜻하는 황(皇)가 밝달왕인 단군조선의 황제를 나타낸다는 것은 단군조선이 연방 국가의 황제였음을 말해주는 또 다른 증거가 아닐까요?

02 동물 토템 부족을 포용

단군조선이 연방 제후국을 거느리며 평화로운 국가를 세울 수 있었던 또 다른 이유는 하늘을 숭배한 마음으로 주변의 동물 토템 부족을 포용하였기 때문입니다.

서기전 2,333년 국가를 건국한 단군조선은 주변의 다양한 부족과 전쟁을 하기보다 제후국과의 연합을 통하여 부족 국가가 아닌 아홉 개의 국가로 이뤄진 제국을 건설하였음을 보았습니다. 오늘날에도 다른 문화와 전통이 있는 지역 간에는 갈등이 첨예하기 마련입니다. 그런데 서로 다른 문화와 전통이 있는 여러 부족으로 이뤄진 제후국과의 연합, 연대가 저절로 이뤄질까요?

단군조선을 하나로 만들 구심력이 있어야 제후국들의 호응을 받을 수 있는데 그것이 무엇일까요?

수천 년 동안 우리 민족에게 전승되고 있는 단군 사화[122]는 단군이 하늘의 신과 연결되어 있음을 주변의 부족들에게 보여줌으로써 전쟁 없이 주변 부족을 통합할 수 있는 주도권을 보여주었음을 우리에게 들려주고 있습니다.

곰과 범 (국립민속박물관)

4장. 단군조선은 왜 평화 국가인가?

당시 곰 한 마리와 호랑이 한 마리가 같은 굴에 살고 있었는데, 항상 환웅에게 사람이 되기를 빌었다. 이때 환웅이 신령스러운 쑥 한 다발과 마늘 스무 개를 주면서 말하였다. "너희가 이것을 먹되, 100일 동안 햇빛을 보지 않으면 곧 사람의 형상을 얻으리라"

곰과 호랑이는 그것을 먹으면서 삼칠일 동안 금기했다. 곰은 여자의 몸이 되었지만 호랑이는 금기를 지키지 못하여 사람의 몸이 되지 못하였다. 여자가 된 곰은 혼인할 상대가 없었으므로 매일 신단수 아래에서 아이를 가질 수 있게 해 달라고 빌었다. 환웅이 잠시 사람으로 변해 그녀와 혼인하여 아들을 낳았으니 단군왕검이라고 불렀다.

단군 사화가 역사임을 어떻게 알 수 있나요?

우리에게 단군 사화로 알려진 환웅 신시의 역사는 삼국유사, 제왕운기 등 여러 문헌뿐 아니라 중국 산동 반도의 무량사 무씨사당 화상석과 고구려 고분벽화 각저청의 신단수도, 고구려 초기 금동장식품 등으로 형상화되어 왔습니다.[123]

특히, 산동성 무씨사당 후석실의 3석에 4층으로 된 그림은 단군 사화의 내용과 유사합니다. 윗 그림은 환웅이 하늘에서 무리를 이끌고 용마(?)를 타고 지상으로 내려오는 것을 나타내는 것과 같은 형상입니다. 아래 그림은 환웅이 내려올 때 함께 거느린 풍사 (깔데기를 입에 대고 있는 사람), 운사 (손으로 무엇인

圖 184. 武氏祠堂 後石室 第三石(上: 一層, 下: 二層).

圖 185. 武氏祠堂 後石室 第三石(上: 三層, 下: 四層).

무씨사당 화상석(김재원, 단군신화의 신연구, 정음사, 1947에서 이용)

가 치고 있음), 우사 (항아리를 거꾸로 하고 있음)을 상징하는 것으로 보입니다. 우사 아래 형벌을 내리고 있는 모습은 "목숨과 질병과 형벌 제도와 선악의 구별 등을 다스리면서 인간 세상의 삼백 예순 일들을 갈무리하였다"는 단군 사화의 기록이 연상됩니다.

4장. 단군조선은 왜 평화 국가인가?   191

환웅과 함께 온 사람들은 무엇을 숭배했나요?

환웅과 함께 온 3천 명 무리는 태양을 숭배한 환웅족으로 고조선을 건국한 핵심 씨족이며 그 명칭은 조선족이었을 것이라 추측됩니다[124]. 고대에 국가의 명칭은 그 나라를 세운 씨족의 명칭을 사용[125]했기 때문이지요. 환웅족은 태양을 숭배하는 민족으로 하늘을 나는 새를 토템으로 갖고 있는 민족과의 연관성이 있습니다. 아래 토기에 나타난 아사달의 문양은 산 위의 태양의 형태를 띠고 있어 우리 한민족이 사용하던 토기임을 나타냅니다.

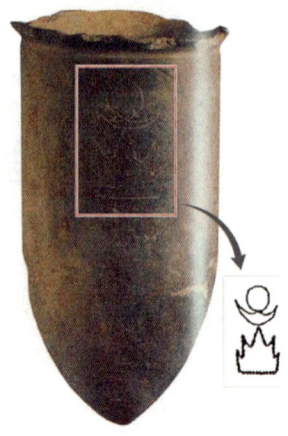

아사달 문양 토기

단군조선을 구성한 다른 부족은 무엇을 숭상했나요?

단군 사화에 나온 바와 같이 하늘의 법도를 지킨 곰은 곰 토템 부족을 말합니다. 곰 토템 부족은 맥족으로 여겨지며 환웅과 혼인하여 단군조선을 세우게 되었지요.

환웅과 혼인하지 못한 호랑이는 호랑이 토템 부족인 예족을 말하며 인근의 제후국으로 되었습니다. 그리고 이리는 실위족을 말하는 것으로 여겨집니다.

이러한 사실은 요령성 평강지구 유적에서 출토된 금동장식의 문양을 통해 확인됨을 앞장에서 말씀드렸습니다. 환웅으로 대표되는 새 (태양의 전령)가 가운데 있으면서 곰과 호랑이가 양 옆에 있는 모습을 표현한 금동장식의 상징은 환웅 부족이 주축이 되고 곰 토템 부족과 호랑이 토템 부족이 함께 연대했음을 확인해 주는 매우 귀중한 역사적인 유물이라는 것이지요[126].

청동 곰모양 장식 (국립중앙박물관)

곰 토템부족과 고구려가 관계가 있나요?

<후한서> 동이열전과 <삼국지> 동이전의 고구려전을 보면 고구려에서는 큰 굴을 신으로 섬겼다고 하는데 단군 사화에서 곰이 여자로 바뀐 곳이 바로 굴이었지요. 고구려의 유민들이 이주한 일본에서는 고구려를 고마라고 읽고 곰을 구마로 읽는데 우리 말의 곰과 어원이 같기 때문입니다.

이를 보면 곰 부족이 고구려 부

산신도 호랑이 (국립중앙박물관)

4장. 단군조선은 왜 평화 국가인가?　　193

족으로 계승된 것으로 여겨집니다.

요하 지역에서 8천 년 이상 오래된 문명인 단군조선과 그 뿌리 문명이 발굴되었다. 요하 지역에서 발굴된 제단과 여신상, 곰의 뼈와 조각상 등은 곰 토템을 숭상하는 부족 국가가 실제로 있었음을 보여줍니다.

호랑이 토템 부족의 전통이 오늘날 남아있나요?

네, 단군 사화에 나타나는 호랑이 부족은 예족이라는 사실을 문헌뿐 아니라 예족의 거주지에 나타난 유물로 증명하였습니다. <후한서> 동이열전과 <삼국지> 동이전의 예전을 보면 예 사람들은 호랑이를 섬긴다고 기록되어 있지요.

호랑이를 토템으로 여기던 민족의 전통이 매우 친근한 호랑이 모습으로 산신과 함께 있거나 혹은 익살스러운 호랑이 모습의 민화로도 내려오고 있습니다.

단군조선에서 동물 토템 부족을 어떻게 포용했나요?

단군조선의 핵심 부족은 환웅을 따르던 환웅 부족이었지요. 단군조선의 사상은 환웅을 계승하여 하늘을 숭상하고 동시에 널리 백성을 이롭게 하는 것이었습니다.

단군이 조선을 건국할 때 하늘의 자손이라고 주장하며 토템을 숭상하는 부족들과의 차별성과 우월성을 주장하되 부족민들이 숭상하는 토템은 그 부족 안에 함께 수용하면서 점차로 하늘을 숭상하는 사상 아래 통합하려 하였습니다[127].

단군조선에서는 어떻게 백성을 통합하였나요?

한 국가가 얼마나 오랜 시절 유지되는지는 예나 지금이나 국가의 정통성과 더불어 다양한 구성원을 얼마나 잘 통합하는가에 달려있습니다. 단군조선의 경우 역시 정통성이 뿌리를 내리기 위해서는 정당성을 주장만 하기보다 실생활 속에서 스며들게 하는 것이 중요했지요.

당시 농업이 주요 생산 기반임을 감안할 때 가을에 풍성한 수확을 기원하는 축제인 제천 행사야말로 단군조선의 정통성을 알리는 동시에 백성을 통합하는 역할을 하였습니다.

제천행사가 백성을 통합하는 역할을 했군요. 하늘에 제사를 지낸 기록이 어디에 나오나요?

단군왕검에 대한 기록에는 하늘에 제사를 지낸 제단을 지은 기록이 전해옵니다.

> "무오 51년 (BC2283년) 제(帝; 단군왕검)가 운사 배달신에게 명하여 혈구에 삼랑성을 설치하고 마리산 제천단을 쌓았다[128]"

2세 단군 부루에 대한 기록[129]에는 국중대회를 열어 하늘에 제사를 지내고 화합하는 노래를 제창하였다고 합니다.

"신시 이래로 국중대회를 열고 제천하였으며, 덕을 기리고 서로 화합하는 노래를 제창하였다. 어아가를 불러 근본에 대하여 감사하고 신인이 사방을 화합하는 식을 행하였는데 이가 참전계이며 그 (가)사는 이러하다"

어아가 노래 가사는 오늘날에도 전해지고 있습니다. 또 11세 단군 도해 시기에는 소도를 설치하고 한웅을 위한 제사를 지낸 기록이 전해집니다.

"오가(五加)에 명하여 12 명산의 제일 좋은 곳을 택하여 국선소도(國仙蘇塗)를 설치하게 하였다. 둘레에 단수(檀樹)를 많이 심고 제일 큰 나무를 가려내어 한웅상(桓雄像)을 봉하고 제사를 지냈는데 이름을 웅상(雄常)이라 하였다"

위의 기록은 단군왕검과 2대 단군 부루 시대에는 하늘에 제사를 지냈고 11세 단군 도해 시대에는 국선소도를 설치하고 한웅상을 봉하고 제사를 지냈다고 전하며 소도 혹은 수두와 삼신을 위한 제사의 기원을 잘 보여주고 있습니다. 초기에는 하늘에 제사를 지냈으나 점차 인격화한 인물인 한웅이 숭배의 대상으로 되었음을 보여줍니다.

소도에서 제사를 지냈다고 하는데 소도는 무엇을 말하는가요?

신채호는 조선족은 우주의 광명을 그 숭배의 대상으로 삼고 태백산의 수림이 광명신이 잠자고 쉬는 곳으로 믿었으며 인구가 많아져 각지로 분포하게 되었을 때 거주지 부근에 수림을 길러서 태백산의 그것을 본떠 그 수림을 <수두>라고 불렀다고 말합니다[130]. 수두가 한자로 소도(蘇塗)로 표기되었네요.

수두는 신단이란 뜻으로 매년 5월과 10월에 수두에 나아가 제사를 지냈으며 전쟁이나 큰일이 있으면 5월이나 10월이 아니라도 소를 잡아 수두에 제사를 지내고, 소의 발굽으로써 길흉을 점쳤다고 하는데 이는 우리가 알고 있는 팔괘의 기원이 됩니다. 또 적이 침입하면 각 수두의 부락들이 연합하여 방어하며 가장 공이 많은 부락의 수두를 제1위인 신수두로 불렀습니다.

소도에 대한 또 다른 기록이 있나요?

네, 후한서 동이열전에는 소두와 천군에 대해 다음과 같이 기록하고 있다.

"모든 국읍에는 하느님에 대한 제사를 주관하는 사람이 한 명 있는데 그를 천군이라 한다. 또 소도를 만들고 큰 나무를 세워 방울과 북을 매달아 놓고 귀신을 섬긴다[131]"

단군조선을 이어받은 후계국에서도 하늘에 제사를 지냈나요?

단군조선의 제후국 (거수국)인 부여에서 하늘에 제사를 지낸 영고(迎鼓)가 행해졌지요. 고구려의 동맹(東盟), 동예의 무천(舞天), 한(韓)의 5월 제와 10월 제 등은 모두 하늘에 제사를 지내는 풍속으로 나라 안의 남녀노소 모든 사람들이 음식을 먹고 술을 마시며 노래 부르고 춤을 추었습니다[132].

팔관회   굿

하늘의 자손, 즉 천손(天孫)이라는 단군조선의 사상이 제천 행사를 통해 단군 시대뿐 아니라 후계국에서도 백성을 하나로 만들어주는 역할을 한것이지요.

단군조선 강역에서 단군왕검을 대상으로 제사를 지낸 풍습이 남아 있나요?

굴원이 채록한 구가 중에 첫 노래 제목인 동황태일(東皇太一)에 대해 단재 신채호는 단군왕검을 제사 지내는 풍속을 말한다고 주장합니다. 즉, 굴원이 구가를 채록한 호북, 절강 등지에 단군왕검의 제사가 유행하였다는 것이지요.

동황태일(東皇太一)을 문자 그대로 해석하면 동쪽 나라 황제(단군왕검)이 맨 처음 (황제)일세 라는 뜻의 단군왕검 찬가로 볼 수 있다는 것이죠. 이를 미뤄볼 때 고대에는 동아시아에서 최초의 황제는 동쪽 나라 단군조선의 단군왕검이라는 인식이 있었음을 시사합니다[133]. 이는 앞서 황제 황(皇)이란 문자에서도 동이족인 밝달족의 왕이 황제라는 뜻이라고 말씀드렸지요.

지금까지는 하늘에 제사를 지냈다는 이야기를 들었습니다. 그렇다면 우리 한민족이 하늘에 제사를 지냈다는 사실을 눈으로 보여주는 유물이 남아 있습니까?

국립박물관에 가면 청동기 시대 유물로 엄청난 양의 유물들이 전시되어 있음을 볼 수 있습니다. 바로 단군조선의 유물인 청동검, 청동거울, 청동방울, 치렛거리 등이지요.

단군조선 사람들은 하늘에 제사를 지낼 때 청동검을 차고 청동거울과 청동방울 등을 손에 들고 몸을 치렛거리로 장식하고 노래와 춤으로 신을 기쁘게 하려고 노력했으며 하늘에 대한 공경심을 중심으로 한마음이 되어 국가의 중요한 일을 함께 했다고 짐작할 수 있습니다.

특히 청동방울인 팔주령은 8개의 방울이 달려있는데 각각의 방울은 6개의 구멍이 뚫려 있고 그 구멍 안에는 콩이나 팥을 흙으로 바른 흙 방울이 속에 들어가 있어서 흔들면 청동기의 소리가 아닌 자연의 소리가 들립니다[134]. 콩과 팥을 최초로 재배한 민족이 바로 한민족이라는 것을 단군조선의 농업혁명에서 살펴보았지요. 어쩌면 벼와 더불어 중요한 주식 작물인 콩과 팥을 하늘에 제사를 지낼 때 팔수령에 넣었다는 것이 나름대로 상징성이 있을 것이라 생각됩니다.

요녕식 청동검파 (국립중앙박물관)

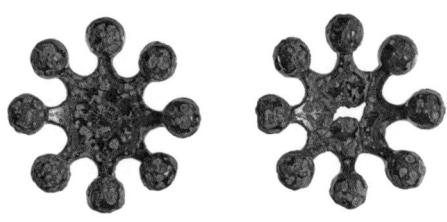

청동방울, 국보 (국립중앙박물관)

청동거울 (국립중앙박물관)

하늘에 지내는 제사와 점은 어떤 관계가 있을까요?

하늘에 제사를 지내고 하늘을 숭배하는 사상은 신이 인간 만사를 주관하는 사상과 통합니다. 단군조선 사람들은 중요한 행사나 일이 있을 때는 하늘의 뜻을 파악하기 위하여 점을 쳤습니다.

단군왕검에 대한 기록에 "희전으로 하여금 점을 치며[135]"라고 나오지요. 최초의 복골 이야기에서 이미 한민족이 동물의 뼈를 이용하여 점을 친 사실을 알고 있겠지요.

실제로 범의 구석 유적, 부원동 유적, 양두와 유적, 남산근 유적 등에서 출토된 점뼈는 이러한 사실을 말해 주고 있습니다. 동물의 뼈에 오목하게 구멍을 파고 그곳을 불로 지져서 생기는 금을 보고 길흉을 판단한 것입니다.

<후한서> 동이열전 부여전에는 부여에서 군사적인 일이 있을 때에는 하느님께 제사를 지내고 소를 죽여서 그 발굽을 가지고 길흉을 점쳤다는 기록이 있는데 단군조선의 거수국(제후국)인 부여에서 행해진 풍속입니다.

한민족이 예부터 놀이를 통해 가족이나 이웃과의 친교를 다지게 되었을텐테 어떤 놀이를 했을까요?

하늘에 엄숙하게 제사를 지내고 난 후에는 백성들은 나름대로 다양한 방법으로 시간을 보냈겠지요. 춤추고 노래하며 놀기도 했겠지요.

오늘날 전해 오는 윷놀이, 구슬치기, 말타기, 공기놀이, 팽이치기, 그네뛰기 등의 전통놀이나 전통춤의 일부는 나라 혹은 지역 공동체나 마을에서 번영과 행운을 기원하는 제사나 축제 때 아이들의 놀이로써 성행하지 않았을까 생각이 됩니다.

윷놀이(국립중앙박물관)

　수천 년 전 아메리카 대륙에 이주한 인디언 원주민들이 구슬치기나 팽이치기, 윷놀이 등 우리 민족의 전통놀이를 아직도 하고 있다[136]는 사실은 인디언 원주민들이 우리 한민족의 갈래이고 수천 년 전부터 우리 동이족들이 해왔다는 증거가 아닐까요?

　하늘을 공경하는 마음을 지닌 환웅족은 하늘에 지내는 제사를 수도뿐 아니라 세후국의 소노, 큰 촌락의 소도에서도 지내게 함으로써 동물을 숭배하는 다른 제후국의 지배층과 부족민들을 포용하는 동시에 이들의 삶 속 깊숙이 하늘 숭배 사상을 자리 잡게 하였고 이를 통하여 단군조선의 백성이라는 동질성을 회복하며 제후국을 잘 다스릴 수 있었겠지요.

03 홍익인간으로 자비를 베풀었다

단군조선이 세계 최초의 평화국가라는 것을 뒷받침하는 세 번째 기둥은 널리 세상을 이롭게 하라는 의미의 홍익인간 사상입니다.

'아놀드 토인비'라는 영국 출신의 세계 최고 역사학자는 "인류의 역사는 도전과 응전의 역사"라는 명언으로 일반인들에게도 잘 알려져 있습니다. 토인비의 저서 '역사의 연구'는 총 12권으로 이루어진 역작으로 20세기를 움직인 책으로 평가됩니다.

역사의 연구 토인비

'클리프턴 패디먼'이라는 유명한 작가는 "20세기에 발간된 모든 책 중, 다음 100년간 계속 읽힐 것이 확실한 단 한 권의 책은 바로 토인비의 '역사의 연구'일 것"이라고 단언하기도 했지요. 이 책은 구상에서 완결까지 무려 40년이나 걸렸으며 집필에만 27년을 쏟아부었을 정도로 토인비 역사관의 총체이며, '문명의 백과사전'이라 일컬어지고 있습니다. 역사의 연구 집필을 위해서 토인비는 소멸했거나 살아있는 모든 문명을 탐사한 것으로 유명합니다.

홍익인간과 아놀드 토인비가 무슨 연관이 있나요?

한평생을 사라진 문명부터 존재하는 문명까지 인류의 역사를 세심하게 관찰했던 아놀드 토인비가 죽기 직전에 한국에 대한 이야기를 듣고 눈물을 흘렸다는 일화가 전해옵니다. 제11대 국회의원을 지낸 '임덕규'는 1973년 영국 정부의 초청으로 런던을 방문하게 되어 '토인비'를 직접 만나게 되어 한국의 '효 사상과 경로사상, 가족제도' 등에 대해서 자세히 설명해주었습니다.

토인비는 "한국의 효 사상에 대한 설명을 듣고 보니 이는 인류를 위해 가장 필요한 사상"이라며 "한국뿐 아니라 서양에도 '효' 문화가 전파되었으면 좋겠다"며 개인적인 희망을 밝히기도 했지요. 더욱이 토인비는 대한민국의 건국이념인 '홍익인간'이라는 개념에 대해서 굉장히 깊은 관심을 표했다고 합니다. 위대한 역사학자가 홍익인간에 대해 큰 관심을 가지고 있다니 거저 놀랍기만 합니다.

역사학자 토인비가 한국의 효사상을 듣고 눈물을 보였던 1973년, 1월 1일에 진행된 '동아일보'와의 인터뷰에서 '홍익인간' 정신에 대해서 언급합니다.

> "21세기에 세계가 하나 되어 돌아가는 날이 온다면 그 중심은 동북아시아일 것이며, 그 핵심사상은 한국의 홍익인간 사상이 되어야 한다고 확신한다"고 말했습니다.

> 오늘날 온갖 위협과 국가 간의 분쟁과 전쟁은 '홍익인간'이라는 사상이 바탕이 된다면 절대로 일어날 수 없는 일이라는 것이죠.[137]

홍익인간이 단군조선의 건국이념이 되나요?

네, 그렇습니다. 수천 년 전 단군왕검이 조선을 건국하면서 건국이념으로 부국강병이나 대제국건설과 같은 이념이 아니라 '홍익인간'과 '재세이화'를 내세웠습니다.

'홍익인간'은 우리가 잘 알다시피 널리 두루두루 인간을 이롭게 한다는 의미이며, '재세이화'는 세상을 다스림에 있어서 그 이치에 맞게 다스린다는 의미입니다. 즉, 특정인 또는 특정 집단에게만 이로운 국가가 아니고 만민에게 이로운 국가 그리고 누군가의 위에서 군림하는 것이 아니라 모두가 함께 어울리며 살아가는 세상을 만들겠다는 원대한 포부입니다.

"널리 인간 세상을 이롭게 한다"는 홍익인간이 단군조선의 근본이념이 되었다는 근거가 있나요?

홍익인간 사상의 뿌리는 단군 사화에서 찾아볼 수 있는데 단군 사화에는 다음과 같은 기록이 있습니다.

> 고기(古記)에는 이렇게 말하였다. 옛날 환인의 서자 환웅이 자주 천하에 뜻을 두고 인간 세상을 탐내어 우하였다. 아버지가 아들의 뜻을 알고는 삼위 태백을 내려다보니 인간을 널리 이롭게 할 만하여(홍익인간), 즉시 천부인 세 개를 주어 내려보내 인간 세상을 다스리게 하였다. 환웅이 다스리는 데 필요한 무리 3,000명을 거느리고 태백산 꼭대기 신단수 아래로

내려왔다. 이곳을 신시라 하고 이분을 환웅천왕이라 한다. 풍백, 우사, 운사를 거느리고 곡식, 생명, 질병, 형벌, 선악 등 인간 세상의 360여 가지 일을 주관하여 세상을 다스려 교화(재세이화)하였다.

하느님 환인의 아들 환웅이 인간 세상에 내려온 것은 인간을 널리 이롭게 하기 위해서입니다. 인간 위에 군림하거나 지배하기 위해 내려온 것이 아니라 인간 세상을 널리 이롭게 하기 위해서이지요. 환웅의 홍익인간 사상을 물려받은 단군조선 이래 우리 민족은 DNA 속에 홍익인간(弘益人間), 즉 널리 인간 세상을 이롭게 한다는 사상을 보존하며 계승하여 왔습니다.

단군사화의 환웅과 홍익인간이 어떤 관계를 가지나요?[138]

홍익인간 사상은 환웅(한웅)이 천부인을 가지고 오사를 주관하며 재세이화로 홍인인간하였다는 기록에서도 찾아볼 수 있습니다[139]. 이를 자세히 풀어보면 다음과 같지요.

첫째, 환웅이 운사(구름의 신)과 우사(비바람의 신)를 거느렸다는 것은 자연 생태계에 순조롭게 적응하는 생태계적 실천을 뜻합니다.

둘째, 곡식을 으뜸으로 하여 식량문제를 해결하였다는 것은 경제적으로 풍요로운 인간을 뜻하지요. 생명과 질병을 주관하였다는 의미는 생리적으로 건강한 인간을 말하며, 형벌과 선악을 주관하였다는 뜻은 윤리적으로 올바른 인간을 위한 봉사를 뜻합니다.

셋째, 재세이화란 인간 세상에 머물면서 사람을 교화했다는 뜻으로 이타적 세계관의 실천을 말합니다.

홍익인간 사상이 중국에 영향을 주었나요?

홍익인간이란 "고통을 인내로 참아내어 스스로 주인이 되고 남과 나를 하나로 볼 수 있게 되어 만물을 구제하며 사람을 교화할 도리를 아는 대인(大人)[140]"이라 해석하기도 합니다. 오천 년 전에 나라를 세운 목적이 세상을 정복하여 지배하는 것이 아니라 우리가 사는 세상을 이롭게 하기 위한 것임을 온 세상에 알렸고 이에 따라 세상을 다스리려 했다는 것이지요.

홍익인간이 대인(大人) 곧 군자(君子)라고 말할 수 있는데 예기(禮記)의 한 편인 작자 미상의 '대학(大學)'은 군자로서 올바른 행실을 하게 하는 학문이라고 주자는 말하고 있습니다[141].

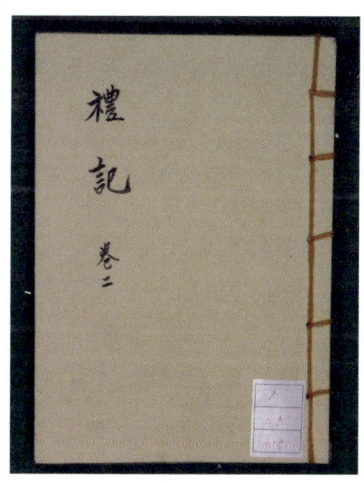

예기(밀양시립박물관).

4장. 단군조선은 왜 평화 국가인가?

필자는 홍익인간의 사상에서 밝은 덕을 밝히고 백성과 친하며 지극한 선에 머무는 3 강령과 사물을 궁구하고 앎을 이루며, 뜻을 참되게 하며, 마음을 바르게 하고 몸을 닦으며 집을 다스리고, 나라를 다스리며 나아가 천하를 편안하게 하는 8 조목이 나오지 않았을까 추측합니다.

홍익인간이 자본주의가 지배하는 현대에 어떻게 적용될 수 있을까요?

심백강 박사는 홍익인간은 공자의 인이나 불교의 자비를 말하는 동양사상과 서양의 자본주의의 논리를 넘어 모두를 포괄하는 사상이라고 주장합니다. 인이나 자비를 강조하는 동양 사상은 도덕 논리는 강하지만 경제 논리에는 약합니다. 반면 자본주의는 경제 논리는 강하지만 도덕 논리는 약하지요.

이러한 점에서 홍익인간은 널리 인간세계에 이익을 혼자 가지지 말고 함께 나누고 누리라고 강조하는 사상이기 때문에 도덕과 경제를 함께 발전시키자는 사상이며 이러한 사상이 뒷받침되어 단군조선이 2,000년 동안 유지될 수 있었습니다.

홍익인간이 고조선 사회에 어떻게 구현되었을까요?

단군조선에는 백성들의 복리를 위해 매우 낮은 비율의 세금을 징수했다고 합니다. 오늘날 기준에서도 낮은 수치인 수확의 20분의 1이라는 낮은 세금을 거두었으며[142] 신분의 차별도 작았습니다. 홍익인간의 정신이 통치철학과 경제 제도에 잘 스며들었기 때문이지요.

백성의 삶이 풍성해지면 자연스럽게 문화가 융성하게 됩니다. 유럽의 르네쌍스 문화와 조선 세종과 정조 시대에 꽃을 피운 문화도 경제력에서 뒷받침되었다는 것을 기억하면 좋겠습니다.

　단군조선이 문화국가로서 포용력과 높은 위상이 있기 때문에 공자도 군자가 사는 구이의 나라를 동경의 대상으로 삼았습니다. 또 중국에서 권력투쟁이 벌어지는 과정에서 그곳에 이주하여 살던 기자를 비롯한 동이족이 조선으로 피신한 이유를 알겠지요[143].

　홍익인간이 불교에도 영향을 주었나요?

　'홍익'이란 용어는 불경에서도 가끔 쓰이는 데 <증일아함경> 권31에 "큰 비원으로 힘을 삼아 중생을 널리 이롭게 하라"라는 구절이 있습니다. 고구려와 백제가 멸망하여 유민들을 통합하려 한 신라의 원효도 <대승기신론소> 상권에서 "모든 부처와 세존은 대비로써 힘을 삼아 중생을 널리 이익되게 하기 때문이다"라고 쓴 것으로 보아 홍익인간의 사상은 수천 년 세월에 걸쳐 면면히 이어져 내려오며 불교뿐 아니라 우리 삶에도 영향을 주어왔음을 알 수 있습니다.

　현대에 이르러 홍익인간 사상이 어떻게 우리 삶과 관련이 있게 되었는지 아시나요?

　홍익인간 사상은 반만년 이상 내려온 찬란한 한민족의 역사에서 5천 년 전 조선을 건국한 단군의 이념이자, 인본주의, 이타주의를 보여주는 사상입니다.

홍익인간의 건국이념을 공식화한 것은 상해 임시정부 시절인 1941년 대한민국 '건국이념'을 반포하면서 시작되었다고 볼 수 있습니다. 대한민곡 건국이념 총강에 우리의 건국 정신은 "홍익인간과 이화세계하자는 우리 민족이 지킬 바 최고 공리"로 규정하면서 건국이념의 바탕을 삼았습니다.

한국 교육이념의 근간이 된 홍익인간은 한국인 최초로 예일대학교에서 철학박사 학위를 받았으며 연세대학교 초대 총장을 역임한 백낙준 박사에 의해 1945년 미군정 시절 한국교육심의회에서 제안되어 채택되었으며 1948년 대한민국 정부 수립 후에도 세계주의적이고 보편주의적인 홍익인간의 이념이 교육법에도 담기게 되었습니다[144].

대한민국 최초의 교육법 제 1조가 홍익인간의 정신을 담고 있나요?

네 그렇습니다. 대한민국 정부 수립 후 1949년 12월 31일 교육법이 제정 공포되면서 교육기본법 제2조에도 홍익인간이 명시됨으로써 자랑스러운 교육이념이 되었습니다[145].

"교육은 홍익인간의 이념 아래 모든 국민으로 하여금 인격을 완성하고 자주적 생활 능력과 공민(公民)으로서의 자질을 공유케 하여 민주국가 발전에 봉사하며,

인류 공영의 이상 실현에 기여하게 함을 목적으로 한다"

홍익인간이 지구상의 모든 인류에게 해당하나요?

홍익인간의 보편성과 인류애에 대하여 세계의 석학이 인지하고 있음은 놀라운   일이 아닙니다. 세계적인 역사학자 아놀드 토인비는 한 인터뷰에서 "21세기 세계가 하나 되어 돌아가는 날이 온다면 나는 그 중심은 동북아일 것으로 믿으며, 그 핵심은 한국의 홍익인간 사상이 되어야 한다고 확신합니다"라고 말하고 있습니다.[146]

노벨상 수상자이자 루마니아 정교회 총주교인 콘스탄트 게오르규 역시 "홍익인간 사상은 지구상에서 가장 완전한 율법이요, 가장 강력한 법률이며 21세기를 주도한 세계의 지도 사상이다"라고 홍익인간 사상의 위대함을 주장하고 있습니다[147].

게오르규

이처럼 홍익인간은 인류애를 나타내는 우리 한민족의 위대한 정신이고 철학이고 사상입니다.

홍익인간과 인간성의 실현이 어떤 관계가 있나요?

 침팬지 연구자이며 동물 보호 운동가인 제인 구달은 인간의 운명은 인간 내면에 창조주의 일부인 순수한 영혼이 살아 있으며 그것을 사랑하고 성장시키는 것이라고 생각하였는데 인간성의 실현에 대하여 다음과 같이 말하였습니다[148].

 "우리가 인간과 동물에 대한 잔인함을 사랑과 연민으로 넘어설 수만 있다면, 인간 도덕과 영적인 발전의 새로운 시대를 열 수 있을 것이다. 그리고 궁극적으로는 우리의 가장 독특한 특성, 인간성을 실현할 수 있을 것이다."

제인 구달

 제인 구달이 말한 '인간성', 즉 사랑과 연민은 다시 말하면 하늘의 마음과 닮았으며 이는 인간 세상을 이롭게 한다는 홍익인간 사상과 맥을 같이 합니다.

홍익인간을 글로벌하게 구현할 수 있을까요?

 오늘날 한국의 K-pop, K-drama, K-food, K-culture 등이 전 세계의 관심을 끌고 세계 문화를 주도하는 입장에 있습니다. 세계의 문화를 주도하는 한국의 뿌리 깊은 정신인 홍익인간 사상이 갈등과 전쟁을 통해 패권을 차지하려는 강대국의 경쟁 구도 속에서 서로를 이롭게 하고 전쟁보다 평화를 추구하게 함으로써 새로운 시대 정신이 될 수 있습니다[149].

우리 마음속에 있는 하늘의 뜻을 실천하는 길
사랑과 연민의 정을 깨닫고 실천하는 길
이웃을 내 몸처럼 사랑하는 길
홍익인간 사상을 세상에서 실천하는 길
이 길이 바로 평화로 가는 길이다.

평화는 시장에서 상인들이 판매하는 물건이 아니고
그래서 돈 주고 살 수 있는 것이 아니라
너와 내가 마음을 모아 힘을 합쳐 만들어내는
인류의 무형 문화유산이다.

04 세계최초의 반전 평화 사상

단군조선이 평화를 국시로 건국한 세계 최초의 평화 국가였다는 것을 뒷받침하는 네 번째 기둥은 반전 평화사상입니다. 현대에 들어와 반전 평화운동가들이 세계인들의 주목을 받고 있습니다. 5천 년 전에 평화를 국가 정책의 기조로 삼은 나라가 있다는 것을 인류 모두 안다면 전쟁 시대에 평화를 위해 더욱 분발하지 않을까요?

단군조선 이전의 사회에서 평화를 추구했나요?

인류가 평화를 추구해왔는가 혹은 일상적으로 전쟁을 해왔는가는 선사시대이래 어떻게 생활해왔는가를 알면 알 수 있습니다. 선사시대 이래 인간은 전쟁을 피하고 평화를 추구하였습니다. 그들은 생존을 위해서 다른 집단과 전쟁을 하기보다 교류와 연대 활동을 통해 새로운 것을 끊임없이 배우며 더 커다란 친구 집단을 확장함으로써 보다 안전하고 평화로운 생활을 해왔음이 유물과 인류학적인 연구를 통해 나타났습니다. 선사 시대 인간이 평화를 추구하면서 살았다는 증거는 스페인 알타미라의 동굴 벽화나 울산의 암각화에 나타났음을 이미 설명하였지요.

단군조선의 반전평화는 무엇인가요?

신석기 시대에서 청동기 시대에 걸쳐 2천년 정도 나라를 유지하였던 단군조선은 하늘을 숭배하면서 반전 평화를 국시로 했습니다. 첫째 근거는 이웃 부족 국가들과 전쟁 대신 연맹을 통하여 국가를 이루었다는 데 있습니다. 태양을 숭배하고 새 토템을 지닌 환웅족이 곰 토템족과 호랑이 토템족과 연대를 하면서 환웅족이 중심이 되고 다른 부족들은 제후국을 구성하게 되었지요. 이처럼 제후국과의 연대는 하늘을 공경하는 마음과 더불어 홍익인간에 대한 실천적 정신이 반전 평화란 국시를 통해 이웃 국가들을 잘 설득할 수 있었기에 가능했습니다.

단군조선은 주변국을 정벌했나요?

아닙니다. 단군조선의 수도는 요서의 하북성 노룡현, 즉 북경 인근에 있었으며 통치 지역은 요서에서 요동을 거쳐 오늘날 만주를 포함하여 한반도 북부를 걸치는 지역에 걸치고 있음을 보았습니다. 단군조선에는 모두 9개의 나라, 즉, 조선, 시라, 고례, 남옥저, 북옥저, 동부여, 북부여, 예와 맥이 포함되어 있습니다.[150]

로마 제국이나 진나라는 강력한 군대를 동원하여 강압 통치를 하였습니다. 단군조선은 대제국을 다스릴 때 무력으로 다스리지 않고 제후국들과 연대를 맺으면서 다스렸습니다[151].

앞장에서 보았지만 단군조선 강역이었던 만주 요녕성 평강지구 유적에서 발견된 단군조선 말기의 금도금 장식의 유물에는 커다란 새의 지휘와 보호 아래 곰과 범이 좌우에 있는 조각되어 있으며 이리가 옆에 따르고 있는 모습이 새겨져 있습니다. 새는 환웅족의 토템이고 곰은 맥족, 범은 예족, 이리는 실위족 등 유목민족의 토템이므로 환웅족의 통치하에 맥족과 예족이 연맹을 맺어 단군조선을 형성하고 이리 토템족은 이후에 참여한 것으로 설명해 드렸습니다. 단군조선의 국가 조직은 일종의 느슨한 연맹국가적 고대 연방제국이라고 말할 수 있으며 환웅족이 곰 토템 부족과 결혼 연대를 했다는 역사적 사실은 단군 사화에도 나타납니다.

단군조선의 반전 평화 사상과 철학은 금도금 장식 유물과 단군 사화 이외 어디에서 찾을 수 있을까요?

단군조선의 강역에서 발굴된 유물을 통해서 찾을 수 있습니다. 단군조선을 특징짓는 유물은 빗살 무늬 토기, 비파형 청동검, 청동거울, 청동방울인 팔주령 등입니다.

빗살 무늬 토기와 청동거울의 뒷면 무늬는 태양의 햇살을 형상화[152]한 것으로 여겨지고 있습니다. 단군조선에서는 하늘 즉 태양을 숭배한 것을 표현한 것이지요. 청동방울인 팔주령은 단군조선의 8개 제후국을 포함한 연합국가를 형상하여 단군조선의 무궁함을 기리기 위한 제기라 여겨지고 있습니다.

특히, 비파형 청동검은 검의 모양이 뾰족한 대신 악기인 비파처럼 가운데가 오목한 모양을 띠고 있어 칼의 모양을 하고 있으나 공격형 칼이라기보다 칼 모양을 가진 방어용 무기에 가깝다고 여겨집니다. 실제로 비파형 청동검은 칼몸과 칼자루를 분리 결합하는 구조로 만들어 무기로서의 착용과 검을 사용하는 데 제약이 따릅니다. 엄격한 의미에서 비파형 청동검은 무기라기보다는 종교적 제의를 위한 의기였다고 보여지며 나무, 즉 신단수를 상징하는 천부인이라는 주장도 힘을 받고 있습니다[153].

실제로 단군조선이 개국하는 과정이 우리가 흔히 아는 정복 전쟁을 통하여 이뤄진 것이 아니라 태양을 섬기는 환웅족과 곰 토템족, 그리고 호랑이 토템족의 연합국가로 성립되었기 때문에 공격형 전쟁 무기에 대한 필요는 크지 않았을 것으로 여겨집니다. 단군조선 후기에 들어오면서 세형 청동검이 단군조선의 통치 영역인 요서, 요동, 한반도 일대에 발굴되기 시작한 것은 단군조선과 경계를 갖고 있는 화이족 세력이 침범하면서부터 무기로서의 세형 청동검에 대한 필요가 증가한 것이라고 볼 수 있지요.

단군조선이 반전평화를 사랑했다는 기록이 있나요?

단군조선에 대하여 언급한 중국 문헌에서는 평화를 사랑하고 도를 숭상한 곳이 동이라는 기록들이 나옵니다. 공자가 구이의 땅으로 이사하여 살겠다고 하자 어떤 사람이 이렇게 질문했습니다.

"누추한 땅에서 어떻게 그곳에서 살려고 합니까?" 그러자 공자가 이렇게 대답하였다. "군자가 사는 곳에 어떤 누추함이 있겠소" -논어 제9편 자한-

공자성적도 (영남대 박물관)

공자는 춘추전국시대 노나라 사람으로 생몰연대는 기원전 551-479년입니다. 당시 공자도 구이가 사는 땅, 곧 단군조선의 땅이 군자가 사는 곳임을 알고 있었고 그 땅에서 살기를 원했음을 알 수 있습니다. 하지만 공자는 자신이 쓰일 곳을 찾았기 때문에 여러 나라를 돌아다니며 자신의 학식과 경륜을 팔려 하였고 자신의 배움의 원천인 단군조선을 그저 그리워했을 뿐입니다. 왜냐하면 단군조선에는 공자와 같이 학식과 덕망이 있는 군자가 많은 나라였기 때문이지 않을까요.

단군조선의 평화사상을 이어받은 제자백가가 있었나요?

동이족이 오랫동안 거주한 산동 반도 지역은 단군조선이란 나라는 없어졌으나 단군조선의 사상과 철학 계통을 이어받은 선인을 통하여 명맥이 지속되어 왔으리라 추측됩니다. 2천 년 전 산동 반도 지역에서 단군조선의 반전 평화 사상을 이어받아서 주창한 이는 묵자입니다.

묵자 국립제주박물관

전쟁에 반대하는 주장은 사실 오랜 역사의 발자취를 갖고 있습니다. 중국 춘추시대 말기에서 전국시대 초기에는 제후국 간의 잦은 전쟁으로 도덕적 사회적으로 혼란이 극심했던 시기였지요. 수많은 사상가들이 어떻게 하면 사회질서를 바로잡고 이상적인 나라를 만들어 갈 수 있는가에 대해 고민하며 새로운 주장을 펼쳤던 백가쟁명의 시대였습니다.

이들 제자백가 중에 공자, 맹자, 순자의 유가는 효제(孝悌) 인(仁)의 예를 바탕으로 정치를 해야 한다고 주장했고 묵자를 창시자로 하는 묵가는 가족이나 신분 질서를 초월한 겸애(兼愛) 사상을 내세웠습니다. 상앙, 한비자와 같은 법가는 법에 의한 통치와 군주 권력의 절대화를 통한 부국강병의 실현을 정치의 목적으로 삼았으며 노자와 장자의 도가는 인위적인 정치와 인위적인 도덕을 반대하였으며 농가는 지나친 정치적 격변과 혼탁한 세상에 반대하여 문명 생활을 부정하고 모든 사람들이 농사에 종사할 것을 주장하였습니다.[154]

묵자는 어떤 사람인가요?

제자백가 중 묵자는 국가와 백성의 이익에 가치 기준을 두고 기득권의 착취, 사치와 방종을 비판하며 절용(節用)을 생활신조로 삼아 이론과 실천을 철저하게 병행하였습니다. 춘추전국시대에 묵가 학파가 창립된 후 수백 년 발전되어 유가와 상호대립하는 또 다른 높은 산봉우리였지요. 그러나 전제국가가 성립하면서 기반을 잃기 시작하여 지난 2,000년 동안 거의 빛을 못보다 오늘날 비로소 진정한 재평가를 받고 있습니다.[155]

묵자는 동이족 문화의 땅이었던 산둥성 텅저우 시 (옛 노나라 땅) 사람이라는 설이 학계 대다수 학자의 인정을 받고 있으며 현재 묵자 탄생비가 텅저우에 세워져 있습니다. 묵자는 수레를 만드는 기술자 가정에서 태어나 목공 기술과 수레 제작 기술을 전수 받았습니다.

수레 제작 기술은 상당한 경지의 수학, 역학, 기계학 지식과 기능을 요구하는데 이 모든 기술이 종합되어야 수레를 정교하게 만들 수 있었습니다[156]. 수레바퀴 모양의 토기가 가야에서 발굴되었는데 그 정교함을 미루어 볼 때 상당한 기술이 필요한 것으로 여겨집니다.

수레바퀴모양 토기 (국립중앙박물관)

묵자는 단군조선의 반전 평화 사상의 후계자인가요?

평민으로서 묵자는 사람들이 겪는 배고픔과 추위, 쉴 틈 없이 일해야 하는 고통을 목격하고 이를 해결하기 위해 자신이 직접 땅을 경작하고 옷을 만들어 백성을 구제하려 했습니다. 하지만 근본적인 해결책이 아닌 것을 알고 세상을 바꾸기 위해 지행합일, 절약을 강조하고 사치를 멀리하고, 운명론과 등급제도를 거부하는 등 여러 주장을 하였습니다. 그중에서 침략 전쟁을 반대하는 주장이 바로 오늘날 평화운동가들의 반전 평화주의와 맞닿아 있지요.

천쉐량의 <묵자답객문> 묵자연표를 보면 묵자는 14세에서 16세에 걸쳐 '정나라 사람들이 애공을 시해한' 사건을 접하고 진나라에 이르렀을 때 장군 지백이 중항씨와 범씨를 공격한 일,

그리고 한, 위, 조가 지백을 살해하고 진나라를 삼분한 일들을 보면서 비공(非攻), 즉 반전 평화사상의 싹이 자라기 시작하였다라고 말합니다.[157]

묵자의 <비공> 상중하 세 편을 보면 묵자는 전쟁을 옹호하는 제후들의 목소리를 반박하면서 자신의 반전 이론을 깊이 있으면서도 알기 쉽게 설명하였습니다[158].

첫째, 다른 나라를 침략하는 것이 가장 큰 잘못이다. 둘째, 전쟁을 하면 얻는 것보다 잃는 것이 더 많다. 셋째, 침략 전쟁은 그 어느 것에도 도움이 안된다.

묵자는 침략 전쟁을 말로만 반대한 것이 아니라 실제로 송나라를 침공하려는 계획을 세우는 초나라의 장인 공수반과 초나라 혜왕을 설득하여 결국 초나라가 송나라를 침공하지 않도록 하는데 성공하였습니다[159].

묵자는 전쟁을 막기 위해 동분서주하면서도 결코 자신을 드러내지 않은 겸양을 보였지요. 그야말로 반전 평화 이론가일 뿐 아니라 실천가로서 오늘날 노벨평화상을 몇 개라도 받을만한 평화사상가이고 평화운동가라고 말할 수 있습니다. 하지만 세상 사람들은 묵자의 이러한 노력을 잘 몰랐습니다.
차이위안페이는 <중국윤리학사>에서 "묵자는 침략을 비판하였지만 방어를 비판하지 않았다"고 묵자의 비공을 한마디로 정리하였지요. 묵자는 15권 71편인데 이 중 수성과 방어를 소개한 것은 20편으로 성지 수비를 핵심으로 하는 방어 이론 체계로 모든 수성 전술을 포괄하고 있습니다.[160]

묵자가 반전 평화와 방어를 중시한다는 것은 단군조선이 연합을 통해 전쟁을 방지하고 이웃 나라와 평화를 구축하였으며 무기도 비파형 청동검[161]을 개발해 방어 중심의 전술을 펼쳤다는 것과 일맥상통하는 부분이 있습니다. 우리가 여태 몰랐던 오랜 역사를 관통하는 평화의 이야기가 하나씩 나타나기 시작하지요.

제 5장.
단군조선은 영토와 주권, 그리고 국민이 있는 근대적 의미의 국가

**5장. 단군조선은 영토와 주권,
그리고 국민이 있는 근대적 의미의 국가**

01 단군조선의 수도와 경계선
02 법률을 시행하고 관료 조직으로 주권을 행사
03 전문 인력 양성
04 예악으로 백성을 교화

5장

단군조선은 영토, 주권, 그리고 국민이 있는 근대적 의미의 국가

단군조선이 국가인가의 여부는 한국의 역사뿐 아니라 세계사에서도 매우 중요한 사건입니다.

그런데 대한민국의 국사 교과서에는 단군조선에 대해 무엇이라고 말하고 있을까요?

"일연의 『삼국유사』에 따르면 BC 2,333년에 고조선을 건국했다고 한다"라고 쓰여 있습니다.

또 "청동기 시대에 국가가 수립된다"라고 쓰여 있습니다. 그리고 청동기 시대는 한반도에서는 BC 10세기, 만주에서는 BC 13세기에서 BC 15세기에 시작되었다고 설명하고 있습니다.

일연이 『삼국유사』에서 말한 BC 24세기에 단군이 조선을 건국했다는 이야기와 한반도는 서기전 10세기, 중국의 만주에서는 서기전 15세기에 청동기 시대가 시작되는데 청동기 시대에 국가가 수립된다고 하여 이를 비교해 보면, 한반도와 중국에 건국한 단군조선이란 국가의 역사가 900년에서 1300년 이상 없어지게 됩니다.

청동기 시대라야 비로소 국가가 수립되는가요?

이집트 고왕국이나 잉카문명, 마야문명들은 청동기 문명이 아니라 석기 문명이지만 세계학계에서 국가라고 인정받고 있습니다. 세계사적으로 왕의 역할은 주민들의 세금을 징수하고, 치수 사업을 시행하고, 법률을 제정하고, 병마를 통솔하여 전쟁을 지휘하며 신의 말을 주민들에게 전하고, 신에게 오곡 풍요를 기원하며, 역법을 정하고, 궁정에서 예술과 문화를 육성하는 일[162]입니다.

그러한 점에서 8개의 제후국을 거느린 단군조선의 황제의 역할을 앞장에서 벌써 살펴보았지요. 치수 사업, 법률, 기마문화, 하늘에 제사를 지낸 유적과 의식, 단군조선의 역, 단군조선의 문화 예술 등을 자세히 보았는데 바로 이러한 일들이 왕의 역할이라는 것이지요. 그런 점에서 단군조선과 그 이전의 배달국과 환국은 국가의 모습을 갖추지 않았을까 생각됩니다. 배달국과 환국은 더 많은 사료와 유물 유적에 대한 연구가 있어야 될 것으로 생각됩니다.

21세기 국가를 규정짓는 기준이 뭔지 아시나요?

주권, 영토 그리고 국민인데 이 기준에 따라서 5천 년 전에 건국된 단군조선이 과연 국가로서의 자격을 갖고 있는지를 살펴보면 매우 흥미로울 것 같습니다. 단군조선을 국가로 인정하지 않는 식민사학자들과 국사 교과서 저자들에게 아래의 내용은 엄청난 충격을 주지 않을까 생각됩니다.

국제법상 통설로 국가의 3요소는 주권, 영토, 그리고 국민이 있어야 합니다[163].

첫째, 국가가 되려면 '주권'이 있어야 한다는 것이죠. 주권이란 국가의 뜻을 최종적으로 결정하는 힘을 말합니다. 다른 나라의 간섭 없이 자신의 나라와 관련된 중요한 일들을 스스로 결정할 수 있는 권리이고 국가 밖에서는 나라의 독립을 주장하는 권리입니다.

100여 년 전에 일제에 의해 35년간 침탈을 당하여 주권을 잃고 식민지가 된 우리는 주권이 없는 나라의 백성이 겪어야 하는 아픔과 서러움을 이루 말할 수 없이 경험하였습니다. 박경리의 대하소설 <토지>가 구한말 일제 강점기 민족의 아픔을 잘 표현한 대표적인 작품이지요.

둘째, 국가를 이루려면 주권을 가진 사람들이 일정하게 모여 살 수 있는 영토가 있어야 합니다. 영토는 주권이 영향을 미치는 땅의 범위를 말합니다. 일제 강점기에 일제가 청나라와 1909년 간도협약을 맺어 남만주의 철도부설권과 무순 탄광 개발권을 얻는 대신에 간도 영유권을 청나라에 넘겼습니다. 간도협약으로 간도를 잃었다고 국제법학자는 주장하고 있는데 향후 한반도가 통일이 되면 간도가 코리아의 영토가 될지는 국제법과 정치경제군사력의 위상에 따라 달라지지 않을까요?

지금도 이스라엘과 팔레스타인, 러시아와 일본, 중국과 필리핀 등 국가 간의 영토 분쟁으로 끊임없이 작은 갈등과 소요가 계속되고 있지 않은가요? 이러한 영토 분쟁은 결국 주권의 문제이기 때문입니다.

셋째, 영토에 모여서 주권을 행사하는 국가의 주인을 '국민'이라고 합니다. 국민은 국가를 이루기 위해서 반드시 갖추어야 할 요소 중 하나입니다. 국민의 숫자가 줄어들면 힘이 없어지고, 나아가 나라가 사라지고 맙니다.

2024년 현재 대한민국의 출생률이 0.6으로 세계 최하이므로 2060년이면 5천만의 인구에서 2,500만명의 인구로 줄어진다고 하네요. 그렇게 되면 경제력이나 문화의 힘, 군사력 등 국제적인 경쟁력이 10위 권에서 20위 권 이하로 떨어지게 됩니다. 참으로 우려가 되지 않을 수 없습니다. 여러분들은 어떻게 생각하시나요?

이처럼 국가는 '일정한 영토가 있고, 그 영토에 사는 국민이 주권을 행사하는 공동체'라고 정의할 수 있습니다. 이제부터 단군조선을 근대적인 의미의 국가로 인정하기 위해서는 국가를 구성하는 3가지 측면, 영토, 주권 그리고 국민의 차원에서 살펴보고자 합니다.

01 단군조선의 수도와 경계선

한 나라를 세우기 위해서는 제일 먼저 나라의 수도가 수많은 사람들이 살기 좋은 강가에 위치해야 합니다. 그 뿐 아니라 이웃 나라의 침략을 방어하기 좋은 곳에 정해질 때 오래 지속 가능합니다. 4,500년 전 단군이 나라를 세울 때도 그러했을 것입니다. 조선의 수도를 정하고 그 다음에 나라의 경계를 차츰 확정하게 되었겠지요. 무엇으로 이를 알 수 있을까요? 먼저 단군조선의 수도와 강역이 어디인지 살펴볼 필요가 있습니다.

반만년 전에 우리 한민족, 동이족이 세운 조선은 어디에 세워졌을까요?

조선의 수도는 어디이고 수도에 흐르는 강은 무엇이라 불리었을까요? 그리고 수도 인근의 산은 무엇이었을까요? 수십만 명 이상이 사는 도읍지는 교통이나 물류의 편의상 강을 끼고 이뤄지기 마련입니다. <삼국지(三國志)>에 고구려는 나라를 세우면서 큰 물가에 터를 잡고 살았다[164]고 전하고 있습니다. 그리고 산을 좋아하는 우리 민족의 특성상 높은 산이 근처에 있을 것으로 생각됩니다.

고려의 도읍은 임진강과 예성강을 끼고 있으며 송악산이 있는 개성에 있습니다. 이성계가 세운 조선도 한강을 끼고 북한산, 목멱산(남산), 인왕산, 불암산 등으로 둘러싸여 있습니다. 민족의 DNA는 대대로 이어 왔을 것이니 5천 년 전에도 단군조선의 소도는 큰 강을 끼고서 웅장한 산 근처에 정해졌을 것이라 추측되며 이를 고대의 사료를 검증하려 합니다.

우리 역사서에는 단군조선에 대해 무엇이라 기록되어 있나요?

우리나라 최고의 역사서라 일컫는 김부식(1075-1151)의 삼국사기는 1145년 고려 인종 23년에 편찬되었고 일연 (1206-1289)의 삼국유사 역시 13세기 후반에 편찬되어 모두 800년에서 900년을 초과하지 않습니다.

이들 자료는 평양성에 도읍을 정하고 조선이라 불렀다는 기록이 나오지만 단군조선의 수도나 국경이 어디인지는 명확하게 말하지 않아 학자에 따라 의견이 분분합니다.

삼국유사 (국립한글박물관)

삼국유사의 기록에는 다음과 같이 전합니다.

지금부터 2,000년 전에 단군왕검이 있어 아사달에 도읍을 정하고 나라를 열어 조선이라 불렀으니, 바로 요임금과 같은 시기이다.

고기(古記)에는 이렇게 말하였습니다.

옛날 환인의 서자 환웅이 자주 천하에 뜻을 두고 인간 세상을 탐내어 우하였다. 아버지가 아들의 뜻을 알고는 삼위태백을 내려다보니 인간을 널리 이롭게 할 만하여, 즉시 천부인 세 개를 주어 내려보내 인간 세상을 다스리게 하였다.

환웅이 다스리는 데 필요한 무리 3,000명을 거느리고 태백산 꼭대기 신단수 아래로 내려왔다. 이곳을 신시라 하고 이분을 환웅천왕이라 한다. 풍백, 우사, 운사를 거느리고 곡식, 생명, 질병, 형벌, 선악 등 인간 세상의 360여 가지 일을 주관하여 세상을 다스려 교화하였다.

그 당시 곰 한 마리와 호랑이 한 마리가 같은 굴에 살고 있었는데, 항상 환웅에게 사람이 되기를 빌었다. 이때 환웅이 신령스러운 쑥 한 다발과 마늘 스무 개를 주면서 말하였다. "너희가 이것을 먹되, 100일 동안 햇빛을 보지 않으면 곧 사람의 형상을 얻으리라"

곰과 호랑이는 그것을 먹으면서 삼칠일 동안 금기했

다. 곰은 여자의 몸이 되었지만 호랑이는 금기를 지키지 못하여 사람의 몸이 되지 못하였다. 여자가 된 곰은 혼인할 상대가 없었으므로 매일 신단수 아래에서 아이를 가질 수 있게 해 달라고 빌었다. 환웅이 잠시 사람으로 변해 그녀와 혼인하여 아들을 낳았으니 단군왕검이라고 불렀다.

단군왕검은 요임금이 즉위한 지 50년이 되는 경인년에 평양성에 도읍을 정하고 비로소 조선이라고 불렀다.
다시 도읍을 백악산 아사달로 옮기니, 그곳을 궁홀산 또는 금미달로 부르기도 한다. 단군왕검은 1,500년 동안 이곳에서 나라를 다스렸다. 주나라 무왕이 즉위하던 기묘년에 기자를 조선에 봉하였다. 이에 단군은 장당경으로 옮겼다가 그 후 아사달로 돌아와 숨어 살면서 산신이 되었는데, 나이가 1,908세였다.[165]

단군 사화는 단군왕검이 세운 단군조선뿐 아니라 그 이전의 환인 시대와 환웅 시대가 있었음을 우리에게 말해 줍니다. 하지만 식민사관의 영향을 받은 국사 교과서에서는 환인 환웅 시대뿐 아니라 단군조선의 존재에 대해서도 제대로 잘 다루지 않고 있습니다.

현재 국사 교과서는 단군조선이 세운 평양성의 위치를 식민사관의 영향으로 평안도의 평양으로 말하고 있지만 그곳에는 4천 년의 오래된 성에 대한 기록이 없습니다.

고조선시대 강역도가 남아 있어서 그나마 한반도와 요동지역을 포함하는 것으로 나타내고 있습니다만 이 지도가 역사적인 사실을 그대로 보여주고 있는지 알아보도록 하겠습니다.

우선 먼저 단군조선의 성, 조선성이 어디에 있는가를 자세하게 살펴보려고 합니다.

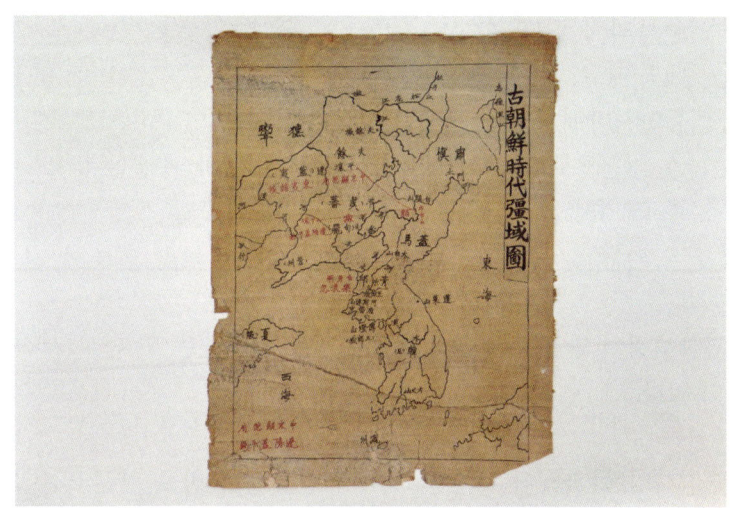

고조선시대강역도 (속초시립 박물관)

단군조선에 대해 기록한 오래된 역사서가 있나요?

동아시아에서 가장 오래된 수천 년 전의 역사서인 산해경에서 단군조선에 대한 기록이 나옵니다. 삼국사기나 삼국유사, 그리고 일제가 편찬한 조선사편수회의 역사를 답습한 식민사관에 의한 주장보다 더 명확하고 사실적이라 놀랍기만 합니다. 함께 그 내용을 살펴볼까요?

산해경(山海經)

단군조선에 대한 기록 중 가장 오래된 기록

중국의 선진(先秦)시대의 사료,
동아시아에서 가장 오래된 지리서
총 18편으로 구성: 고대의 지리, 물산, 신화, 무술(巫術), 종교, 역사, 의약, 민속, 민족 등의 내용을 포괄

산해경이 단군조선에 대한 기록임을 말해주는 또 다른 서적이 있나요?

청나라 학자의 산해경 주석서가 산해경이 바로 단군조선에 대한 기록임을 입증하고 있습니다.

청나라 학자 오임신의 산해경광주
산해경에 대한 주석서
산해경에 나오는 해내경(海內經)과 대황경(大荒經)을 조선기(朝鮮記)로 표현
단군조선, 위만조선, 기자조선을 실제의 역사로 인정[166].

산해경에 나오는 조선에 대한 기록이 무엇인가요?

"조선은 열양의 동쪽에 있다. 발해의 북쪽이고 갈석산의 남쪽이다"

이 기록을 살펴보면 단군조선이 발해의 북쪽이고 갈석산의 남쪽, 현재 북경과 천진과 인접한 지역인 요서 지방에 있음을 알 수 있습니다.

산해경의 기록을 뒷받침하는 유물이 있나요?

1,500년 전 유신이 쓴 모용 선비족 두로영은의 비석입니다. 현재 중국 섬서성 함양 박물관에 보관되어 있는데 그 중 조선국에 대한 기록은 다음과 같습니다[167].

모용황이 나라를 세우고 도읍을 옮기면서 주요하게 활동한 무대는 요서, 요동 지역이고 그 지역에는 하나라, 은나라, 주나라, 춘추전국시대까지는 기자조선과 고죽국이, 진나라 때는 일후가, 한나라 때는 한사군이 있었다

<두로공신도비문>은 조양에 도읍을 정하고 요서에 건국한 전연을 설명하면서 "조선이 그 지역에서 건국했었다"라고 단언합니다[168]. 그동안 단군조선의 도읍지가 한반도에 있었다는 것을 전적으로 부인하는 증거라고 말할 수 있지요.

예전에 성은 지금의 도시 혹은 큰 고을의 경계를 나타내는 곳

이었지요. 단군왕검이 BC 2,333년 경 조선을 세운 후에는 성을 쌓아 경계를 정하고 신하들과 백성들이 안전하게 살게 하였으리라는 추측은 지극히 당연하며 그 성의 흔적이 5천 년 지난 이후에도 남아 있을 것이라는 것 또한 매우 당연한 추측입니다.

단군조선의 도읍지 조선성에 대한 기록의 흔적이 있나요?

심백강 박사는 송나라 낙사의 <태평환우기>에서 찾아 발표하였습니다[169].

"하북성 노룡현에 기자가 동쪽으로 와서 봉함을 받은 조선성이 있다"

단군조선의 폐성 유적이 있는 하북성 노룡현은 천여 년의 세월이 지난 지금도 중국 지도상에 그대로 남아 있지요. 행정구역상으로 하북성 진황도시에 속해있으며 조선 시대 중원과 동북을 가르는 관문인 산해관과 중국 공산당 간부들의 피서지로 유

명한 북대하(北戴河)와 이웃해 있습니다[170].

단군조선의 수도에 강이 있었을까요?

예나 지금이나 수도나 큰 도시는 강을 끼고 생겼습니다. 고려의 왕건은 임진강과 예성강이 있는 개성에 도읍지를 정하였고 이성계는 한강이 있는 서울에 정하였습니다. 단군조선의 도읍지 역시 강을 끼고 만들어졌으며 그 이름은 조선하(朝鮮河)로 남아 있습니다.

조선하(朝鮮河)란 이름이 어디에 나올까요?

북송 시대 1044년 중국 최초의 군사제도와 군사이론을 기록한 관찬병서인 <무경총요>에 연경 즉 북경의 지리를 설명하는 내용 중에 조선하가 등장합니다. 연경에서 중경, 즉 오늘날 내몽고자치구 적봉시 영성현을 지나 고북구에 당도하기 전에 먼저 조선하를 건너서 간다고 기록하고 있지요.

오늘날 중국 지도를 보면 조하는 고북구 서쪽에 있고 난하는 고북구 동쪽에 있는데 이는 조하가 송나라 때 조선하로 불렸다는 증거가 됩니다. 이성계의 조선은 1392년에 건국되었기 때문에 조선하는 단군조선 도읍지의 강을 말하는 것이며 이는 단군조선이 한반도의 평양이나 서울 근처가 아니라 북경 부근에 있었음을 증명합니다[171].

지광한(池光翰)은 1695년(숙종21)에 태어나 1756년(영조32)까지 활동한 사람인데 홍사(鴻史)-동이열전을 저술하였는데 공자의 7대손으로서 전국시대(戰國時代) 말기(약 2,300년 전) 사람으로 위(魏)나라의 재상이었던 공빈(孔斌)이 동이에 대해 다음과 같이 쓴 글을 전하고 있습니다.

> 동이의 나라에는 자부선인(紫府仙人 : 배달국 제14세 치우환웅 당시의 선인)이라는 도통한 분이 계셨는데 '황제 헌원(중국인의 시조)' 씨가 그 문하에서 내황문(內皇文)을 배웠다. 그는 '염제신농' 씨의 뒤를 이어 중국의 임금이 되셨다. 중국의 고대 나라인 하나라 우임금의 '도산회의(塗山會議)'에 동이의 부루(夫婁 : 단군조선 제2세 단군)께서 친히 와서 나라의 경계가 정해졌다.

공자의 7대손인 공빈에 의하면 단군조선의 2대 단군인 부루께서 단군조선과 당시 하나라와의 경계를 정했다는 기록을 남깁니다. 하지만 그 경계가 어디인지에 대해서는 자세히 말하지 않아 궁금증을 남기지만 도산회의에서 국가의 경계를 정했다는 것은 단군조선이란 국가의 권위가 하나라보다 우위에 서 있고 문자 그대로 그 주권이 서슬 퍼렇게 살아 있다는 뜻이 아닐까요?

단군조선의 국경선은 어디에 있나요?

단군조선의 경계에 대한 문헌 기록을 고고학적인 성과와 함께 살펴보면 놀랍게도 거의 일치하고 있습니다. 단군조선을 대표하는 유물로 고인돌, 비파형 동검, 빗살무늬토기 그리고 미송리형 토기를 들 수 있지요. 고인돌은 요동지역에서 한반도 서북

고인돌 (국립민속박물관)

빗살무늬 토기 (국립중앙박물관)

부, 전남 고수과 제주도에 걸쳐 한반도 전체에 광범위하게 분포합니다.

중국의 동북지방에 있는 요하(遼河)를 중심으로 한 요령지방(遼寧地方, 랴오닝)에 주로 분포하기 때문에 요령식 동검이라고도 불리는 비파형 동검 역시 위의 탁자식 고인돌의 분포 지역과 대체로 일치하는데 중국의 발해 위쪽에 위치한 산해관 북쪽까지 발굴되었습니다.

압록강 하구에 출토된 미송리형 토기는 밝은 갈색에 복주머니처럼 생겼는데 물 항아리로 쓰인 것으로 여겨지는데 대체로 비파형 동검의 분포지역과 일치합니다.[172] 이렇게 볼 때 단군조선의 영역은 발해 북쪽의 난하 지역이 서쪽 경계이고 동쪽으로는 대릉하, 여하, 장춘, 길림 지역을 거쳐 두만강 너머 연해주 영역을 포함하며 남쪽으로는 한반도까지라고 말할 수 있지요.

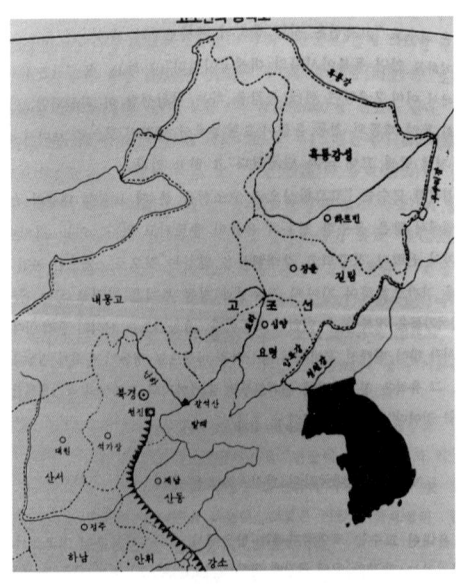

최태영 강역도

단군조선의 강역에 대한 구체적인 기록이 있나요?

네, 단군조선의 국경에 대한 기록은 단군세기에서 찾아볼 수 있는데, 단군세기에는 단군왕검이 국가의 경계를 정했다[173]고 합니다. 당시 하북성의 순천, 영평 및 만주 요령성 금주의 서북 일대의 땅인 유주와 지금의 하북성에서 요녕성 및 그 동쪽인 영주의 두 주를 단군조선의 경계에 속하게 했지요. 이 기록에 나오는 단군조선의 서쪽 경계는 고인돌이나 비파형 동검 등의 유물로 나오는 경계와 대체로 일치하여 단군세기의 기록이 신빙성이 있음을 말해주고 있습니다.

세종실록의 단군고기(檀君古記)를 인용한 글이나 명나라의 오명제가 저술한 조선세기(朝鮮世紀)란 책에도 단군에 대해 "구이군지(九夷君之)" 즉 "아홉 개의 이족들이 모여서 그를 임금으로 삼았다"라고 말하는데 조선, 시라, 고례, 남옥저, 북옥저, 동부여, 북부여, 예와 맥의 아홉 개 나라가 단군조선을 구성한 나라입니다.

단군조선의 장식용 의기로 여겨지는 청동방울인 팔주령은 가운데를 중심으로 여덟 개의 방울이 달린 모습인데 이를 단군이 직접 다스린 직할국과 여덟 개의 제후국 (거수국이라 불린다)을 포함한 아홉 개 나라를 지칭하는 것으로 해석됩니다[174].

단군조선의 국경은 아홉 개 나라를 모두 포함하는 경계선으로 해야겠지요.

신채호 선생이 주장하는 단군조선의 경계는 어떤가요?

신채호 선생은 단군조선의 주요 제후국의 범위를 더욱 확장하여 발해와 서해를 중심으로 동으로는 한반도, 북으로는 만주(지금의 중국 동북삼성), 서쪽으로는 중국의 양자강 이북의 땅 산동반도와 중원 땅에 걸쳐 있었다고 주장하였습니다.

또 다른 견해가 있나요?

제후국과의 연대에서 이미 말씀드렸듯이 신용하 교수는 제후국의 위치를 정리하여 단군조선의 경계를 정립하였는데 요동지역, 요서지역과 한반도뿐 아니라 동내몽고지역을 포함하여 더 넓은 지역이 단군조선의 경계에 포함된다고 주장합니다.[175] 우리 선조들이 인식했던 고조선의 영역 (속초시립박물관)과 현대 다양한 문헌과 유물 등을 통해 파악한 고조선의 영역 (신용하 교수)이 큰 차이가 납니다.

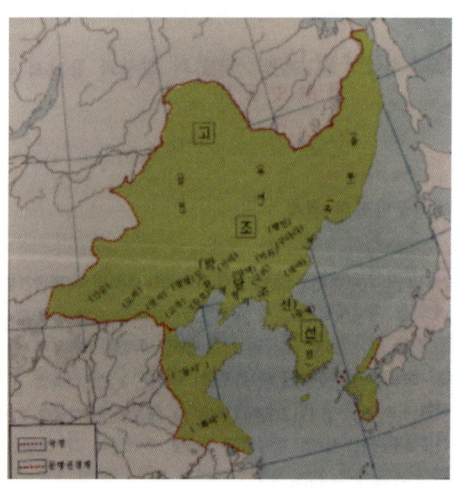

최전성기 고조선 국경과 고조선 문명권 지도
(신용하)

단군이 세운 조선이 당시에는 어떻게 불리었을까요?

조선이라는 이름이 과연 그 당시에 그렇게 불렸는지 혹은 고중국에서 한자로 사용한 지의 여부입니다. 이에 대해 윤내현은 <삼국사기>에 고조선의 첫 도읍이 아사달로 기록되어 있는 점에서 조선은 고대 우리말의 아사달이 한자화되었을 것으로 본 이병도의 견해가 타당한 것으로 생각합니다.

실제 고대 사회에서는 대체로 씨족이나 종족의 명칭은 그들이 거주한 지명과 동일하고 그들이 나라를 세우면 그것이 나라 명칭이 되는 경우가 많았습니다. 중국 상나라를 세운 상족은 초기에 상읍(商邑)에서 거주했고 주족은 주원(周原)에 거주했음을 들어 단군조선이 아사달로 불리었다는 자신의 주장을 뒷받침하고 있지요.[176]

02 법률 시행과 관료 조직으로 주권을 행사

　단군조선이 국가라는 것을 증거할 수 있는 두 번째 요소는 법률을 시행하고 관료 조직을 통해 주권을 행사했느냐의 여부입니다. 국가를 구성하는 가장 중요한 요소인 주권이란 국가의 뜻을 최종적으로 결정하는 힘을 말하지요. 다른 나라의 간섭 없이 자신의 나라와 관련된 중요한 일들을 스스로 결정할 수 있는 권리이고 국가 밖에서는 나라의 독립을 주장하는 권리입니다.

　이는 주권이 미치는 영토 안에 사는 국민들에게 적용되는 법률이 있어야 하고 이를 시행하는 관료 조직이 있을 때 가능한 것입니다. 헌법과 형법, 민법 등 다양한 법 제도가 나라마다 존재하는 이유이기도 하지요.

법률 시행

　단군조선에 법률이 존재했는가요?

　중국의 반고가 지은 한서 지리지에는 단군조선의 <범금 8조>의 법이 소개되어 있습니다.

> (고조선에서는) 백성들에게 금하는 8조법이 있었다. 사람을 죽인 자는 즉시 죽이고, 남에게 상처를 입힌 자는 곡식으로 갚게 했으며, 도둑질을 한 자는 노비로 삼는다는 것이었다. 용서받고자 하는 자는 한 사람마다 50만 전을 내야 했다. 비록 용서를 받아 보통

의 백성이 되어도 당시 풍속에 따라 부끄러움을 씻지 못해 혼인을 하고자 해도 짝을 구할 수 없었다. 이렇게 하니 백성은 도둑질을 하지 않아 대문을 닫고 사는 일이 없었다. 여자는 모두 정조를 지키고 신용이 있어 음란하고 편벽된 짓을 하지 않았다. 농민은 대나무 그릇에 음식을 담아 먹고, 도시에서는 관리나 장사꾼을 본받아 술잔 같은 그릇에 음식을 담아 먹었다.[177]

이 법은 사람의 생명과 신체 그리고 사유재산을 보호하는 형법, 즉 통치의 법이었음을 말해주고 있습니다. 단군조선이 평화로운 국가를 만들기 위하여 예를 숭상할 뿐 아니라 법을 엄격히 집행한 사회임을 잘 보여주는 사례입니다. 다시 말하면, 살인한 자는 죽이고 상해를 입힌 자는 곡식으로 갚게 하며 도둑질한 자는 노비가 되거나 50만 전을 배상한다는 법을 시행함으로써 살인이나, 상해, 도둑질이 거의 발생하지 않은 안전한 사회, 평화로운 국가를 지향했음을 알 수 있지요.

한서지리지
(호야지리박물관, 조선시대 목판본으로 제작)

위의 범금 8조를 볼 때 노비를 면하기 위해 50만 전을 내야 한다는 것은 노비 한 사람의 값이 50만이었음을 알 수 있습니다. 한서 고제기에 "관중 지역에 큰 기아가 일어나 쌀 열 말 값이 만 전이나 되었다"는 기록이 있으며 한서 식화지에도 "쌀값은 1석이 만 전에 이르렀고 말은 한 필에 백금이었다"는 기록을 볼 때 노비 1명의 값은 쌀 50석에 해당하고, 수말 두필 반 값에 해당함을 알 수 있습니다.[178]

단군조선에 화폐가 유통되었을까요?

범금 8조에 50만 전이란 화폐에 대해 이야기하고 있지요. 단군조선 시대에 화폐를 주조하고 유통하였다는 증빙인데 4세 단군 오사구 시절 화폐에 대한 기록이 전하고 있습니다.

> "무자 5년(BC2133년) 둥근 구멍이 뚫린 패전을 주조하였다[179]"

이 기록은 현재까지 정확하게 밝혀지지 않은 명도전이 아닐까 여겨집니다. 실제로 명도전은 가운데 구멍이 뚫린 모습으로 단군조선의 영토 내에서 17,000점 이상 엄청나게 출토되었습니다[180]. 그동안 연구에 의하면 연나라가 영토를 확장함에 따라 명도전이 요동, 요서, 만주, 한반도에 출토되었다고 합니다.

하지만 연나라의 영토인 황하 유역에는 명도전이 발굴되지 않습니다. 이는 명도전이 연나라 화폐가 아니라 단군조선의 화폐라는 증거가 됩니다.[181]

실제로 명도전의 출토 영역은 고조선의 유물인 청동검, 청동거울, 빗살무늬토기가 출토되는 영역과 일치하여 명도전은 단군조선의 화폐임이 확실시되고 있습니다. 더구나 명도전에 새겨진 문자가 당시 연나라의 문자와는 다르며 오히려 고조선의 표식이 되는 해와 달을 형상화한 문자라는 주장도 힘을 얻고 있습니다.

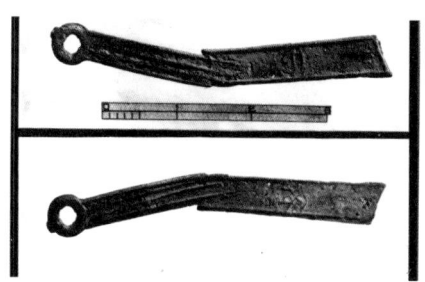

명도전 (국립중앙박물관)

상식적으로 생각할 때 지금부터 2천 년이 지나서 유물을 발굴했을 때 미국에는 미국의 달러화 동전, 중국에는 중국 위안화 동전, 한국에는 원화 동전이 많이 출토되는 것이 너무나 당연한 것이 아닌가요?

단군조선의 대표 유물인 고인돌, 비파형 청동검, 빗살무늬토기의 출토 영역이 명도전의 출토 영역과 겹치는 것은 너무나 당연하지요. 모두 단군조선의 백성들이 사용한 것이기 때문이지요.

단군조선에서 조세를 거두었을까요?

단군조선의 화폐가 있다는 것은 국가 재정을 감당할 조세 정책을 효과적으로 시행했다는 것을 말합니다. 3천 년 경 청동기 시절 농경사회에서는 농사가 가장 주된 산업이었고 농부가 모든 산업의 대표 주자였지요. 8세 단군 우서한(오사함) 시기에 조세 정책을 시행한 기록이 전해 옵니다.

"20분의 1 세법을 정하여 널리 통용하였으므로 있고 없는 사람이 서로 도와 부족함이 없었다"

8세 단군의 조세 정책은 수확물의 5%만 걷는 것으로 백성들의 삶을 윤택하게 해주었습니다. 18세기 조선 시대 탐관오리는 수확물의 반을 착취하여 백성들이 굶어 죽지 않기 위해 북간도로 이주하거나 유랑하며 도적이 되기도 했다는 것을 미뤄 볼 때 단군조선의 정책은 백성들을 널리 이롭게 하는 것을 목표로 하여 시행되었음을 알 수 있습니다.

법률의 시행을 위한 관료 조직

4천여 년 전 단군조선에서는 주권을 행사하기 위해 법률을 제정했다는 것을 보았습니다.

단군조선에서 관료 조직을 정비한 사실은 어떻게 알 수 있을까요?

삼국유사에 단군사화의 내용이 다음과 같이 전합니다.

"옛날 환인의 서자 환웅이 자주 천하에 뜻을 두고 인간 세상을 탐내어 구하였다. 아버지가 아들의 뜻을 알고는 삼위태백을 내려다보니 인간을 널리 이롭게 할 만하여, 즉시 천부인 세 개를 주어 내려보내 인간 세상을 다스리게 하였다. 환웅이 다스리는 데 필요한 무리 3,000명을 거느리고 태백산 꼭대기 신단수 아래로 내려왔다. 이곳을 신시라 하고 이분을 환웅천왕이라 한다. 풍백, 우사, 운사를 거느리고 곡식, 생명, 질병, 형벌, 선악 등 인간 세상의 360여 가지 일을 주관하여 세상을 다스려 교화하였다"

단군 사화로 미루어 볼 때 단군조선의 이전 시대인 환웅천왕 시대에 이미 세 명의 측근, 이른바 조선 시대의 삼정승을 두고 360여 가지의 다양한 인간사를 주관하였지요. 단군조선이 건국되기 이전에 독자적인 관료 행정체계가 서 있었음을 알 수 있습니다.

단군조선의 임금은 어떤 인물인가요?

삼국유사 <고조선>조에 아래와 같은 기록이 있습니다.

"위서에 말하기를, 지금으로부터 2천 년 전에 단군왕검이 있어 아사달에 도읍을 세우고 나라를 열어 국호를 조선이라 하니 (중국의) 당고(요)와 때를 같이 하였다"

단군조선은 처음부터 통치자의 칭호를 단군이라 불렀으며 최초의 단군은 단군왕검이었음을 알 수 있습니다.

위의 <고조선>조 끝 부분에 단군조선의 종말을 다음과 같이 설명하고 있다.

"단군은 바로 장당경으로 옮겼다가 후에 아사달로 돌아와 은거하여 산신이 되었다. 계승되기를 1908년이었다"

이 기록으로 미뤄 보아 단군조선은 2천 년 정도 지속되었음을 알 수 있습니다. 규원사화의 기록에는 단군이 모두 세습한 것으로 기록하고 25세 솔나, 30세 나휴, 38세 다물의 경우 아우들이 계승한 것으로 나타나 있다. 그러나 단군세기에는 47대 단군 중 태자가 왕위를 계승한 경우는 28명이고 왕자가 1명, 단군 현손 1명, 왕족 4명, 오가 출신 9명, 쿠데타 2명으로 기록되어 다양한 형태로 왕위가 계승된 것으로 보여 줍니다[182].

단군과 왕족들은 어떠한 상징물을 지녔을까요?

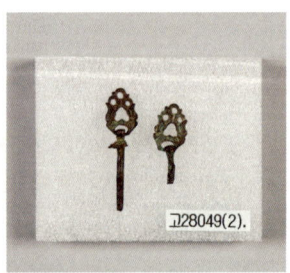

청동 장식품 (국립중앙박물관)

단군과 그 가족들은 왕족 표징의 하나인 천부인이라 불리는 청동거울, 청동검, 그리고 곡옥 (또는 환옥) 1벌을 지녔고 죽은 뒤에 석곽 무덤이나 목곽 무덤에 부장품으로 남겼습니다. 무덤에서 나온 장식품과 마구 등을 보면 왕족은 말을 타고 수레를 애용하고 청동단추가 수십 개 달린 장화를 신은 것으로 보여 대체로 사치스럽고 풍족한 생활을 한 것으로 보입니다[183].

단군조선의 통치조직은 어떠했나요?

단군조선의 통치조직에 대한 직접적인 기록은 없지만 단군조선의 영토에 위치하여 단군조선의 관제를 계승한 것으로 여겨지는 위만조선의 관직을 통해 단군조선의 관료 체제와 관직명이 중국과 달랐음을 알 수 있습니다[184].

사기 조선열전에 따르면 위만 조선에는 관료 조직으로 왕을 보좌하고 행정을 총괄하는 직책인 비왕(裨王)이 있었고 군사 업무를 총괄하는 직책으로 장군(將軍)이 있었습니다. 왕의 유고시에 후계를 이을 태자가 봉해져 있었고, 각 분야별로 업무를 분담하여 관장하는 조선상(朝鮮相), 상(相), 이계상(尼谿相) 등의 중앙관료가 있었지요.

단군조선의 귀족층은 제후국인 부여의 경우를 볼 때 관직명에 '가'를 붙여서 마가, 우가, 저가, 구가 등 '가'를 장관직 명칭으로 사용하였습니다. 예족의 경우 후와 읍군은 고위관료 귀족이었고 동옥저의 장수와 구려와 읍루의 대인 역시 고위관료 귀족이었습니다. 이외 관직에는 임명되지 않았으나 선조로부터 상속받은 재산, 토지, 가축, 노비 등을 소유하고 신분적인 특권을 누린 많은 귀족들도 있었습니다.

단군조선은 신정일치 국가였지요?

네, 그렇습니다. 단군조선의 통치조직은 신정 조직과 혈연조직이 병존했습니다. 단군은 정치적인 지도자인 동시에 종교의 최고 지도자였기 때문에 하느님을 최고의 신으로 숭배하여 중앙의 성지인 신시에서 종교의식을 행하였지요. 도읍지인 아사달 주변과 제후국의 수도 주변에는 소도라는 별읍을 설치하고 단군의 제사를 지내는 제사장인 천군이 있었습니다. 단군은 이러한 종교 조직과 종교의 권위를 이용하여 신권통치를 하였지요.[185]

후한지 동이열전에 나오는 기록입니다.

> 여러 국읍에는 각각 한 사람이 천신의 제사를 주재하는데 (그 사람을) 천군이라 부른다. 또 소도를 만들어 거기다가 큰 나무를 세우고서 방울과 북을 매달아 놓고 귀신을 섬긴다.

천군은 솟대뿐 아니라 청동거울, 청동 종방울, 북, 팔주령, 쌍두령 등의 제천 용구를 사용하여 하늘에 제사를 지냈습니다. 왕이나 부족장, 귀족의 무덤과 천군의 무덤을 구별짓는 것은 무덤 안에 청동검과 옥 혹은 옥이 출토되지 않는 것입니다.

단군조선의 평민들의 생활은 어떠했나요?

단군조선 인구의 대다수를 차지한 것은 평민으로 왕과 귀족의 지배하에 '자유민'으로서 농경, 목축, 수공업, 상업의 생산 활동에 종사하였으며 조세, 군역, 부역의 의무도 담당하고 마을의 공유지 경작, 수로시설, 고인돌 축조, 제단, 성곽, 궁궐 등의 토목공사를 담당하였습니다.

삼국지 위서 부여전에 "읍락에는 호민이 있고 하호라고 이름하는 것은 모두 노복이 되었다"는 기록이 있는데 본국인 단군조선에도 유사하게 적용되어 단군조선의 평민은 부

충남부여 읍 입구 장승과 솟대
(국립중앙박물관)

유한 소수의 평민인 호민(豪民), 절대다수를 차지하는 자유민인 평민인 소민(小民), 평민 중 최하위층의 가난한 평민으로 경제적으로 영락하여 노비 신분으로 전락할 위험이 있는 하호(下戶)로 구분될 수 있습니다[186].

단군조신 시대에 노예가 손재했나요?

단군조선 시대에는 천민 신분인 노비가 존재하여 주인의 지시에 따라 가사노동을 하고, 생산 노동과 온갖 잡역노동을 수행하였습니다.

> "도둑질한 남자는 가노로 삼고, 여자는 비로 삼는다. 단, 재물로 죄를 면하여 속량하고자 할 때에는 1인당 50만을 배상하도록 한다"
> - 단군조선의 법금8조의 조항 -

> "사람을 죽인 사람은 사형에 처하고 그 집안사람은 적몰하여 노비로 삼는다"
> -삼국지 위서 부여전의 조항 -

위 두 조항 모두 형벌 노비의 예를 말하고 있지요.

<삼국지> 위서 한(韓)전에 <위략>을 인용하여 다음을 말하고 있습니다.

> 진국의 염사의 우거수 치가 옛 마을을 지나가다가 밭에서 참새를 쫓는 남자가 한인(韓人)의 말이 아닌 다른 말을 하여 물으니, 그 남자가 대답하기를 "우리들은 한(漢)나라 사람으로 이름은 호래인데, 우리들 1천5백 명은 재목을 벌채하다가 한(韓)의 습격을 받아 포로가 되어 모두 머리를 깎이고 노가 된 지 벌써 3년이나 되었다"

이는 전쟁 포로로 인한 노비의 예를 말합니다. 단군조선은 기본적으로 평화를 국시로 하여 이웃 나라와 평화를 중시하지만 이웃 나라가 단군조선을 침범하는 경우는 전쟁을 통하여 국토와 백성, 그리고 단군조선의 주권과 자주권을 지켜왔음을 말해줍니다.

<후한서>의 부여전에는 순장에 대한 기록이 있습니다.

> "사람을 죽여서 순장을 하는데, 많을 때에는 100명 가량이나 된다"

단군조선에서도 상위층인 주인이 사망했을 때 다수의 노비가 함께 순장되었음이 단군조선의 강역인 요동반도, 평안남도 등의 무덤 발굴에서 나타납니다. 이들이 한꺼번에 순장되었기보다는 주인의 무덤을 만들 때 순장된 노비와 그 후 제사 때 순장된 노비로 추정됩니다.[187]

단군조선은 왕족과 귀족, 평민, 노예로 구성된 고대 국가였으며 노비의 경우 주인이 죽으면 함께 죽는 순장 제도가 국가의 제도로서 유지되어 왔음을 알 수 있습니다.

03 전문 인력 양성

단군조선이 국가임을 나타내는 세 번째 요소는 국민, 즉 백성이 있다는 것이지요. 단순한 백성만이 아니라 전문 인력을 중심으로 백성들의 필요에 따라 세상만사를 주관했다는 것입니다.

단군조선에서 전문인력을 양성했다는 것을 알 수 있나요?

단군 사화에 전문 인력에 대해 다음과 같이 나옵니다.

> 환웅이 환인의 허락을 받아 3,000명의 무리를 거느리고 태백산 꼭대기 신단수 아래에 내려와 '신시'를 만들었다. 환웅 천왕은 풍백, 우사, 운사를 거느리고 곡식, 수명, 질병, 형벌, 선악 등 360여 가지의 일을 주관하며 인간 세상을 교화했다.

실제로 단군조선이 세워지기 전에 환웅 천왕은 하늘의 제왕인 환인으로부터 왕권을 받아서 백성을 다스렸습니다. 이는 환웅 천왕이 단순히 권력을 가지고 백성을 정복하여 나라를 세운 것이 아니라 하늘로부터 권력의 정통성을 받았다고 말할 수 있지요. 이는 우리 민족이 전통적으로 가지는 천손 사상, 곧 하늘이 낳은 자가 나라를 다스린다는 사상의 시원이라고 말할 수 있습니다.

당시 동물이나 자연의 토템을 숭상하던 부족들은 자신의 토템이 우월하다고 여기며 다른 부족들을 정복하려고 전쟁을 한 것이 수많은 기록으로 남겨져 있습니다. 하지만 환웅은 세상을 주관하는 존재로서 하늘을 인간의 근원으로 생각하게 함으로써 각 부족간의 투쟁을 피하고 360여 분야의 전문 인력을 통해 세상을 교화했다는 것이지요.

무씨사당 화상석

환웅이 거느린 풍백, 우사, 운사와 전문 인력은 무슨 역할을 했나요?

풍백은 바람을 다스리고, 우사는 비를 다스리고, 운사는 구름을 다스리는 전문가입니다. 그 이름이 상징하듯이 자연현상을 다스릴 수 있는 전문가이고요. 그들로 하여금 당시의 주요 산업인 농사를 잘 지을 수 있도록 치수 사업과 논농사를 가르쳤습니다.

3,000명의 무리 중에는 인간사의 다양한 일들, 곡식을 생산하고, 수명을 보전하고, 질병을 고치며, 죄를 지은 경우 형벌을 내리고, 선악의 기준을 정하는 등의 일을 분담하여 백성들의 삶이 안전하고 행복할 수 있도록 했지요. 이러한 일들이 신시에서 이뤄졌습니다.

전문 인력들이 단군 조선의 문명을 발전시킨 일꾼이네요?

네, 그렇습니다. 인간사의 다양한 일들을 전문적으로 분담하여 일하는 전문가 집단이 있었기 때문에 2장과 3장에서 살펴본 세계 최초의 여러 가지 식문화, 주거문화, 복식문화, 천문 관측 등이 이뤄졌으며 단군조선의 문명이 꽃을 피우게 되었습니다.

단군조선은 사실 환웅 시대의 사상과 업적, 전문인력을 바탕으로 하늘을 숭상하는 환웅 부족과 곰 토템을 숭상하는 부족과의 연대를 토대로 탄생하였습니다. 그리고 호랑이 토템 부족도 제후국으로 거느리고 늑대를 토템으로 하는 부족도 제후국으로 포섭하면서 제국으로 성장하였지요.

환웅의 뒤를 이은 단군왕검과 후대의 단군은 각 분야의 대가를 더 잘 활용하여 국가를 통치하였지요. 단군세기에 나오는 기록은 단군 사화보다 구체적인 사실을 말해 주어 실로 단군 실록이라고 말해도 좋습니다[188].

단군조선 시대 백성들의 삶은 환웅 시대부터 내려온 전문 인력의 경험과 노하우가 축적되어 큰 진보를 이뤘습니다. 단군 신앙뿐 아니라 우리가 오늘날까지 향유하는 쌀 식용문화와 콩 식용문화, 온돌이라는 주거문화, 바지와 두루마기란 복식문화, 그리고 예악 문화 등을 통해서 알 수 있습니다. 함께 자세히 알아볼까요?

단군 신앙

단군조선을 세운 단군왕검은 우리 나라 역사상 가장 유명한 인물입니다. 5천 년 이상의 역사를 통해 나라를 구한 고구려의 을지문덕 장군, 고려의 강강찬 장군, 조선의 세종 대왕, 이순신 장군, 일제를 상대로 한 독립투쟁의 영웅 김좌진 장군 등이 우리의 기억에 남지만 무엇보다 우리 민족의 나라를 건국한 단군왕검보다 앞서는 인물은 없습니다.

단군조선은 태양을 숭배하는 환웅족을 중심으로 곰을 숭배하는 곰 토템족, 호랑이를 숭배하는 호랑이 토템족 등이 연합하는 부족들이 연합하여 제국을 형성하게 되었다고 하였지요.

단군신앙이 싹트게 된 경위는 어떻게 되나요?

단군조선이 점차 확장되고 안정화되면서 하늘을 숭배하던 신앙이 단군을 조상신이면서 하느님으로 숭배한 단군신앙

(Tengrism, Tangurism)으로 결합되면서 단군조선의 제후국에도 서서히 뿌리를 내려 단군조선 강역에 공동의 종교와 신앙이 되었습니다[189].

지금도 그리스도교의 전통, 이슬람의 전통, 불교의 전통이 각 나라에서 큰 영향을 미치고 있는 나라가 많지요. 이처럼 백성들을 하나로 뭉치게 만드는 강한 힘은 예로부터 종교가 큰 역할을 하였으며 단군조선의 경우도 예외가 아닙니다.

단군조선시대에 하늘에 제사를 지낸 기록이 있나요?

단군왕검 시대에 하늘을 공경한 제단을 쌓았다는 기록이 단군세기에 전해 내려 옵니다.

> "정사 50년(B.C.2284년) 운사 배달신에게 명하여 마리산 제천단을 쌓았다. 지금의 참성단이 이것이다[190]"
> - 단군세기 -

2세 단군 부루 때부터 하늘에 제사를 지내는 행사를 했다는 기록 역시 전해옵니다.

> "신시 이래로 국중 대회를 열고 하늘에 제사를 지냈으며 서로 화합하는 노래를 제창하였다. 어아가를 불러 은본에 대해 감사하고 신인이 온 세상을 화합하는 식을 행하였는데 이가 참전계이며 그 가사는 다음과 같다[191]"

하늘에 제사를 지내는 전통은 단군조선의 제후국뿐 아니라 그 후예인 부여, 동예, 고구려, 삼한에서도 지속되었지요.

오늘날까지 남아 있는 단군교의 전통은 수천 년 역사의 유물이라고 해도 과언이 아닙니다. 유일신 사상을 가진 개신교에서 단군의 동상에 대하여 거부감을 가지는 것은 단군이 하느님으로 숭배되는 단군교에 대한 지나친 경계심과 더불어 다른 종교에 대한 존중이 부족한 것이 아닐까요?

식문화

한민족이 오래 살아온 한강문화와 대동강 문화에서 경작 재배된 곡류는 쌀, 콩, 조, 기장, 수수, 밀, 보리 들깨 등이었습니다. 이 중에서 조, 기장, 수수는 유라시아 대륙 도처에서 널리 재배된 곡물이며 밀은 서남아시아에서 BC 9,500년~BC 8,500년에 재배가 시작되어 메소포타미아 문명과 이집트 문명의 농업기반이 되고 유라시아 대륙에 전파되었다고 합니다.

단군조선에서 재배된 곡물은 무엇인가요?

쌀, 콩, 팥, 들깨, 조, 기장, 수수, 밀, 보리입니다. 쌀, 콩, 들깨는 한강문화, 대동강 문화 등의 농경에서 보이는 곡물입니다. 남한강과 금강 상류에 위치한 충북 청원 소로리에서 약 1만 2,500년 전의 단립벼 볍씨가 출토되었다고 말씀드렸지요.

이 볍씨는 양자강 유역의 옥섬암 장립벼 볍씨보다 약 1,200년 앞서고 있습니다. 세상에서 가장 오래된 볍씨가 발견된 곳이 우리나라의 한강 유역이므로 벼농사 재배의 기원은 한강에서 기원했다고 볼 수 있습니다.

세계 최초의 쌀 (단립벼) 재배가 한강, 대동강 지역에서 이뤄졌고, 세계 최초로 콩 재배가 성공한 곳이 바로 단군조선의 강역이었습니다.

곡물을 재배한 후 어떻게 저장했을까?

단군조선의 대표적인 토기인 빗살무늬토기에 저장했지요. 곡물을 저장한 것으로 여겨지는 신석기 시대의 빗살무늬토기가 더 정교한 형태로 단군조선의 강역이었던 요녕성 여대시 강상무덤(기원전 8세기-기원전 7세기)에서 출토되었습니다. 이 토기에는 한반도 신석기 시대의 빗살무늬토기뿐 아니라 부여, 가야, 신라, 고구려, 백제, 통일신라 등의 토기, 기와, 동경을 비롯한 여러 유물에서 공통으로 발견되는 사격자 무늬가 발견되어 전통적으로 장인에 의한 토기 등의 제작이 이뤄졌음을 알 수 있습니다[192].

복식문화

단군조선의 백성은 어떤 옷을 입었을까요?

오늘날 우리가 입는 한복과 같은 옷일까요? 혹은 다를까요? 삼국지 동이전 <부여전>의 복식문화 기록은 다음과 같습니다.

(부여사람들은) 국내에 있을 때의 의복은 흰색을 숭상하며 흰 베로 만든 큰 소매 달린 도포와 바지를 입고 가죽신을 신는다.

두루마기 (국립제주박물관)

부여는 단군조선의 제후 국가였으므로 큰 소매 달린 도포는 단군조선 때부터 입었던 두루마기 같은 겉옷이었을 것입니다[193].

단군조선의 복식을 알리는 유물이 있나요?

네. 함경북도 선봉군 굴포리 서포항 유적의 청동기문화층에서 흙으로 만든 남자 인형이 출토되었습니다. 아랫도리가 넓게 퍼져 있어서 두루마리와 같은 겉옷을 입고 있는 것으로 보입니다.

단군조선의 백성인 한민족의 의복 장신구로는 어떠한 것들이 있었을까요?

의복 장식구들로서는 청동장식 단추, 새김무늬 가락바퀴, 긴 고리 모양 허리띠 장식, 복숭아 모양 장식을 들 수 있습니다. 단군조선 시대 의복 장식구들은 북경 인근인 요서와 요동, 내몽고, 만주와 한반도를 포함하고 있어서 앞서 살펴본 단군조선의 강역과 일치합니다.

단군조선의 유물인 고인돌, 비파형 동검, 빗살무늬토기뿐 아니라 유적지에서 출토된 단군조선 시대 의복의 장식구들도 단군조선의 백성들이 살았던 지역을 정확하게 알려 주고 있습니다[194].

주거 문화

환웅족은 농경생활을 하면서 정착하였습니다. 360가지 세상사를 주관하는 전문가 그룹이 있어서 세상 살이를 하는 백성들을 이롭게 하기 위해 다양한 일을 통해 문명을 발전시켰습니다.

단군조선 시대 백성들은 어떻게 추운 겨울을 지냈을까요? 다시 말하면 우리 민족의 난방 시설인 온돌이 단군조선 시대부터 시작되었을까요?

우리 한민족은 추운 겨울을 이겨내기 위해 온돌이란 난방방식을 만든 것이죠. 온돌은 구들을 놓아 방바닥을 따듯하게 하는 난방방식으로 정착문화의 특징입니다.

환웅족이 만든 온돌문화는 환웅 신시 정착문화의 뿌리에서 시작되어 단군조선 시대에 곰 토템족과 호랑이 토템족 등 연방 제후국가에도 널리 퍼졌습니다.

온돌 유적이 발견된 곳이 어디에 있나요?

온돌 문화의 유적지는 단군조선의 영역인 요령성 무령시 연화보, 영변군 세죽리, 시중군 노람리에서 발굴되었습니다[195]. 온돌이 단군조선 시대에 발전되었음을 알리는 초기 온돌 유적들이 자강도, 평안북도, 평안남도 등 다양한 장소에서 출토되고 있지요. 여러 가지 형태의 온돌 구조가 곳곳에서 나타나는데 이는 온돌 전문가들이 복사열을 높이기 위해 끊임없이 개량하였음을 말해주고 있습니다.[196]

함북경흥 웅기 송평동 패총 온돌 연도 (국립중앙박물관)

온돌이 다른 지역에서는 발견이 안되나요?

미국 고고학회가 발간하는 《고고학(Archaeology)》 2007년 5~6월호는 알래스카주 어널래스카Unalaska시 아막Amaknak섬에서 다리 건설을 위한 발굴을 하던 중 온돌을 갖춘 집터가 나왔다고 보고했습니다.

돌을 정교하게 쌓아 만든 선사시대 집터로 약 3,000년 전에 조성된 것이었는데 한국의 온돌과 흡사합니다. 단군조선의 백성이 알래스카로 이주하면서 추위를 방지하기 위해 온돌이 있는 주거지를 만들었다고 추정을 하는 것 외에 어떻게 다른 설명을 할 수 있을까요?

아메리카 인디언들이 우리 한민족과 같은 몽고족이며 집위에 박을 심고 있으며 마당에 꽃을 심고 키우며 윷놀이, 공기놀이, 말타기 놀이를 하고 있다는 것은 수천 년 전에 한민족이 알래스카를 거쳐서 이주했다는 것을 설명하는 것이 아닌가요?

기마문화

오늘날 제주도나 몽골, 혹은 중앙아시아의 유목민들은 말을 타는 문화가 계속되고 있습니다. 경마장에는 말을 타는 기수가 달리는 것을 보고 내기를 하는 문화가 있습니다.

말타는 문화, 기마문화의 기원은 어디일까요?

환웅 시대부터 전래 되어온 청동기 문화가 단군조선에 이르러 꽃피어 최초의 비파형 청동검이 사용되었음을 말씀드렸습니다. 또 정착 생활을 하면서 개와 돼지를 가축화시킨 동이족이 야생마도 가축화시키면서 동북 아시아형 기마문화를 형성하여 독특한 기마술과 활쏘기 법이 발전되었으리라 여겨집니다.

활쏘기 문화에 대한 유물이 있나요?

국보인 울주 대곡리 반구대 암각화에는 선사시대 문화와 고래잡이의 역사가 300여 점 암벽에 새겨져 있는데, 이 중에 사람이 활을 쏘는 모습도 세 점이 있습니다. '울주 천전리 명문과 암각화'에도 활을 든 사람의 모습이 한 점 새겨져 있습니다. 우리 민족은 선사시대부터 활을 이용해 수렵을 했다는 기록을 남기고 있는데요.

활과 화살 제조법을 동아시아에서 처음 만들어 보급한 민족은 누구일까요?

고구려 고분벽화 기념액자 (국립중앙박물관)

우리 한민족, 동이족이라고 중국의 역사학자 부사년은 기록합니다.

"(고조선 이주민) 소호족이 처음 활과 화살 제조법을 고중국에 가르쳐 주었으며 고조선 이주민 전욱족은 좋은 활과 화살의 별기를 고중국에 전하여 가르쳐 주었다" - 중국학자 부사년-[197].

단군조선 시대에 기마문화에 대한 기록이 있나요?

네, 단군왕검 시대에 병마를 관장하게 했다는 기록이 있습니다.

"팽우에게 명하여 토지를 개척하고 궁실을 지었다. 신지는 문자를 만들고, 기성은 의약을 베풀었다. 나을은 판적을 관장하고 희전으로 하여 점을 치며 더욱 병마를 관장하였다."

이 기록에서 보듯이 단군왕검 시대에 희전에게 병마를 관장하게 하여 기마문화를 체계화하였다고 합니다.

단군조선의 선진적 기마문화는 고중국 문명에 전수되었다고 신용하는 주장합니다. 중국은 단군조선 이주민들이 가져온 말을 수레를 끄는데 사용했고 BC 4세기 후반 단군조선의 후국이었던 동호로부터 조(趙)나라가 기병(騎兵)제도와 기사법(騎射法)을 도입했습니다. 이는 조나라 무령왕이 BC 307년 호복(胡服:흉노, 동호의 복장)을 입고 기사(騎射)를 제의했고 당시 전국시대 군주들중 기병 창설을 선도적으로 제창한 가장 유력한 인물이었다는 데서 알 수 있지요.

이러한 기마 문화가 고구려의 쌍영총의 기마인물상을 통해 우리에게 전해지고 있습니다.

천문 문화

단군조선 시대에 하늘의 별자리를 관측하기 위해 천문대를 설치하였으며 달력을 만들었다는 사실을 아는 사람들이 얼마나 될까요?

단군조선 시대 역에 대한 기록이 있나요?

2세 단군 부루 시기에 달력과 균전제에 관한 기록이 전합니다.

> "임자 12년 (BC 2229년) 신지 귀기가 칠회력과 구정도를 만들어 바쳤다"

칠회력이란 월화수목금토일의 달력을 말하며 구정도란 균전제를 말합니다.

4,200년 전에 벌써 달력을 만들었다는 기록은 우리의 상상을 초월하지요. 어떤 모습의 달력일까요? 농업이 주요한 산업이기에 절기를 표시하여 농업에 도움이 되게 한 아래와 비슷한 달력이 아닐까요?

단군조선의 달력은 어떠한가요?

단군조선의 문명, 세계 최초의 달력에서 단군조선의 13개월 28일 달력에 대하여 비교적 자세히 살펴보았습니다. 부도지 23장에 의하면 단군조선의 역은 1년을 소력(小曆)이라 하고 사

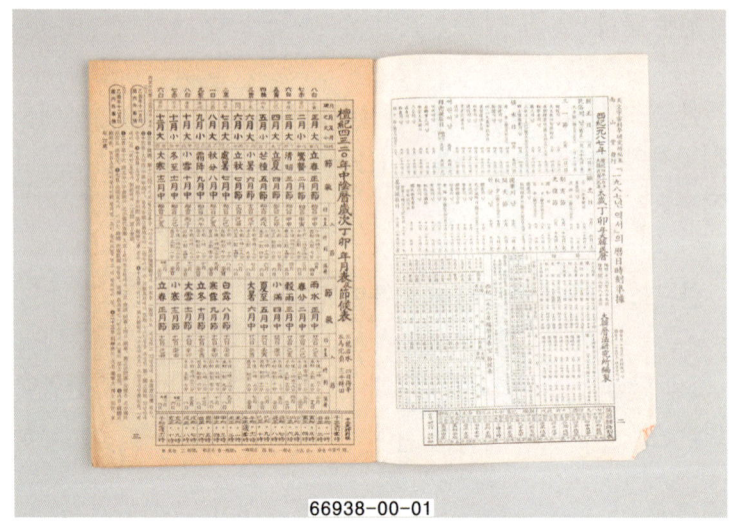

정묘년대한민력(국립민속박물관)

(祀)로 칭하는데 제사는 1년마다 오기 때문에 1년에 해당합니다. 1사(祀)는 13기(期)가 있는데 기는 달과 월경의 주기로 오늘날의 월(月)에 해당하며 1년은 13달입니다.

1기(期), 즉 매월에는 4요(曜), 즉 4주가 있고 1요(曜)는 7일로 되어 있어서 1년은 364일이 됩니다. 그런데 사(祀)의 시작마다 단(旦), 즉 1일이 있어서 365일이 됩니다…그리고 네 번째 사(祀)는 366일이 되지요. 이처럼 부도지 저자는 단군조선의 역은 1년은 365일이고 4번째 되는 해는 366일로 정하여 1년을 365.25일로 정하고 있습니다. 현대 천문학이 정하는 1년 365.25636042일과 거의 일치하니 놀랍지 않은가요?

단군조선은 천문현상을 관측한 천문대가 있었나요?

달력을 만들 수 있다는 것은 하늘의 천체를 관측하고 이를 기록하면서 후세에 남겼기 때문에 가능합니다. 10세 단군 노을 시기에 윷판에 대한 기록과 천문대 설치에 대한 내용이 나옵니다.

> "병오 16년(B.C.1935년) 천하의 신우(神龜)가 도면을 짊어지고 나왔는데 윷판과 같았고... 을축 35년(B.C.1916년) 처음으로 감성(監星)을 설치하였다."

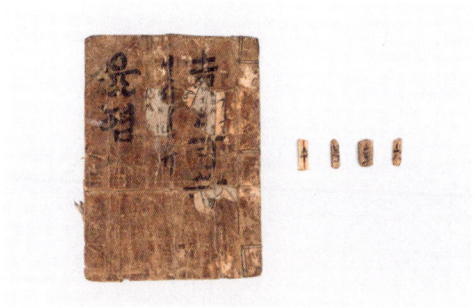

윷점 (국립민속박물관)

이 기록은 거북점과 더불어 윷이 점을 치는 것에서 유래되었다는 것을 말해주며 4천 년 전 단군조선 시대에 천문대[198]가 설치되었음을 보여줍니다. 단군조선 시대에 기록된 천문 기록인 오행 취루 현상이 최근 천문학자에 의해 사실로 입증되어 놀라움을 자아내게 합니다. 특히 윷점[199]은 5천 년이 지난 오늘날까지 전래되어 윷점을 설명한 책자와 윷이 한국민속박물관에 잘 소장되어 있습니다.

문자 창제

단군조선 시대에 문자가 있었을까요?

우리가 오늘날 사용하는 한글은 세종 시대에 훈민정음이란 이름으로 창제되었습니다. 그런데 한글과 매우 유사한 문자인 가림토 문자를 삼랑 을보륵에게 명하여 창제하였다는 기록이 3세 단군 가륵의 치세에 나옵니다.

> "경자 2년 (BC2181년) 시속이 오히려 같지 아니하고 방언이 서로 달랐다. 상형표의의 진서가 있었으나 10가의 읍의 말이 대부분 통하지 아니하고 100리의 국가가 서로 이해하기 어려웠다. 이 때에 삼랑 을보륵에게 명하여 정음 38자를 찬하니 이를 가림토라 하며 그 글은 다음과 같았다"[200].

단군조선 시대 신지가 창제한 문자가 사용되었다는 전설과 기록이 전해오고 있으며 단군조선 시대의 토기, 청동기, 암벽 등에 문자들이 조각되어 있습니다. 더구나 중국 송나라 시대 순화각첩에는 한문자로 해독되지 않는 비문 28자가 창힐 문자라는 이름으로 수록되어 있는데 신지 문자와 비교하니 동일한 문자임이 확인되었습니다.

단군조선의 문자가 왜 사라졌을까요?

단군조선 시대에는 신지 문자가 존재했으며 BC 108년 한무제의 침공으로 단군조선이 멸망하고 한사군이 설치된 이후 한

문자가 도입됨에 따라 급격히 소멸한 것으로 추정됩니다. 고려시대까지 신지 문자를 비롯한 고유 문자가 존재하였고 세종대왕은 1443년 이를 토대로 하여 훈민정음을 창제한 것으로 보입니다[201].

　이처럼 단군조선은 뛰어난 선인이나 현인 혹은 전문 능력을 가진 전문가를 통하여 모든 분야의 문명을 발전시켜 왔습니다. 그렇다면 일반 백성들은 어떻게 가르쳐왔을까요?

04 예악으로 백성을 교화

단군조선의 백성 이야기를 계속합니다. 근대적 의미의 국가를 구성하는 3요소로 영토와 주권뿐 아니라 국민이 있어야 됩니다. 백성이 있으면 법률로 통치하려 하지만 그것만으로는 부족합니다. 백성들이 스스로 공동체를 유지할 수 있는 도덕과 윤리를 확립해야 법률이 미치지 못하는 부분이 메워집니다.

단군조선이 세계 4대 문명의 국가와 차별되는 것은 홍익인간 사상에 바탕하여 다양한 부족들을 정복이 아닌 연합으로 통합시키고 전문인력을 통해 문명을 발전시키고, 나아가 예와 악을 가르쳐서 사람들을 교화시킴으로써 널리 세상을 이롭게 한 사실입니다.

단군조선의 백성은 어떤 사람들일가요?

단군조선은 환웅족이 곰 토템 부족과 혼인을 통하여 연합국가를 형성하였다는 것은 단군 사화를 제대로 읽은 사람은 누구나 알 수 있습니다. 환웅족은 태양, 곧 하늘을 숭배하는 부족으로 환웅이 나라를 세우려 3천 무리를 이끌고 왔으며 단군조선이 건국했을 때는 그 후손의 자손들이 더 번성했다고 볼 수 있지요.

단군 사화를 보면 곰 토템 부족은 굴속에서 쑥과 마늘(정확히는 달래)을 먹으며 삼칠일을 지내라는 환웅의 시험을 통과하나 호랑이 토템 부족은 통과하지 못한 것으로 나타나지요. 곰 토템 부족은 정착과 농경 생활을 한 부족으로 고대 역사서에 나오는 맥족으로 여겨집니다. 호랑이 토템 부족은 이주, 유목생활을 하는 예족으로 여겨지구요. 환웅족은 곰 토템 부족과 결혼 동맹을 통해 단군조선을 건국하게 되고 호랑이 부족은 나중에 연맹 국가의 부족으로 참여하게 됩니다.

이는 단군조선의 강역인 조양성에서 발굴된 청동 장식물에서 알 수 있다고 설명했지요. 청동 장식품을 살펴보면 새의 형상을 지닌 삼족오가 날개를 펼치고 있는데 왼쪽에 호랑이가 서 있고 오른쪽에는 곰이 앉아 있으며 늑대가 곰 뒤에 누워 있습니다.

각 부족마다 토템을 통해 자신을 표시하는데 삼족오는 태양을 숭상하는 환웅족을 나타내고, 곰은 곰을 숭상하는 부족을, 그 옆의 늑대는 곰 부족을 따르는 늑대 토템 부족을, 그리고 왼쪽의 호랑이는 호랑이 토템 부족을 형상화하고 있습니다. 늑대를 토템으로 하는 부족은 곰 부족을 따라 정착 농경 생활을 한 실위족이라고 여겨집니다.
그런데 삼족오의 넓은 날개 아래 곰과 늑대 그리고 호랑이가 아래 있다는 것은 환웅족의 통치 아래 곰 토템 부족과 늑대 토템 부족, 그리고 호랑이 토템 부족이 살고 있다는 것을 명확하게 말해줍니다.

이처럼 종교와 생활 문화가 다른 부족이 연합국가를 형성한 단군조선의 백성들을 제대로 통치하기 위해서는 법률 시행을 통해 범죄를 예방하고 전문 인력을 통해 경제와 문화를 발전시키는 깃도 중요하지만 다양한 계층과 부족 사람들간의 관계를 정립하고 인성을 연마하는 예와 악의 역할이 매우 중요한 것으로 여겼졌습니다.

단군조선이 예악을 중시했다는 것을 어떻게 알 수 있나요?

한국 문헌 중 고려 시대 씌여진 제왕운기는 첫머리에 단군조선이 예가 바르다는 것을 기록으로 남기고 있습니다.

"요동에는 하나의 별천지가 있으니, 중조(중국)와는 완전히 구분되며, 큰 파도 넓은 바다 삼면을 둘러쌌고, 북쪽은 대륙과 선처럼 이어졌는데, 그 가운데 사방 천 리가 조선이라, 강산의 형세 빼어남은 천하에 이름 있고, 밭 갈고 우물 파며 예의 바르니, 중국인들이 이름하여 소중화(小中華)라고 하였다[202]."

단군조선이 멸망한 후 천여 년이 지난 고려 시대에도 단군조선이 예를 중시하였다는 것이 기록이나 전승으로 내려온 것이 제왕운기에도 담기게 되었지요.

제왕운기 (국립중앙박물관)

단군에 대한 기록으로 최근에 발굴된 단군세기에는 단군왕검이 신시의 오래된 법을 부활하여 아사달에 도읍을 정하고 나라를 세워 국호를 조선으로 하였으며 조서를 선포하였음을 알 수 있습니다. 이를 보면 수신, 제가, 치국, 평천하에 대한 기본을 쉽게 풀이하고 있음을 알 수 있습니다.

"하늘의 유법은 오직 하나요, 그 문은 둘이 아니다. 너희가

오직 너희의 마음을 순수하고 정성스럽게 하면 그것이 바로 하늘을 뵙는 것이다. 하늘의 유범은 항상 하나요, 인심은 오직 한가지다. 몸을 밀고 마음을 다 잡아 인심에 미치면, 인심은 오직 감화하여 하늘의 유범에 합하고 온 세상에 작용한다.

너희가 사는 것은 어버이가 있기 때문이요, 어버이는 하늘로부터 내려왔으니 오직 너희 어버이를 공경하면 바로 하늘을 공경하여, 나라안에 미치니 이것이 곧 충효인 것이다.

너희가 능히 도를 체득하면 하늘이 무너진다 하더라도 반드시 먼저 벗어날 것이다. 짐승도 쌍이 있고 헌신도 짝이 있다. 너희 남녀는 화목하여 원망하지 말며, 질투하지 말며, 음란하지 말라. 열 손가락을 깨물어 보아라. 크고 작은 것 없이 다 아프다.

너희는 서로 사랑하고 서로 헐뜯지 말며, 서로 돕되 다투거나 싸우지 말아야 가정과 국가가 흥성할 것이다. 소와 말을 보아라. 오히려 꼴을 나눠서 먹는다. 서로 헐뜯지 않으며 서로 빼앗지 않고 함께 지어 서로 도둑질하지 않으면 국가는 성할 것이다[203].

수신, 제가, 치국, 평천하의 가르침이 후대에 이르러 대학[204]의

8조목인 격물, 치지, 성의, 정심, 수신, 제가, 치국, 평천하로 발전되지 않았을까 필자는 추측합니다.

단군의 가르침이 무엇인가요?

단군의 가르침은 8개 조목으로 구전되어 내려오다 채록된 것이 있습니다[205].

> 하느님을 유일신으로 섬겨야 한다. 하느님이 우리들의 조상신이시다. 나라에 충성해야 한다. 어버이에게 효도해야 한다. 부부와 남녀 사이에 화합해야 한다. 다른 사람들과 서로 사랑하고 서로 도와야 한다. 서로 양보하고 서로 뺏지 말며 공동노력하고 서로 도둑질하지 않아야 한다. 사납고 오만해져서 사물을 상하게 하지 말고, 다른 사람을 상하게 하지 말며, 항상 하늘 유법을 존중하고 사물을 사랑해야 한다. 위태로움에 빠진 자를 돕고 약자를 업신여기지 말며 어려움을 구제하고 신분이 낮은 자를 업신여기지 말아야 한다.

이러한 가르침이 백성들에게 두루 퍼져 온 나라가 예를 숭상하여 수백 년이 지난 시대에도 그대로 시행되어 단군조선의 가르침이 전해진 옛 동이족의 고장에서 자란 공자도 논어에서 다음과 같이 말한 것으로 전해집니다.

> "젊은이들은 집에 들어가서는 부모님께 효도하고 나가서는 어른들을 공경하며, 말과 행동을 삼가고 신의

을 지키며, 널리 사람들을 사랑하되 어진 사람과 가
까이해야 한다."
- 논어 제1편 학이 6장[206] -

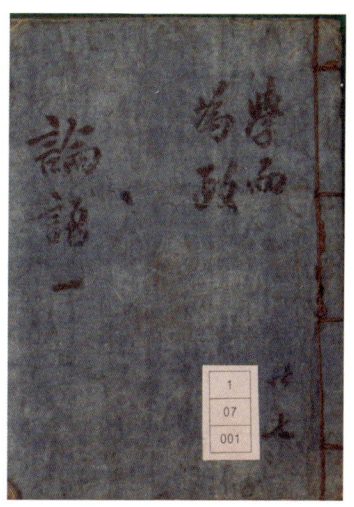

논어 (밀양시립박물관)

단군의 가르침과 공자의 가르침이 어떤 연관성을 갖고 있나요?

공자는 구이의 나라에 군자가 산다[207]고 말하였는데 논어 제15편 위령공에서 군자의 자격, 군자가 되기 위한 세 가지, 군자가 경계해야 할 점, 군자가 생각해야 할 아홉 가지 등에 대하여 다음과 같이 말하고 있습니다[208].

"군자는 의로써 바탕을 삼고, 예에 따라 행하고, 겸손으로 태도를 나타내고, 신의로써 이루는 것이다. 이것이 곧 군자이다."

"군자는 아홉 가지를 생각해야만 한다. 사물을 볼 때 명백히 보고, 들을 때 청명하게 듣고, 표정은 온화하고, 태도는 공손하게 하고, 말은 성실하게 하고, 일은 신중하게 하고, 의심나면 묻고, 화가 날 땐 후에 어려운 일이 닥친다는 것을 생각하고, 이득을 보면 의로운 것인가를 반드시 생각해야만 한다."

이처럼 공자는 군자국인 단군조선을 기리면서 오랫동안 구전이나 당시의 기록으로 내려온 단군조선의 예를 공부하고 이를 종합화하였다고 볼 수 있지요. 이는 논어의 글을 통해서도 알 수 있습니다.

"나는 나면서부터 안 자가 아니오, 옛것을 좋아하여 부지런히 그것을 추우한 사람일 뿐이다"

백성들이 예악을 어떻게 배웠을까요?

단군조선은 신정국가였음을 알고 있지요. 하늘에 제사를 드리고 난 후 모두 모여 신명나게 춤을 추며 노래를 부르면서 예와 악을 배우게 되었던게지요.

단군왕검 시대인 기원전 2284년에 마리산에 하늘을 공경한 제단, 즉 강화도의 참성단을 쌓았고 2세 단군 부루 때 국중 대회를 열고 하늘에 제사를 지냈으며 서로 화합하는 노래를 제창한 행사를 지냈다는 것을 압니다.

단군조선의 이러한 전통은 부여, 동예, 고구려, 삼한에서도 지속 되었습니다. 하늘에 제사를 지내는 전통은 춤과 노래와 떼어 놓을 수 없지요. 제사를 지낸 후에는 춤과 노래를 부르면서 기쁜 마음으로 하나가 되기 때문이지요.

고구려 고분 벽화(국립중앙박물관)

<후한서> <동이열전>에 보면 한반도 마한 사람들에 대한 기록은 단군조선의 영역에 사는 동이족이 얼마나 노래와 춤을 좋아하는지 알 수 있습니다.

"오월에 밭일을 마치고 신에게 제사를 드린다. 주야로 술 모임을 하고 함께 모여 노래와 춤을 추었는데, 춤 때에는 늘 수십 명이 서로 따르면서 박자에 맞춰 땅을 밟았다. 10월 농사일을 마친 뒤에도 역시 이와

같이 했다."

이처럼 예로부터 동이족은 예를 숭상하고 노래와 춤을 좋아하는 민족으로 알려졌습니다. 단군조선의 옛 전통을 공부한 공자는 논어에서 다음과 같은 말을 남깁니다.

"시에서 도덕적 마음을 흥기시키고, 예를 통해 도리에 맞게 살 수 있도록 자신을 세우며, 음악을 통해 자신을 완성한다."
- 논어 제8편 태백 8[209]-

공자의 말씀이 마치 하늘을 숭상하면서 노래와 춤을 추고 예를 가르친 단군조선의 백성들의 모습을 그려놓은 것 같지 않은가요?

중국의 하나라, 은나라가 동이족이 세운 나라인가요?

네, 놀라운 사실이지만 그렇습니다. 황하 중류에 세워진 하나라는 도덕을 정하고 점복 철학이 담긴 팔괘를 창조하며 악기를 발명하고 관리를 두어 중국 문명을 시작한 복희씨가 시조로 여겨집니다. 복희가 상나라(은나라) 시조와 함께 동이족이라고 현대 중국학자들은 인정하고 있지요.

"동이는 은나라 사람과 동족이며, 그 신화 역시 근원이 같다. 태호(복희를 말함), 제순, 제곡, 제순, 소호 그리고 설(은나라를 세운 탕임금의 선조) 등이 같은

동이 사람이라고 하는 것은 근래의 사람들이 이미 명
확히 증명하는 바이다"[210]

동이족의 태두인 복희씨가 악기를 발명하고 자기들만의 독특
한 음악을 창조하였다는 기록이 전하고 있습니다.

"복희씨가 비파를 만들어 가변이라는 곡을 만들었는
데 초나라 사람들이 이를 따라 로상이라는 노래를 만
들었는데, 모두 오묘한 음이 있어 즐겨 들을 만했다."
<초사><대초>[211].

비파 (국립중앙박물관)

비파가 단군조선의 악기인가요?

당연합니다. 복희씨는 한민족, 즉 동이족의 태두이며 그가 만
든 비파가 단군조선 당시 일반인뿐 아니라 뱃사공에게도 널리
알려지고 연주되었다는 기록이 한치윤의 해동역사에 나옵니다.
최표의 ≪고금주≫에 기록된 이 노래의 배경설화를 다음과 같
이 전하고 있습니다.

공후인은 조선(朝鮮)의 진졸(津卒) 곽리자고(漷里子
高)의 아내 여옥(麗玉)이 지은 것이다. 자고(子高)가

새벽에 일어나 배를 저어 가는데, 머리가 흰 미친 사람이 머리를 풀어헤치고 호리병을 들고 어지러이 물을 건너고 있었다. 그의 아내가 뒤쫓아 외치며 막았으나, 다다르기도 전에 그 사람은 결국 물에 빠져 죽었다.

이에 그의 아내는 공후(謙隸)를 타며 '공무도하(公無渡河)'의 노래를 지으니, 그 소리는 심히 우슬펐다. 그의 아내는 노래가 끝나자 스스로 몸을 물에 던져 죽었다.

자고가 돌아와 아내 여옥(麗玉)에게 그 광경을 이야기하고 노래를 들려주니, 여옥이 슬퍼하며, 곧 공후로 그 소리를 본받아 타니, 듣는 자가 눈물을 흘리지 않는 이가 없었다. 여옥은 그 소리를 이웃 여자 여용(麗容)에게 전하니 일컬어 공후인이라 한다.

공무도하가(公無渡河歌)

백수광부의 처

公無渡河 (공무도하)　저 님아 물을 건너지 마오.
公竟渡河 (공경도하)　임은 그예 물을 건너셨네.
墮河而死 (타하이사)　물에 쓸려 돌아가시니
當奈公何 (당내공하)　가신님을 어이할꼬.

비파의 모습은 본딴 칼이 있나요?

단군조선의 강역에서 발굴되는 비파형 동검은 단군조선을 나타내는 대표 유물입니다. 비파형 동검이 비파의 모습을 갖춘 것은 그저 우연이 아니지요. 비파가 단군조선의 대표적 악기이기에 음악을 좋아하고 평화를 사랑하는 한민족이 동검을 만들 때에도 비파의 모습을 본따 만든 것이 아닐까요?

단군조선의 제후국인 부여나 예 사람을 비롯한 동이족들이 모두 음악을 좋아하고 춤을 좋아한다는 것은 널리 알려져 있으며 수천 년이 지난 후예인 현대의 한국 사람들도 여전히 춤과 노래를 즐기는 전통을 지니고 있습니다.

오늘날 예악을 가르쳐야 하나요?

가장 신나고 효과적인 정서 교육은 사실 음악과 예술입니다. 어린아이 때부터 악기를 가르치고 노래와 춤을 가르치면 그렇지 않은 아이보다 스트레스도 덜 받고 예의 바르며 또래 아이들과 잘 지내게 됩니다. 오늘날 입시를 중시하는 교육 때문에 학교에서 음악과 예술을 멀리하게 된 것은 안타까운 현실입니다. 이를 바로 잡을 때 아이들의 정서가 순화되고 예를 배울 수 있는 바탕이 마련되지 않을까요?

단군조선의 의복은 어떠했을까요?

예와 악을 중시한 단군조선의 사람들이 입은 옷은 화하족의 중국이나 북방 민족과는 같은 옷을 입고 살았을까요? 아니면 다른 옷을 입고 살았을까요? 예로부터 한민족은 흰옷을 입고, 중요한 행사 날에는 예복을 입는 풍속을 가지고 있었습니다. 의복은 예를 나타내는 외적인 표현이기 때문이지요.

단군조선의 강역인 북경 인근부터 동쪽인 요서, 요동, 만주와 한반도에서 발굴되는 복식자료 중에 가락바퀴, 원형과 나뭇잎 모양의 장식, 곡옥 (둥근 옥 귀고리), 긴 고리 모양의 허리띠 장식, 갑옷 조각 등은 그 문양이나 양식이 공통성을 갖고 있지만 중국이나 북방지역과는 차이가 납니다[212].

단군조선을 계승한 고구려, 백제, 신라의 사신들의 복장을 살펴보면 복식의 여밈새가 왼쪽 옷자락이 오른쪽 옷자락을 덮는 좌임 형태이며 한복의 바지처럼 헐렁한 형태입니다. 단군조선 이후 수백 년이 지난 7세기에도 중국의 복식과는 차이가 난다는 것을 당 태종 (서기 627년-649년)의 왕회도에서도 보입니다[213].

한복 입은 노인 (국립중앙박물관)

단군조선이 예를 중시했다는 것을 어떻게 알수 있나요?

한서 지리지에 다음과 같이 나와 있습니다.

"은(상)나라의 도가 쇠퇴함에 기자는 조선으로 가서 그 백성을 예의로써 교화하고 농사지으며 누에 치고 길쌈했다"214

은(상)나라는 동이족이 세운 나라라고 여겨지는데 은(상)나라의 도가 쇠퇴하므로 기자가 조선으로 가서 조선의 백성을 예의로써 교화했다는 것은 조선의 백성이 예의를 매우 중시 여겼음을 나타낸다는 반증이지요.

그런데 중국 사람들이 우리를 포함한 동방 민족을 지칭했던 동이(東夷)란 말은 동쪽의 이(夷) 사람이란 뜻인데 이 글자의 근원을 살펴보면 예를 숭상한 모습이 글자에 나타나 있습니다. 한나라 때 허신 (30-124)의 <설문해자>에서 이(夷)는 대(大)와 궁(弓)이 합해진 글자라고 풀이한 후 큰 활을 쓰는 이방 사람들이라 왜곡해왔습니다. 한자가 발생한 초기의 갑골문에 따르면 이(夷)는 큰 사람을 뜻하는 대(大)와 허리 혹은 무릎을 굽힌 사람의 모습인 인(人)으로 구성되어 있으며 후대에 몸을 굽히는 의미를 강조하기 위한 활 궁(弓)을 사용하여 오늘날의 이(夷) 자로 변화했음을 알 수 있습니다.

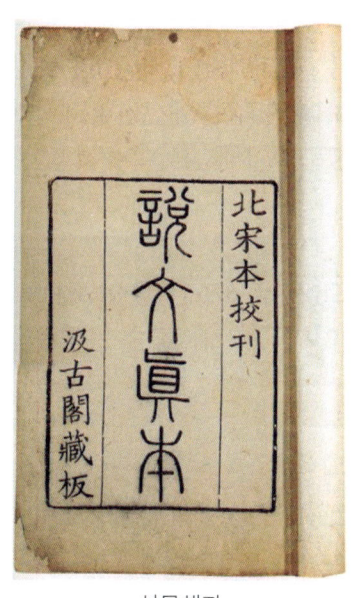

설문해자
(Shuo-wen chieh-tzu)
© Shizhao/
wikipedia|342x550|Public

동이족이 독특한 예절을 가졌던 사실은 <좌전>에 "기 환공이 입조해 동이의 예를 취하여"라는 기록[215]이 있습니다. 동이족은 어른 앞에서는 쭈그려 (무릎 꿇고) 앉는 것을 공손하게 여겼는데 지금도 어른 앞에는 무릎을 꿇고 앉으며 설날에 절하기 전에 무릎 꿇고 앉다가 절하는 풍습을 지니고 있지요.

동이 사람들은 윗사람에게 무릎을 꿇고 절하고 무릎을 꿇고 생활한 사실은 동이족이 세운 상나라 은허 유물에 무릎 꿇은 인형이 발견되고 있음에서 확인됩니다.

예를 중시한 전통은 내려왔나요?

부여의 역사를 다룬 중국 정사인 삼국지에 "부여에서는 통역하는 사람이 말을 전할 때에는 모두 무릎을 꿇으며, 손을 땅에 짚고 조용히 속삭이며 말한다"라는 기록이 말해줍니다.

절하는 토우 (국립중앙박물관)

고구려에서도 예를 중요시했다는 것을 <후한서> 권 85 동이 열전 <고구려전>의 기록을 통해 알 수 있다[216].

> "동이들이 서로 전해오기를 (고우려는) 부여의 별종이라 한다. 언어와 법속이 거의 같다. 무릎을 꿇고 절을 할 적에 한쪽 다리는 펴서 끌며 걷는 것이 모두 달리듯 빠르다"

고구려의 생활상을 다룬 삼국지에 "사위될 사람이 밤에 여자의 집 문밖에 와서 자신의 이름을 밝히고는 무릎을 꿇고 절을 한다"는 기록이 보입니다.

신라의 토기 인형에도 무릎을 꿇고 절하는 모습이 나타나지요. 이러한 생활 습관은 조선 시대를 거쳐 오늘날에도 전해 내려와 웃어른께 명절이나 제삿날에 무릎을 꿇고 절을 하고 있습니다[217].

이처럼 단군조선 사람들이 예를 중시하던 관습은 아직도 설날에 세배를 드리는 모습이나 명절이나 조상의 제삿날에 음식을 제기에 놓고 제사를 지내는 모습에서 찾아볼 수 있습니다.

단군조선의 제사 제기중에 후대에 전하는 것이 있나요?

네, <후한서>는 동이 사람들이 예를 중시하였음을 잘 알려주고 있습니다.

"동이 사람들은 제사용으로 사용되는 발이 높은 그릇 (두)와 쟁반을 사용하는데, 이는 이른바 '중국이 예 (제사)를 잃어버리고 사방의 이(夷) 사람들에게서 그 것을 구한다'"[218].

뚜껑 있는 세발 그릇 (국립공주박물관)

신라 제기와 백제의 뚜껑 있는 세 발 그릇은 단군조선의 전통이 삼국 시대에도 이어져 왔음을 잘 보여주고 있습니다.

예의 원형인 유물이 있을까요?

네, 그렇습니다. 최근에 예의 원형으로 여겨지는 유물이 발견되었습니다. 단군조선의 강역으로 여겨지는 요하 지역에서 발굴된 홍산 문화, 특히 하가점하층문화(기원전 2,000년-기원전 1,500년)는 단군조선의 초창기 문명으로 여겨지고 있지요.

여신묘와 제단 유적들은 곰 토템을 숭상하는 지역의 수장들을 통합한 상급 정치체가 있었음을 보여주고 있으며 특히 옥기만을 무덤에 부장하였습니다. 옥기는 장식으로서의 예술성 가

치뿐 아니라 신분과 지위의 상징이었기 때문에 정치적인 의미가 있었고 그것을 매장함으로써 영생을 기원하는 종교적인 의미도 갖고 있습니다. 나아가 변하지 않는 옥을 소유함으로써 영생불멸한다는 생각과 함께 고대사회의 등급과 권력에 대한 관념이 있었다고 여겨집니다. 죽은 이후 영생불멸하기 위해 옥기를 무덤에 묻는 것이 바로 예의 원형[219]이라 여겨집니다.

한민족의 예를 중시하는 전통이 세계 각지에 퍼져 있을까요?

예를 잘 지키기 위해 사람의 마음을 다스려야 합니다. 마음을 다스리는 방법 중에 먼저 시작해야 할 것은 무엇인가요? 조기 교육 열풍이 일어나 걸음마를 걸을 때부터 어린아이들을 가르치는 경향이 나타났지만 실제로 사람에게 있어서 태교보다 더 효과적인 교육은 없습니다.

한민족인 우리 조상들은 대대손손 아이를 낳기 전부터 날을 잡아 합방을 하고 음식과 행동을 조심하지요. 그리고 아이를 배게 되면 뱃속 아이에게 조기 교육을 합니다. 태교의 시작이지요. 이러한 태교가 언제 시작되었을까요? 아마도 수천 년 이상이 되지 않았을까요?

수천 년 전 동아시아에서 아메리카 대륙으로 이동한 아메리카 원주민들은 우리 한민족과 유사한 DNA를 갖고 있으며 윷놀이, 공기놀이, 말놀이와 같은 놀이 문화와 더불어 태교의 전통을 갖고 있습니다. 이를 보면 태교는 수천 년 이상 내려온 한민족의 지혜임에 틀림없습니다. 뱃속의 아이를 소중히 여긴 전통은 성장해서도 아이를 소중히 여기고 나아가 어른을 공경하는 전통으로 이어져 왔다고 볼 수 있습니다.

이처럼 평화를 사랑한 한민족은 수천 년간 예를 숭상하는 전통을 통하여 평화의 문화를 존중하고 삶 속에서 이를 실천하여 왔습니다.

공기놀이 (국립중앙박물관)

단군조선 시대 예악이 후대에도 전승되나요?

예악을 통해 백성을 교화한 전통은 <순자(荀子)> 악론(樂論)편에도 전해지고 있습니다.

"악(樂)을 행함으로써 뜻이 맑아지고 예(禮)를 닦음으로써 행동이 이루어지니 눈과 귀가 총명하여 혈기가 평화로와지고 풍속을 변화시켜 천하가 모두 편안하다"

故樂行而志清 , 禮修而行成 , 耳目聡明 , 血氣平和 ,

移風易俗, 天下皆寧.

단군조선이 공자에 의해 군자국으로 칭송을 받은 것은 이처럼 예와 악을 통하여 백성들을 교화했기 때문입니다.

예악과 군자는 어떤 연관이 있나요?

제자백가의 하나인 순자는 군자에 대해 다음과 같은 말을 합니다.

> "예의는 다스림의 시작이고, 군자는 예의의 시작이다. 예의를 만들고, 그것을 통용하게 하고, 그것을 축적하여 애호하게 하는 것이 군자의 시작이다.
>
> 하늘과 땅이 군자를 길러내고 군자는 하늘과 땅을 다스리니, 군자는 하늘과 땅의 변화에 참여하는 것이고 만물을 거느리는 것이며, 백성의 부모이다.
>
> 군자가 없으면 천하는 다스려지지 않고 예의는 그 큰 본을 잃게 된다."

군자가 통치하고 군자가 천지를 주관한 단군조선의 모습을 순자를 통해 본 듯하지 않은가요? 이처럼 단군조선은 예와 악을 중시하는 군자를 최고의 위치로 존경하였고 백성들도 군자를 닮으려 노력함으로써 이천년 국가를 유지할 수 있지 않았을까요?

6장.
단군조선, 세계 최초로 평화를 국시로 건국한 국가

6장

단군조선, 세계 최초로 평화를 국시로 건국한 국가

동방의 등불

아시아 빛나는 황금시대에
빛나는 등불의 하나인 코리아
그 등불 한 번 다시 켜지는 날에
너는 동방의 밝은 빛이 되리라.
언어가 진리의 심연으로부터
솟아나는 곳
지칠 줄 모르는 열망에
완성을 향하여 줄달음치는 곳
지식은 자유스럽고
내 마음의 조국 코리아여
깨어나소서! 그런 자유의 천국으로

- 인도의 시성 타고르 -[220]

인도의 시성인 타고르는 고대 아시아에서 동방의 등불의 역할을 한 코리아, 당시 단군조선에 대한 기억을 불러 일으키고 있습니다. 앞서 살펴본 바와 같이 단군조선 시대 찬란한 문명은 세계 최초로 40여 가지의 하드웨어 발명과 소프트웨어/휴먼웨어 문화를 선도한 세계 5대 문명이며 동아시아 뿌리 문명입니다. 지금의 중국과 아시아 뿐 아니라 세계 각지에 큰 영향을 미쳤지요.

1장 단군조선 문명이란?

한국인은 단군조선 문명의 주인이라고 하는데 한국어는 어디서 시작되었을까요? 독일의 막스프랑크 연구소는 서요하 유역의 기장 농사지역에서 9천년 전 알타이어족이 발생하였고 이곳에서 5천 5백년 전 원시 한국어가 발생하였다는 연구결과를 네이처지에 발표했습니다.

서요하 유역은 요하 문명의 발원지로 9천 년 전 세계 최초의

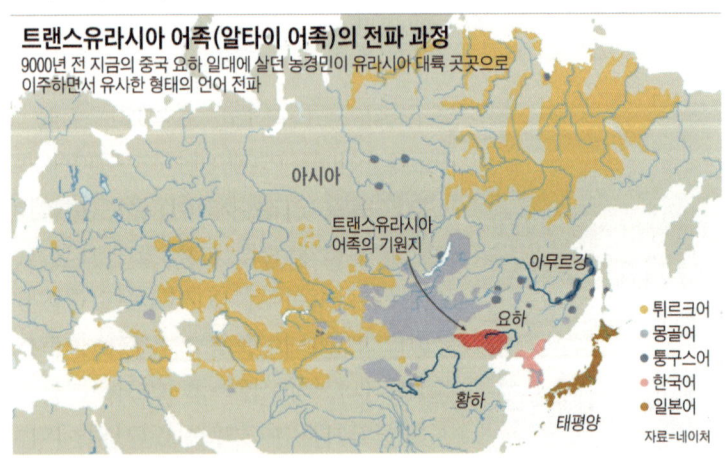

빗살무늬토기, 8천 년 전 세계 최초의 옥 귀걸이와 적석묘, 7천 년전 세계 최초의 복골, 4천3백 년 전 최초의 석성, 3천 년 전의 비파형 청동검이 발견된 곳으로 우리 한민족 문명의 유물이 발굴되어 단군조선 문명으로 이야기할 수 있는 곳입니다.

 단군조선이 실제로 존재했다는 것은 요하 지역에서 나온 유물과 유적지뿐 아니라 고대의 역사책에서도 자세히 나옵니다. 우리나라의 삼국사기와 삼국유사뿐 아니라 중국 고대 지리서인 산해경, 시경과 청나라 국가사업으로 편찬된 사고전서에서 단군조선과 동이족인 우리 한민족에 대한 기록이 엄청나게 있습니다. 식민사관을 따르는 학계에서 단군조선의 존재를 의도적으로 폄하하거나 무시하여 제대로 연구되고 있지 않고 소수의 뜻있는 학자들에 의해 맥을 이어 왔습니다.

 놀라운 것은 4천3백년 전에 건국된 단군조선이 세계 최초로 평화를 국시한 근대적인 의미에서 국가라는 것입니다. 단군조선은 하늘 숭배 사상으로 동물 토템 신앙을 포용하며 세상을 이롭게 하는 홍익인간 사상과 반전 평화 사상에 기초하여 아홉 나

라로 이뤄진 연방 제국을 세워 아시아뿐 아니라 전 세계 각국에 영향을 준 국가입니다.

단군조선 훨씬 이전 선사시대의 삶은 어떠했을까요? 선사시대 남겨진 알타미라 동굴 벽화나 울산의 암각화 그리고 인류학 연구는 인류가 전쟁보다 평화로운 삶을 추구했으며 소규모 친구 집단을 구성하여 평생 천명 정도와 교류를 한다는 것을 알려 주고 있습니다.

세계 4대 문명으로는 나일강의 파라오와 피라미드로 유명한 이집트 문명, 오늘날 터키 지역의 지구라트와 쐐기형 문자로 특징지워지는 메소포타미아 문명, 파키스탄 과 북서부 인도의 경계인 인더스 강가에서 기원전 3천년 경 도시건축물과 대목욕탕, 미해독문자가 새겨진 청동인장을 남긴 인더스 문명, 황하 유역에서 기원전 5천년 경 발달된 앙소문화와 기원전 2천년 전의 하도 유적지가 대표인 중국문명이 있습니다. 단군조선 문명은 요하 발해지역에서 발굴된 유물과 유적이 기원전 9천년 이상되는 문명의 기원을 엿볼수 있습니다. 빗살무늬토기, 곰토템 유물, 적석총, 옥기와 용봉문화를 대표하는 유물은 우리 한민족을 특징짓는 유물입니다.

2장 단군조선이 발전시킨 하드웨어 문명

단군조선의 뿌리가 되는 문명의 과학기술 하드웨어는 무엇이 있나요?

가장 오래된 것은 기원전 3만 9천년 전까지 거슬어 올라가는 눈금돌(자)를 들 수 있지 않을까요? 이 시기는 단군조선보다 3만 5천년 이전의 인류 초기 문명인 것으로 여겨지는데 그당시에 10진법을 사용했다는 사실이 놀라울 따름입니다. 울산 천천리 암각화에 나타난 활 쏘는 모습은 한민족이 최소한 5천 년 이상 활을 사용했음을 나타내고 단군조선의 활과 화살이 고대 중국에 전래되었음을 기록에서 찾을 수 있습니다.

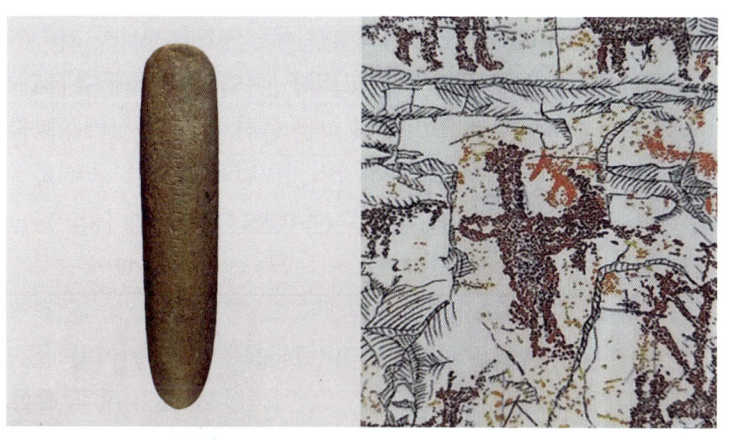

청동기 시대에 백성을 보호하기 위해 쌓은 돌로 쌓은 최초의 석성인 오련성이 단군조선의 강역인 요녕성에서 발굴되어 세계

최초의 석성으로 알려지게 되었지요. 아홉 나라의 연방 국가로 구성된 단군조선의 여러 황제들이 배와 조선소를 만든 기록이 남아 있습니다. 단군조선보다 4천 년 전인 지금으로부터 8천 년 전의 배 유물이 경남 창녕에서 발굴되어 단군조선의 배는 더 발전되었으리라 추측이 됩니다. 경남 창녕에서 발굴된 배 유물은 세계 최초의 선박이 아닐까 생각됩니다.

단군조선의 하늘 숭배 하드웨어는 무엇인가요? 세계 최초의 제단, 전 세계에서 가장 오래되고 많은 수의 고인돌 무덤, 태양을 숭배하며 천손 의식을 나타낸 선돌 문화, 독특한 장례문화를 보여주는 적석총이 단군조선의 영역이었던 한반도와 중국 곳곳에 나타나고 있지요.

단군조선의 경제 사회 인프라를 구축한 중요한 하드웨어로는 화폐의 발명을 들 수 있는데, 특히 단군조선의 강역에서만 수만 점 발굴된 명도전이 대표적인 화폐가 아닐까 생각됩니다.

단군조선의 문화 예술 하드웨어로 전해지는 것은 무엇인가요? 왕족이나 귀족의 장식품이나 무덤의 부장품으로 사용된 옥(玉) 문화 유물, 황제나 왕을 상징하는 용(龍) 문화 유물 그리고 금과 구리의 합금으로 만든 금동문화 유물을 들 수 있습니다.

단군조선의 보건 의료 하드웨어는 세계 최초의 골침 유물이 발견되었습니다. 이는 중국의 골침 유물보다 600년 정도 앞서고 있어서 단군조선의 의학이 중국에 영향을 주었다는 것을 알지 있지요. 수천 년 전에 벌써 한의학(韓醫學)이 발달되었음을 알 수 있습니다.

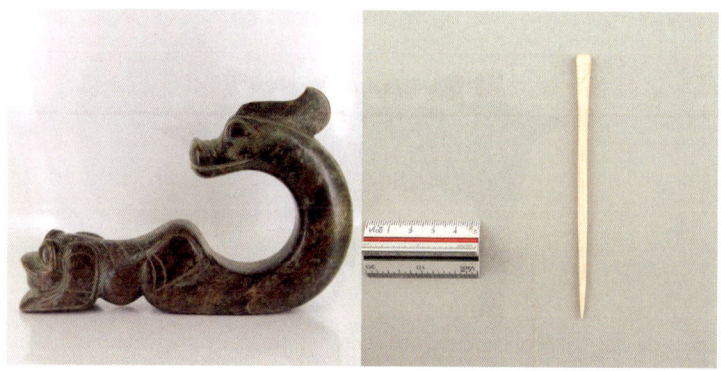

3장 단군조선이 발전시킨 소프트/휴먼 웨어 문명

단군조선 시대 이뤄진 농업혁명으로는 농사를 잘하기 위해 가장 기본이 되는 물을 다스리는 치수 사업을 들 수 있지요. 수천 년이 지난 오늘날까지도 계승되고 있는 벼 재배 농경문화와 밭이랑 (고랑)을 활용한 밭농사 문화를 꼽을 수 있으며 옥천의 선돌에 밭이랑 (고랑)이 새겨져 있으니 우리 민족의 창의성이 특히 돋보입니다. 밥과 함께 먹는 콩과 팥이 7천 년에서 8천 년 전부터 경작되었으니 단군조선의 뿌리 문명부터 시작되었다고 여겨집니다.

신석기 시대부터 정착 생활을 하기 위해 야생동물을 길들여 사냥이나 식량으로 삼은 역사 역시 세계 최초가 아닐까요? 호랑이를 토템으로 삼은 예족이 7,000년 전부터 개를 가축화시켰습니다. 곰을 토템으로 섬긴 맥족은 8,200년 전부터 돼지를 사육했고 집에 키우기도 했지요. 예족과 맥족이 교류하면서 개와 돼지를 사육한 역사가 7천 년에서 8천년이 되네요.

단군조선의 과학기술 소프트웨어는 최초의 별자리 관측과 이

에 따른 천문학의 발달을 말할 수 있는데 다섯 행성이 모이는 현상인 오성취루 현상을 기원전 13세기에 기록을 했는데 이는 중국보다 8백년 앞서고 있습니다. 단군조선 시대의 청동기 제기나 거울에 천체 모양을 새긴 유물 뿐 아니라 신석기 시대의 고인돌에도 별자리 모양과 크기가 굼으로 새겨져 있어 천문관측의 기록이 사실임을 뒷받침하고 있습니다.

특히 단군조선 시대에 만들어진 13개월 28일 달력은 세계 최초의 달력이라 여겨지는데 기억하기 쉽고 편리하여 인류의 발전을 위해 미래에 반드시 채택을 해야 할 발명품으로 여겨집니다.

단군조선의 하늘 숭배 문화는 하늘에 제사를 지낸 세계 최초의 제단에서 찾아볼 수 있지요. 단군조선의 강역이었단 중국 요양성 조양시의 홍산문화 유적지인 동산취 제단입니다. 더구나 백두산 서쪽의 제단군은 6천 년 전에 한민족이 하늘에 제사를 지냈음을 말해주고 있습니다.

임금은 태양의 정기를 받고 태어난 하늘의 자손이라는 천손의식 역시 하늘 숭배 문화와 관련이 있지요. 금강 옥천에는 태양을 임신한 여족장을 나타낸 선돌이 천손의식을 증명하고 있지요. 단군조선에서는 매년 10월에 하늘에 제사를 지낸 조선제가 있었고 이는 고구려의 동맹, 부여의 영고, 삼한의 제천행사로 이어지고 있지요.

특히 동물의 뼈를 이용해서 점을 치는 골복문화는 7천 년 전까지 거슬러 올라갑니다. 단군조선의 강역이었던 중국 대륙과 한반도, 그리고 일본 나아가 캄차카 반도와 북아메리카에까지 전파되었습니다. 세계 최초의 복골(卜骨·점을 친 뼈)문화이라고 말할 수 있지요.

 단군조선의 경제 사회 인프라는 무엇을 들 수 있나요? 하늘에 제사를 지내는 조선제와 제사를 지내는 데 필요한 특산물, 동물, 해산물, 곡식 등을 사고파는 시장이 발달한 것이 가장 중요한 경제 사회 인프라가 아니었을까요? 4,300년 전인 단군왕검 시대에 병마를 관장하게 하였다는 기록은 물자의 수송과 강력

한 기병 양성을 위한 기마문화가 있었음을 알 수 있으며 중국이 단군조선으로부터 기마술과 활쏘기법을 전수받았다는 기록 또한 전하고 있습니다.

귀족층 의복 제작을 위한 최초의 양잠 (누에치기)과 비단 제조는 단군왕검때 황후로 하여금 가르치게 했다고 기록에 나오며 동이족인 중국 황제의 부인인 누조가 시작했다고도 합니다. 단군조선의 교육 문화 예술 스포츠 소프트웨어로는 첫째로 문자의 발명을 들 수 있는데 단군 3세 때 정음 38자 가림토 문자를 정선하여 배달국의 역사인 유기를 편찬하게 했다는 기록이 전하며 우리가 오늘날 사용하는 훈민정음은 명칭과 모양이 가림토 문자와 흡사합니다. 단군조선 시대에 어른을 존경하는 예절문화가 발전하면서 존대어가 발명된 한국어는 영어, 불어, 스페인어, 중국어, 러시아어에는 없는 특징을 가지고 있습니다.

단군조선의 소도는 단군 11세 때 설치되었다는 기록이 있으며 제사와 교육 그리고 정치의 중심역할을 하면서 소도 옆에 견당을 세워 육예를 가르침으로써 세계 최초의 학교가 되었으며 화랑제도의 원형이 됩니다. 한국과 몽골, 터키, 일본 등에 남아 있는 씨름 문화의 기원으로 단군조선의 공동체 의식 함양과 힘겨루기 기술 경기의 한 종목에서 시작되었다는 설이 유력합니다.

오늘날 코즈모폴리턴 (세계시민) 문화의 원형으로 단군조선의 선도 문화를 들 수 있는데 이는 유불도 삼교의 원류가 됨을 최치원 선생이 밝히고 있으며 소도가 바로 선도를 가르친 장소임을 국선 소도를 설치했다는 기록을 통해 알 수 있습니다.

 단군조선의 코즈모폴리턴 문화를 설명하는 두 번째 특징은 널리 인간 세상을 이롭게 하여 인류애를 실천한 홍익인간 사상을 들 수 있으며 오늘날 기준으로도 낮은 세율인 수확의 20분의 1을 세금으로 거두어 백성의 삶을 이롭게 한 정치체제로 2천 년 동안 유지되지 않았을까요? 세 번째로는 단군조선은 전쟁 대신 제후국과의 연합을 통해 제국을 건설한 세계 최초의 연방제 국가가 그 특징입니다.

4장 단군조선은 왜 평화국가인가?

 단군조선이 평화국가임을 나타내는 네 가지 기둥이 있는데 첫째 기둥은 제후국과의 연대입니다. 단군조선은 청동방울의 숫자에서 보듯이 아홉 나라로 이뤄진 연방국가 건설을 통해 이웃 나라와의 전쟁을 피하고 한반도뿐 아니라 일본, 중국과 몽골 지역에 걸쳐 넓은 제국을 건설했다는 것입니다. 둘째 기둥은 하늘 숭배 사상을 지닌 환웅족이 곰토템 맥족, 호랑이 토템 예족, 늑대토템 실위족 등 이웃 나라의 동물 토템 사상을 포용하고 매년 치러지는 제천행사와 각종 경기대회를 통해 공동체 의식을

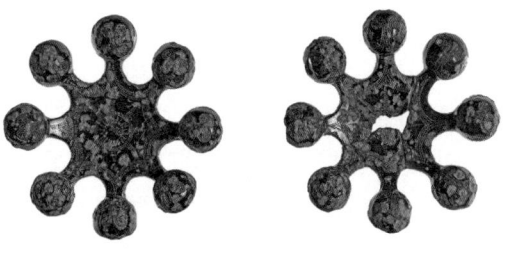

청동 방울 국립중앙박물관 국보

함양하였습니다.

세 번째 기둥은 오늘날 교육헌장에도 나오는 널리 세상을 이롭게 한다는 홍익인간 사상으로 21세기 갈등과 전쟁에 시달리는 인류에게 대안이 될 것이라고 역사학자 토인비나 노벨상 수상자인 게오르규도 주장하고 있지요.

네 번째 기둥은 단군조선은 벌써 5천년 전에 평화를 사랑했고 전쟁을 피하려 했다는 기록에서 보이는 반전 평화사상의 원천입니다. 그러기에 공자도 단군조선을 군자국으로 칭송했고 단군조선의 강역에서 보고 배운 묵자가 평화사상을 주장할 수 있었습니다.

5장 단군조선은 영토와 주권 그리고 국민이 있는 근대적 의미의 국가

단군조선이 국가라는 것을 증명하기 위해 영토과 국민 그리고 주권이 있음을 보여줍니다. 단군왕검이 국가의 경계를 정했다는 기록이 있습니다. 단군조선을 대표하는 유물인 비파형 동검이나 고인돌의 분포를 보면 대체로 서쪽 국경은 발해 북쪽의 난하 혹은 하북성이고 동쪽으로는 대릉하, 장춘, 길림을 지나 두만강 넘어 연해주를 포함하며 남쪽으로는 한반도와 일본 열도의 일부를 포함할 수 있습니다.

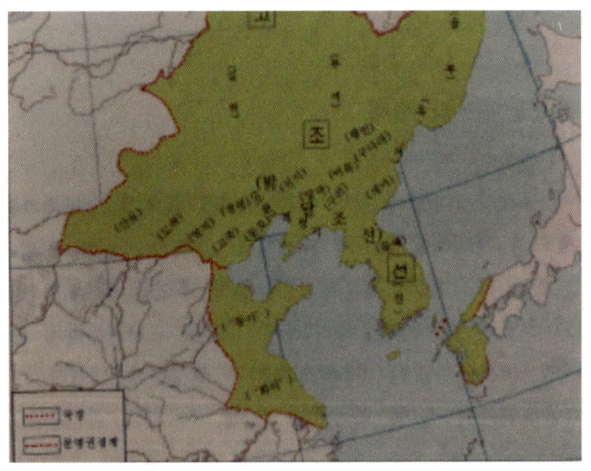

단군조선이 국가이기 위한 두 번째 기둥은 주권의 존재 유무입니다. 즉 법률로 백성을 통치하고 이를 시행하기 위한 관료조직이 있어야 합니다. 단군조선에는 범금8조라는 법률이 존재했고 화폐를 주조하여 유통했으며 세금을 20분의 1로 거두었다는 기록이 존재하여 주권을 행사한 명백한 증거가 됩니다.

국가로서의 세 번째 기둥은 백성의 존재입니다. 단군조선은 환웅 시대부터 계승되어온 전문 인력을 양성하여 세상만사를 주관했습니다. 신정 일치 국가였기에 소도를 중심으로 하늘에 제사를 지내며 단군신앙을 전수하였고 젊은이들에게 육예를 가르쳤습니다. 전문 인력을 통해 오늘날에도 내려오는 벼농사, 콩과 팥 식용문화, 겨울 난방을 위한 온돌 문화, 바지와 두루마기의 복식문화, 그리고 예악 문화를 가르쳐 후대에 전수하여 중국의 공자는 이를 배우고 익혀 유교를 정립한 것으로 여겨집니다.

　이제 마무리를 합니다.
　노벨 문학 수상가이기도 한 타고르가 100년경 전에 일제의 식민지하에서 신음하는 당시 조선의 참혹한 현실을 알고도 코리아가 미래의 동방의 밝은 빛이 되리라는 예언을 한 것일까요? 위대한 작가는 현재가 아닌 미래를 통찰하는 예지력을 지니고 있습니다. 어쩌면 단군조선의 위대한 문명을 5천 년이 지난 21세기에 사는 우리 모두가 제대로 알고 배워서 후세에 전승해야 한다고 외치고 있는 것은 아닐까요? 단군조선은 동방의 등불이라고 한 인도의 시성, 타고르의 예지에 영향을 받아 필자도 시 한 수를 읊어봅니다.

　단군조선, 동방의 등불

　인도의 시성 타고르가
　동방의 등불이라 일컫던 단군조선 문명

　훼손되고 사라진 흔적, 5천 년 묻혔던 역사
　이제야 우리에게 왔다

세계 최초의 평화로운 국가
중국 대륙과 만주 한반도에 걸친
아홉 나라로 이뤄진 거대한 제국,

하늘 공경 환웅족, 곰 토템 맥족,
호랑이 토템 예족, 이리 토템 실위족으로 이뤄진
세계 최초의 연방국가

고인돌과 빗살무늬토기, 비파형 청동검,
하늘에 제사 지낸 제단과 피라미드 기원 적석묘,
세계 최초의 달력을 발명한 우리 한민족, 동이족

최근 알려진 발해 요하 유역에서 발굴된
9천년 된, 토인비도 몰랐던 단군조선 문명

세계 최초의 천문관측, 벼농사, 콩과 팥 재배
개와 돼지 사육, 눈금자와 활과 석성의 발명 민족
세계 5대 문명으로 손색없네.

21세기 코리아가 문화 강국이 되고
K-pop, K-drama, K-food가 세계를 주름잡을 때
코리아의 뿌리 단군조선의 DNA가 있었네.

　그릇된 역사 교육으로 우리에게는 그저 단군 할아버지로 혹은 단군신화 (사화)로 이야기 속의 인물로 전해지고 있는 단군조선의 참다운 모습을 제대로 알고 단군조선 문명이 일군 문화

를 전승하고 꽃피울 수 있을 때 단군의 자손으로 부끄럽지 않은 삶을 살 수 있지 않을까요?

이웃 나라와의 연대를 통하여 정복 전쟁이 아닌 안정과 평화를 국시로 선택한 단군조선은 아시아 최초를 넘어 세계 최초의 발명과 문화 40가지를 창달할 수 있었지요

선진적인 벼농사와 콩, 팥 등을 기반으로 하여 발달된 단군조선의 문명을 보여주는 유적지로 지금은 중국 땅인 발해만 요하 유역이 대표적이지만 한반도에도 귀한 유적지가 발견되었습니다. 춘천 중도의 신석기 시대 도시유적지가 발굴되었습니다. 하지만 정치지도자들의 역사인식 부재로 인해 레고랜드를 짓느라 중도의 단군조선 유적지가 훼손되고 있습니다.

중도유적 환상열석식 고인돌

한반도 유일의 단군조선 유적지가 제대로 발굴되어 보존된다면 고인돌, 집단 거주 유적지 등의 단군조선 문명의 실체를 보여줄 수 있을 것으로 생각됩니다. 춘천 중도의 신석기 도시유적지는 정말로 단군조선의 역사 문화 유적지로서 세계 문명사의 관점에서도 중요하며 춘천의 관광 문화에도 큰 도움을 줄 수 있

을 것으로 여겨집니다.

21세기에 코리아는 세계에서 문화 강국으로 우뚝 솟았습니다. 이는 결코 우연이 아니지요. 5천 년 전에 찬란한 문화와 문명을 일군 단군조선의 문화적 유전자가 타고르의 예언처럼 후손인 우리에게서 다시 한번 꽃을 피우게 하기 때문입니다.

멸실하여 잃어버린 단군조선에 대한 기억은 몇몇 뜻을 세운 학자들의 오랜 세월에 걸친 뼈를 깎는 노력으로 인하여 이제는 희귀하게 된 문헌을 통해서 그리고 단군조선이 남긴 수많은 유적과 유물의 발굴과 재해석을 통해 그 존재가 확연하게 드러나고 있습니다.

단군조선이 한민족이 세운 위대한 국가이고, 평화를 국가 통치 이념으로 내세운 최초의 국가임을 부인한다면 눈앞에 명백히 드러난 진리조차 거부하는 눈먼 자들의 불쌍한 외침일 뿐입니다. 이제 그러한 자들에게 진리에 대한 예수님의 가르침(마르코 8:18)을 전달할 뿐입니다.

"너희는 눈이 있어도 보지 못하고 귀가 있어도 듣지 못하느냐? 너희는 기억하지 못하느냐?"

사진 제공

1장
빗살무늬토기, 청동거울, 비파형 청동검 (국립중앙박물관)
네이처논문
산해경 (소수박물관)
고조선지도 (속초시립박물관)
조선사연구초 (국립한글박물관)
단군영정 (국립민속박물관)
알타미라 동굴벽화
울산암각화 일러스트 (울산암각화 박물관)
울산암각화 전경 (울산암각화 박물관)
피라미드 스핑크스 (Public Domain)
메소포타미아 유물 (Public Domain)
람세스, 히타이트-이집트 평화협정 (Public Domain)
인더스 문명 지도
 indus-valley-seals (Public Domain)
갑골문 (국립민속박물관)

2장
울산 천천리 각석 활쏘기 부문 모사도 (국궁신문 2021년)
고구려 고분벽화 기념액자 (국립중앙박물관)
평남출토 비파형동검 (국립중앙박물관)
비파형동검 (국립중앙박물관)
청동거울 (국립중앙박물관)
하북성 노룡현 (구글지도)
중도유적

눈금돌 (국립청주박물관)
이집트 배그림
최초의 배 (경남 창녕 박물관)
굿
 팔관회
복골 (국립중앙박물관) 갑골문 (국립중앙박물관)
고인돌 (강화도 필자 촬영)
고인돌 1 Dollmen del Llit de la Generala, Roses (Public Domain),
고인돌 2 dollmens Coll de Medas (Public Domain),
고인돌 3 dolmen by Julien Maury (Public Domain)
제천 입석리 선돌 (필자 촬영)
홍산 옥기 1(Jade bear, Shang Dynasty_ Collection of Harvard Museum of Art), 2 (국립중앙박물관)
장군총 (Tomb_of_the_General_1_jpg (3264×2448) Public Domain)
명도전 (국립중앙박물관)
춘천 중도의 옥기 장식물
춘천 중도의 비파형 옥검
옥 돼지 (국립중앙박물관)
홍산문화의 옥조각(하회세계탈박물관)
금동대향로
골침 (대성동 고분 박물관)
흰 불로초선을 든 산신도 (인삼박물관)

3장

제천 의림지
벼가 익은 논
볍씨 (국립중앙박물관), 콩밭
옥천 선돌
농경문 청동기 (국립중앙박물관)
돼지모양 토우 (국립중앙박물관)
호랑이 옥기 (Public Domain)
멧돼지 윗턱뼈 (국립중앙박물관)
오늘날 카렌 소수민족의 창고
천체가 새겨진 뚜껑모양 청동기 (국립중앙박물관)
3개월 28일 달력 (단군조선 달력, 마고력)
복골 (국립중앙박물관)
갑골문 (국립민속박물관)
무용총 기마인물상 (국립중앙박물관)
길쌈 <단원풍속도첩> (국립중앙박물관)
훈민정음 (국립중앙박물관)
도서자료 중국 길림성 각저총 주실 동벽 우부 씨름 (국립중앙박물관)
최치원 초상화 (국립중앙박물관)
김홍도 필 선인취생도 (국립중앙박물관)
토인비 저서, 역사의 연구(로 본문 수정)
삼국유사 (국립한글박물관)
대학 (국립중앙박물관)
미국 국기, 독일 국기 (본문에 삽입)

4장

요녕성 평강지구 유적에서 고조선 말기 금도금 장식품 (신용하愼鏞廈,「고조선문명권古朝鮮文明圈의 삼족오 태양三足烏太陽 상징과 조양朝陽 원태자 벽화묘袁台子壁畫墓의 삼족오태양三足烏太陽」, 한국학보 제105집, 2001;

[한국 원민족原民族형성과 역사적 전통], 나남출판, 2005 재수록)
고조선 지도 (신용하, 고조선 문명의 사회사)
단군세기 표지, 안경환 역주
곰과 범 (국립민속박물관)
무씨사당 화상석 (김재원, 단군신화의 신연구, 정음사,
1947에서 이용)
산동반도 대문구 문화층에서 발굴된 팽이형 토기에 나타난 아사달 문양
청동 곰모양 장식 (국립중앙박물관), 산신도 호랑이 (국립중앙박물관)
팔관회, 굿
요녕식 청동검파 (국립중앙박물관)
청동 방울, 국보 (국립중앙박물관), 청동 거울 (국립중앙박물관)
윷놀이 (국립중앙박물관)
토인비 (인물 사진으로 대체)
예기 (밀양시립박물관)
게오르규
제인 구달
공자성적도 (영남대 박물관)
묵자 사진 ⓒ Koavfwikipedia Public Domain
묵자 (국립제주박물관)

5장

삼국유사 (국립한글박물관)
역주 중국 정사 동이전 1, 사기, 한서, 후한서, 동이전 표지
삼국유사 (국립한글박물관)
고조선시대강역도 (속초시립박물관)
산해경 (국립중앙박물관)
아북싱 진횡도시
고인돌 (한국민속박물관), 빗살무늬토기 (국립중앙박물관)
최태영 강역도

최전성기 고조선 국경과 고조선 문명권 지도 (신용하, 그림 6-1 참조)
한서지리지 (호야지리박물관, 조선 시대 목판본으로 제작)
명도전 (국립중앙박물관)
청동 장식품 1 (창녕박물관)
청동 장식품 2 (국립중앙박물관)
충남 부여 읍 장승과 솟대 (국립중앙박물관)
무씨 사당 화상석 (김재원, 단군신화의 신연구, 정음사, 1947)
두루마기 (국립제주박물관)
함북경흥 웅기 송평동 패총 온돌 연도 (국립중앙박물관)
울산 천천리 각석 활쏘기 부문 모사도 (국궁신문 2021년)
고구려 고분벽화 기념액자 (국립중앙박물관)
정묘년 대한민력(국립민속박물관) (띄어쓰기)
윷점 (국립민속박물관)
제왕운기 (국립중앙박물관)
단군세기 안경전 역주 표지
고구려 고분 벽화 (국립중앙박물관)
비파 (국립중앙박물관) (사진을 바꾸어야 함)
한복입은 노인 (국립중앙박물관)
설문해자 (Shuo-wen chieh-tzu), @shizhao/wikipedia Public Domain
절하는 토우 (국립중앙박물관)
뚜껑 있는 세발 그릇 (국립공주박물관)
공기놀이 (국립중앙박물관)

6장
트랜스유라시아어족의 기원지 (네이처논문)
요녕성 단군사화 금도금 장식
눈금돌, 울산 천천리 암각화 활쏘는 모습, 최초의 배
고인돌, 선돌
홍산 옥기, 골침

농경문 청동기, 옥천 선돌, 멧돼지 윗턱뼈
복골
고구려 고분벽화 기념액자, 도서자료 중국길림 각저총 주실 동벽 우부 씨름
청동방울
고조선 지도 (신용하)
춘천 중도 유적지

수록된 사진중 일부 내용은 노력을 했지만 저작권자를 확인하지 못했을 수 있습니다. 출판사로 연락해 주시면 고맙겠습니다.

사진 중 저작권을 기재할 필요가 없는 경우와 중복 수록한 경우는 따로 표기하지 않았습니다

참고문헌

1) "한국어 기원은 9000년전 요하 일대 농민 https://www.chosun.com/culture-life/relion-academia/2021/11/12/UUGNSMSC7NBTJBJFSWVD3P5BDU/?utm_source=daum&utm_medium=referral&utm_campaign=daum-news; [기고]네이처에 발표된 '트랜스유라시아어족 언어의 기원'에 대한 논문의 또다른 의미 | 다음뉴스 - https://news.v.daum.net/v/20211119155740982
2) [기고]네이처에 발표된 '트랜스유라시아어족 언어의 기원'에 대한 논문의 또다른 의미 | 다음뉴스 - https://news.v.daum.net/v/20211119155740982
3) 리처드 오버리 총괄편집, 왕수민 이기홍 옮김 (2016), 지도와 사진으로 보는 더 타임즈 세계사, 예경. 38-9쪽 참조함.
4) 심백강 편저 (2014), 잃어버린 상고사, 되찾은 고조선, 바른역사.
5) 심백강 (2022), 한국상고사 환국, 바른역사.
6) 유 엠 부찐(Yu, M. Butin) 지음, 이항재 이병두 공역, (1990). 고조선: 역사 고고학적 개요. 소나무 참조함.
7) 단재 신채호 원저 (2013), 박기봉 옮김, 조선 상고사. 비봉출판사. 120쪽 참조함.
8) 운초 계연수 엮음, 김은수 번역 주해 (2017), 한단고기, 한문화.; 윤내현 지음 (2016), 고조선 연구, 상 만권당, 참조함.
9) 박창범·라대일 (1993) '단군조선시대 천문현상기록의 과학적 검증',한국상고사학보, 제14호, 95-109 쪽 ; 1993. 9. 30 '시사저널' 참조함.
10) 뤼트허르 브레흐만 지음, 조현옥 옮김 (2021) 휴먼카인드, 감춰진 인간본성에서 찾은 희망의 연대기, 인풀루엔셜. 4장 참조.
11) 리처드 오버리 총괄편집, 왕수민 이기홍 옮김 (2016), 지도와 사진으로 보는 더 타임즈 세계사, 예경. 32-33쪽 참조함.
12) 제러드 다이아몬드 지음 노승영 옮김 (2015), 왜 인간의 조상이 침팬지인가. 2장 대약진 참조함.
13) 리처드 오버리 총괄편집, 왕수민 이기홍 옮김 (2016), 지도와 사진으로 보는 더 타임즈 세계사, 예경. 35쪽 참조함.
14) 울주 대곡리 반구대 암각화, 위키백과 참조함.

15) 오문수 (2022.8.12), 오마이뉴스, 몽골여행기13. 카자흐족이 대부분..몽골에서 이슬람문화가 살아있는 곳. 참조함.

16) 뤼트허르 브레흐만 지음, 조현옥 옮김 (2021) 휴먼카인드, 감춰진 인간본성에서 찾은 희망의 연대기, 인플루엔셜. 4장 참조.

17) 리처드 오버리 총괄편집, 왕수민 이기홍 옮김 (2016), 지도와 사진으로 보는 더 타임즈 세계사, 예경. 36쪽 참조함.

18) Arnold Toynbee, 1979, pp. 52-72. 신용하 (2018), 고조선문명의 사회사, ㈜ 지식산업사. 참조함.

19) 클라이브 폰팅 지음 왕수민 옮김 (2000), 클라이브 폰팅의 세계사 1, 선사시대에서 중세까지, 민음사. 3. 작물과 동물, 120쪽 참조함.

20) 이희수(2022), 오리엔트-중동의 눈으로 본 1만2,000년 인류사, 인류본사. ㈜휴머니스트출판그룹, 1-2장 참조함.

21) 클라이브 폰팅 지음 왕수민 옮김 (2000), 클라이브 폰팅의 세계사 1, 선사시대에서 중세까지, 민음사. 4. 문명의 출현, 164쪽 참조함.

22) 허진모 (2020), 전쟁사 문명사 세계사, 미래문화사 70-74쪽 참조함.

23) 정연규 저(2000), 언어속에 투영된 한민족의 상고사. 환인, 환웅, 단군시대의 언어재료분석, 한국문화사.

24) 단군조선 시대의 천문 현상과 조수의 변화를 과학적으로 검증한 연구에 의하면 사실과 일치하는 부분이 있어 전혀 근거없이 쓰인 책이 아니라고 한다. 박창범 라대일 "단군조선시대 천문현상 기록의 과학적 검증" <한국상고사학보>, 제14호, 학연문화사, pp. 95-110. 참조함.

25) NHK 취재반, 변봉혁 역 (1984), 잃어버린 과거에의 여행. 월드사이언스. 58-59쪽 참조함.

26) 정연규 저(2000), 언어속에 투영된 한민족의 상고사. 환인, 환웅, 단군시대의 언어재료분석, 한국문화사. 61쪽 참조함.

27) https://namu.wiki/w/%EC%9D%B8%EB%8D%94%EC%8A%A4%20%EB%AC%B8%EC%9E%90 참조함.

28) 클라이브 폰팅 지음 왕수민 옮김 (2000), 클라이브 폰팅의 세계사 1, 선사시대에서 중세까지, 민음사. 4. 문명의 출현, 176-178쪽 참조함.

29) 이희수(2022), 오리엔트-중동의 눈으로 본 1만2,000년 인류사, 인류본사.

㈜휴머니스트출판그룹, 참조함.
30) 김석준 (2020), 바로 찾는 한국고대국가학, 고조선의 국가와 행정, 도서출판 대영문화사.제5장 세계문명, 세계 체제, 중국, 북방, 일본 및 고조선의 관계; 허진모 (2020), 전쟁사 문명사 세계사, 미래문화사 참조함.
31) 주나라의 역대 왕중에 제23대 왕, 동주시대의 10대왕인 간왕(簡王)의 이름이 이(夷)인데 이를 보면 이(夷)가 오랑캐라고 나쁜 의미를 가지게 된 것은 후대의 일로 보여진다. 참고로 주 왕실의 성은 희(姬)이다.
32) 허진모 (2020), 전쟁사 문명사 세계사, 미래문화사 112-122쪽 참조함.
33) 심백강 (2014), 교과서에서 배우지 못한 우리역사, 바른역사. 58-69쪽 참조함.
34) 김석준 (2020), 바로 찾는 한국고대국가학, 고조선의 국가와 행정, 도서출판 대영문화사. 제5장 세계문명, 세계 체제, 중국, 북방, 일본 및 고조선의 관계 268-277쪽 참조함.
35) 함석헌 (1950), 성서적 입장에서 본 조선역사. 성광문화사. 80쪽 참조함.
36) 한국 상고사 환국에 대한 최초의 역사책으로 심백강 (2021), 한국상고사 환국, 바른역사. 참조하라.
37) 신용하 (2019), 고조선문명의 사회사, 87-89쪽 참조함.
38) 신용하 (2019), 고조선문명의 사회사, 534-535쪽 참조함.
39) 신용하 (2018), 고조선문명의 사회사, ㈜지식산업사, 제7장 고조선문명의 사회신분.; 이덕일 (2017), 이덕일의 당당한국사, 아라미. 17장면 참조.
40) 신용하 (2019), 고조선문명의 사회사, 386-391쪽 참조함.
41) 신용하 (2019), 고조선문명의 사회사, 395-397쪽 참조함.
42) 심백강 편저 (2015), 잃어버린 상고사, 되찾은 고조선, 바른역사. 제 3장 조선성. 115쪽 참조함.
43) 심백강 편저 (2015), 잃어버린 상고사, 되찾은 고조선, 바른역사. 제 3장 조선성. 111쪽 참조함.
44) 심백강 (2021), 한국상고사 환국, 바른역사. 211-213쪽 참조함.
45) 제임스 C. 스콧 지음, 전경훈 옮김 (2017). 농경의 배신, 책과함께. 4장 초기 국가의 농생태 참조함.
46) 이융조, <양평군 양근리지역 앙덕리 지역 유적발굴보고>, 팔당 소양댐 수

몰지구 유적발굴 종합조사보고, 1974, 155-156쪽; 신용하 (2019), 고조선문명의 사회사, 77-86쪽 참조함.
47) 조홍근 편저 (2021), 홍익인간 7만년 역사 2. 글모아출판.
48) 박제상 지음, 김봉열 옮김, 부도지, 마고문화. 86-92쪽 참조.
49) 박제상 지음, 김봉열 옮김, 부도지, 마고문화. 86-90쪽 참조.
50) 찰스 스콰이어 지음 나영균, 전수용 옮김 (2009), 켈트 신화와 전설, 황소자리 참조함.
51) 우실하 (2018), 고조선 문명의 기원과 요하문명. 살림출판사. 심백강 (2021), 한국상고사 환국, 바른역사. 참조함.
52) 우실하 (2018), 고조선 문명의 기원과 요하문명. 살림출판사. 심백강 (2021), 한국상고사 환국, 바른역사. 참조함.
53) 정경희 지음 (2020), 백두산문명과 한민족의 형성, 백두산 서편 옛 제단으로 고찰한 우리 역사, 롯데학술총서 001, 만권당. 서론 47쪽 참조함
54) 정경희 지음 (2020), 백두산문명과 한민족의 형성, 백두산 서편 옛 제단으로 고찰한 우리 역사, 롯데학술총서 001, 만권당. 서론 37쪽 참조함.
55) [네이버 지식백과] 강화 참성단 [江華塹星壇] (한국민족문화대백과, 한국학중앙연구원)
56) 찰스 스콰이어 지음 나영균, 전수용 옮김 (2009), 켈트 신화와 전설, 황소자리 참조함.
57) 2016. 10.25. 경북신문, 부하문화에서 출토된 최초의 복골(卜骨), 우실하의 재미있는 요하문명, 홍산문화 이야기<14> 참조함.
58) 신용하 (2019), 고조선문명의 사회사, 95-98쪽 참조함.
59) 하문식 (2016), 고조선 사람들이 잠든 무덤, 주류성; 신용하 (2019), 고조선문명의 사회사, 95-98쪽 참조함.
60) 김석준 (2020), 바로 찾는 한국고대국가학, 고조선의 국가와 행정, 도서출판 대영문화사. 제3장 고조선의 건국. 참조함.
61) 신용하 (2019), 고조선문명의 사회사, 98-101쪽 참조함.
62) 이융조, <충북의 선사문화>, 충청북도 충북학연구소, 2006, 166-172쪽; 신용하 (2019), 고조선문명의 사회사, 72-73쪽 참조함.
63) 신종환 (2019), 한국 신석기시대 사회문화상 연구, 학연문화사. 164쪽 참

조함.
64) 심백강 (2021), 한국상고사 환국, 바른역사. 참조함.
65) 신용하 (2019), 고조선문명의 사회사, 125-129쪽 참조함.
66) 운초 계연수 엮음, 김은수 번역 주해 (2017), 한단고기, 한문화. 71쪽 참조함.
67) 윤내현 지음 (2016), 고조선 연구, 하 만권당, 221쪽 참조함.
68) 박선미 (2009), 고조선의 교역과 화폐사용에 대한 토론적 검토. 이 논문에 인용된 장박천 교수는 끝이 뾰족한 칼, 첨수도의 주조방식이 동북지역이다. 명도전이 문자 계승 관계로 보아 동북지역이다. 그리고 기자조선 후예국 고조선의 경제 무역 발전 단계를 보아 명도전이 고조선의 화폐이다라고 3가지를 강조하면서 명도전이 단군조선의 화폐임을 주장하였다. 참고함.
69) 구본진 지음 (2020), 한민족과 홍산문화, 홍산문화 옥기에서 찾은 한민족의 기원, 도서출판 선. 참조함.
70) 신용하 (2019), 고조선문명의 사회사, 114-118쪽 참조함.
71) 심백강 (2021), 한국상고사 환국, 바른역사. 196-199쪽 참조함.
72) 신용하 (2019), 고조선문명의 사회사, 417-420쪽 참조함.
73) 신용하 (2018), 고조선문명의 사회사, ㈜ 지식산업사. 참조함.
74) 박미라 (2019), 한국의 단군 문헌, 단군학총서 04, 덕주. 40쪽 참조함.
75) 운초 계연수 엮음, 김은수 번역 주해 (2017), 한단고기, 한문화. 62쪽 참조함.
76) 김석준 (2020), 바로 찾는 한국고대국가학, 고조선의 국가와 행정, 도서출판 대영문화사. 321쪽 참조함.
77) 신용하, <고조선문명 형성의 기반과 한강문화의 세계최초 단립벼 및 콩의 재배 경작>, 고조선단군학 제31호, 2014; 신용하 (2019), 고조선문명의 사회사, 62-64쪽 참조함.
78) 이융조, <충북의 선사문화>, 충청북도 충북학연구소, 2006, 318-323쪽; 신용하 (2019), 고조선문명의 사회사, 51-52쪽 참조함.
79) 신용하 (2019), 고조선문명의 사회사, 134-135쪽 참조함.
80) 신용하 (2019), 고조선문명의 사회사, 134 참조함.
81) 신용하 (2019), 고조선문명의 사회사, 136-139쪽 참조함.

82) 신용하 (2019), 고조선문명의 사회사, 105-120쪽 참조함.
83) 김석준 (2020), 바로 찾는 한국고대국가학, 고조선의 국가와 행정, 도서출판 대영문화사. 321쪽 참조함.
84) 단군조선 시대의 천문 현상과 조수의 변화를 과학적으로 검증한 연구에 의하면 사실과 일치하는 부분이 있어 전혀 근거없이 쓰인 책이 아니다고 한다. 박창범 라대일 "단군조선시대 천문현상 기록의 과학적 검증" <한국상고사학보>, 제14호, 학연문화사, pp. 95-110. 참조함.
85) 김동일, <별자리가 새겨진 고인돌무덤에 대하여>, 이형구 엮음, <단군과 고조선>, 살림터, 1999, 538-554쪽 참조.; 이융조, <충북의 선사문화>, 충청북도 충북학연구소, 2006, 217-218쪽; 신용하 (2019), 고조선문명의 사회사, 91-93쪽 참조함.
86) 김상일 (2021), 부도지 역법과 인류세, 그레고리력 개정과 부도지 23장 풀어 읽기. 동연. 66쪽 참조.
87) 박제상 엮음, 김봉열 옮김 (2019), 부도지, 도서출판 마고문화.
88) 상게서.
89) 박제상 엮음, 김봉열 옮김 (2019), 부도지, 도서출판 마고문화. 17-22장; 김상일 (2021), 부도지 역법과 인류세, 그레고리력 개정과 부도지 23장 풀어 읽기. 동연. 참조함.
90) 박제상 엮음, 김봉열 옮김 (2019), 부도지, 도서출판 마고문화. 22장 참조함.
91) 김상일 (2021), 부도지 역법과 인류세, 그레고리력 개정과 부도지 23장 풀어 읽기. 동연.
92) 김상일 (2021), 부도지 역법과 인류세, 그레고리력 개정과 부도지 23장 풀어 읽기. 동연. 2장 참조함.
93) 박제상 엮음, 김봉열 옮김 (2019), 부도지, 도서출판 마고문화. 17장, 21장, 22장 참조함.
94) 이융조, <충북의 선사문화>, 충청북도 충북학연구소, 2006, 166-172쪽; 신용하 (2019), 고조선문명의 사회사, 72-73쪽 참조함.
95) 박제상 지음, 김봉열 옮김, 부도지, 마고문화. 86-92쪽 참조.
96) 2016. 10.25. 경북신문, 부하문화에서 출토된 최초의 복골(卜骨), 우실하

의 재미있는 요하문명, 홍산문화 이야기<14> 참조함.
97) 박제상 지음, 김봉열 옮김, 부도지, 마고문화. 86-92쪽 참조.
98) 정연규 저(2000), 언어속에 투영된 한민족의 상고사. 환인, 환웅, 단군시대의 언어재료분석, 한국문화사. 281-292쪽 참조함.
99) 신용하 (2018), 고조선문명의 사회사, ㈜지식산업사. 16장 참조함.
100) 주시경, 국어문법, 98-99쪽; 이기문, <한국형성사>, 한국문화사대계 (V) (언어 문학사), 고대민족문화연구소, 1967, 99쪽; 신용하 (2019), 고조선문명의 사회사, 80-83쪽 참조함.
101) 정연규 저(2000), 언어속에 투영된 한민족의 상고사. 환인, 환웅, 단군시대의 언어재료분석, 한국문화사. 83-84쪽 참조함.
102) 박제상 지음, 김봉열 옮김, 부도지, 마고문화. 182-185쪽 참조.
103) 신용하 (2019), 고조선문명의 사회사, 477-484쪽 참조함.
104) 심백강 (2021), 한국상고사 환국, 바른역사. 41-44쪽 참조함.
105) 정경희 지음 (2020), 백두산문명과 한민족의 형성, 백두산 서편 옛 제단으로 고찰한 우리 역사, 롯데학술총서 001, 만권당. 서론 참조함.
106) 공자 지음 김형찬 옮김 (1999), 논어, 홍익출판사. 제9편 자한 참조함.
107) 디씨멘터리, 2021,1,11. 21세기는 한국이 지배한다"는 역사학자 토인비 눈물의 예언::노벨문학상 수상자는 무궁화 심어놓고 경배하는 중, 참조함.
108) 임재해 (2018), 고조선문명과 신시문화, ㈜지식산업사, 제 10장 참조함.
109) 설중환 지음 (2009), 다시 읽는 단군신화, 정신세계사. 184쪽 참조.
110) 박희병 편역 (2013), 선인들의 공부법, 창비. 참조함.
111) 맹자 고자장구하에 백규가 말하기를 "나는 20분의 1에 해당하는 세금을 받고 싶은데 어떻겠습니까?"하니 맹자가 이르기를, "10분의 1의 세금을 받았던 요순보다 가볍게 하고자 하는 자는 대맥(大貊) 혹은 소맥이요, 요순보다 무겁게 하고자 하는 자는 대걸(大傑) 혹은 소걸인 것이다"라는 구절을 보면 맥족인 고조선에서는 백성들을 이롭게 하기 위해 수확의 20분의 1에 해당하는 세금을 거둔 것으로 나타난다.
112) 김석준 (2020), 바로 찾는 한국고대국가학, 고조선의 국가와 행정, 도서출판 대영문화사. 제7장 고조선의 '지배이데올르기•상부구조'로서의 국가 참조함.

113) 주돈식 (2010), 처음 듣는 조선족의 역사, 푸른사상. 참조함.
114) 김지연 기자 (2022.9.3.) 연합뉴스, '연방제 무색'..점점 두 쪽으로 쪼개지는 미국. 참조.
115) 심백강 편저 (2015), 잃어버린 상고사, 되찾은 고조선, 바른역사. 제 3장 조선성. 111쪽 참조함.
116) 심백강 편저 (2015), 잃어버린 상고사, 되찾은 고조선, 바른역사. 제 6장 되찾은 고조선, 그 의미와 남은 과제, 210-211쪽 참조함.
117) 신용하 (2018), 고조선문명의 사회사, ㈜지식산업사, 제4장 고조선문명의 정치적 기초와 고조선 고대국가 건국; 신용하 외 (2019), 왜 지금 고조선문명인가? 나남.; 윤내현 (2016), 고조선, 우리역사의 탐구, 만권당 참조.
118) 윤내현 (2016), 고조선, 우리 역사의 탄생, 만권당, 풀림 9, 고조선 사람들의 생활 모습은 어떠했나. 참조함.
119) 신용하 (2018), 고조선문명의 사회사, ㈜지식산업사, 제5장 고조선의 고대연방제국으로의 발전.
120) 단재 신채호 원저 (2013), 박기봉 옮김, 조선 상고사. 비봉출판사.
121) 신용하 (2018), 고조선문명의 사회사, ㈜지식산업사, 제4장 184쪽 참조함.
122) 단군신화는 역사적 사실이 아니라는 오해를 불러일으키므로 단군 사화라 칭한다는 윤내현 교수의 주장이 합리적이라 필자도 단군 신화라고 말하는 대신 단군 사화라고 칭한다. 윤내현 (2016), 고조선, 우리 역사의 탄생, 만권당, 풀림 9, 고조선 사람들의 생활 모습은 어떠했나. 82쪽 참조함.
123) 임재해 (2018), 고조선문명과 신시문화, ㈜ 지식산업사, 483-484쪽 참조함.
124) 윤내현 (2016), 고조선, 우리 역사의 탄생, 만권당, 풀림 9, 고조선 사람들의 생활 모습은 어떠했나. 참조함.
125) 우리나라의 고대사회를 보면 부여국은 부여족이, 고구려국은 고구려족이 건국했으며 중국에서도 하나라는 하족이, 상나라는 상족이, 주나라는 주족이 건국하였다. 상동 참조.
126) 신용하 (2018), 고조선문명의 사회사, ㈜ 지식산업사. 참조함.
127) 의식의 기본구조는 "존재의 대사슬(great chain of being)"이라 알려져

있는데 대사슬의 어떤 버전은 두 가지 수준(물질과 정신)을 말하고, 어떤 것들은 세 가지 수준(물질, 마음, 영)을 말하고, 또 다른 것들은 다섯 가지 수준(물질, 신체, 마음, 혼, 영)을 말하는데 단군조선의 하늘 숭배 사상은 당시 만연하던 물질과 정신의 두 가지 수준을 넘은 물질, 마음, 영이란 세 가지 수준에 이른 것으로 필자에게 여겨진다. Ken Wilber, Jack Engler, Daniel P. Brown 공저, 조효남, 안희영 공역, 의식의 변용, 의식의 발달에 관한 전통적 명상적 시각, 학지사.; 윤내현 (2016), 고조선, 우리 역사의 탄생, 만권당, 풀림 9, 고조선 사람들의 생활 모습은 어떠했나. 참조함.

128) 운초 계연수 엮음, 김은수 번역 주해 (2017), 한단고기, 한문화. 62쪽 참조함.

129) 운초 계연수 엮음, 김은수 번역 주해 (2017), 한단고기, 한문화. 65쪽 참조함.

130) 단재 신채호 원저 (2013), 박기봉 옮김, 조선 상고사. 비봉출판사. 제2장 대단군왕검의 건국 참조함.

131) 후한서 권85 동이열전 <한전> 참조함.

132) 윤내현 (2016), 고조선, 우리 역사의 탄생, 만권당, 풀림 9, 고조선 사람들의 생활 모습은 어떠했나. 참조함.

133) 신채호, 조선상고사, 개정판단재신채호전집, 상권 83쪽: 신용하 (2018), 고조선문명의 사회사, ㈜지식산업사, 제4장 184-185쪽 참조함.

134) 매림역사문화 TV, 2022. 8.31. 역사상 처음 듣는 3천년 전의 단군조선 "팔주령" 소리(음원 최초공개) 참고함.

135) 운초 계연수 엮음, 김은수 번역 주해 (2017), 한단고기, 한문화. 62쪽 참조함.

136) KBS 설날 특집다큐 2부작 <멕시코 한류 천년의 흔적을 찾아서> 1부 '아스테카의 이방인, 그들은 누구인가?' 참조함.

137) 디씨멘터리, 2021,1,11. 21세기는 한국이 지배한다"는 역사학자 토인비 눈물의 예언::노벨문학상 수상자는 무궁화 심어놓고 경배하는 중, 참조함.

138) 임재해 (2018), 고조선문명과 신시문화, ㈜지식산업사, 제 10장 참조함.

139) 운초 계연수 엮음, 김은수 번역 주해 (1985), 한단고기, 한문화, 21쪽 참조.

140) 설중환 지음 (2009), 다시 읽는 단군신화, 정신세계사. 184쪽 참조.
141) 박희병 편역 (2013), 선인들의 공부법, 창비. 참조함.
142) 맹자 고자장구하에 백규가 말하기를 "나는 20분의 1에 해당하는 세금을 받고 싶은데 어떻겠습니까?"하니 맹자가 이르기를, "10분의 1의 세금을 받았던 요순보다 가볍게 하고자 하는 자는 대맥(大貊) 혹은 소맥이요, 요순보다 무겁게 하고자 하는 자는 대걸(大傑) 혹은 소걸인 것이다"라는 구절을 보면 맥족인 고조선에서는 백성들을 이롭게 하기 위해 수확의 20분의 1에 해당하는 세금을 거둔 것으로 나타난다.
143) 김석준 (2020), 바로 찾는 한국고대국가학, 고조선의 국가와 행정, 도서출판 대영문화사. 제7장 고조선의 '지배이데올로기 • 상부구조'로서의 국가 참조함.
144) 김건우 (2017), 대한민국의 설계자들, 학병세대와 한국 우익의 기원, 4장 월남 지식인들, <사상계>를 만들다. 느티나무방, 참조함.
145) 신종원 지음 (2019), 삼국유사 깊이 읽기, 주류성, 첫째 마당, 이땅에 사람이 나서, 나라를 세우다 - <고조선> 참조.
146) 1973년 1월 1일 동아일보와의 인터뷰.
147) 홍대순 지음 (2021), 한국인 에너지, 쌤파커스.
148) 김재신 (2020), 평화인물전, 우리는 이미 평화의 길위에 서 있다. 도서출판 기역. 26. 인간종의 운명은 무엇인가 –제인 구달. 참조함.
149) 박상은 (2017), 홍익인간과 평화DNA. 이미지북, 참조함.
150) 심백강 편저 (2015), 잃어버린 상고사, 되찾은 고조선, 바른역사. 제 6장 되찾은 고조선, 그 의미와 남은 과제, 210-211쪽 참조함.
151) 신용하 (2018), 고조선문명의 사회사, ㈜지식산업사, 제4장 고조선문명의 정치적 기초와 고조선 고대국가 건국; 신용하 외 (2019), 왜 지금 고조선문명인가? 나남.; 윤내현 (2016), 고조선, 우리역사의 탐구, 만권당 참조.
152) 신용하, 고조선 문명의 사회사, 참조함.
153) 임재해 (2018), 고조선문명과 신시문화, ㈜지식산업사, 제14장 참조함.
154) 묵자 지음, 박영하 풀어씀 (2006), 묵자, 사랑 그리고 평화를 향한 참지식인의 길. 풀빛. 참조함.
155) 천웨이런 지음 윤무학 옮김 (2018), 묵자가 필요한 시간. 흐름출판; 임건

순 (2013), 묵자, 공자를 딛고 일어선 천민 사상가, 시대의 창 참조함.
156) 천웨이런 지음 윤무학 옮김 (2018), 묵자가 필요한 시간. 제3장 묵자의 출생지는 어디인가. 흐름출판. 참조함.
157) 천웨이런 지음 윤무학 옮김 (2018), 묵자가 필요한 시간. 제18장 전란의 시대에 반전을 선언하다. 흐름출판. 참조함.
158) 천웨이런 지음 윤무학 옮김 (2018), 묵자가 필요한 시간. 제18장 전란의 시대에 반전을 선언하다. 흐름출판; 묵자 지음, 박영하 풀어씀 (2006), 묵자, 사랑 그리고 평화를 향한 참지식인의 길. 풀빛. 참조함.
159) 묵자 지음, 박영하 풀어씀 (2006), 묵자, 사랑 그리고 평화를 향한 참지식인의 길. 풀빛. 참조함.
160) 천웨이런 지음 윤무학 옮김 (2018), 묵자가 필요한 시간. 제20장 침략 비판, 방어 옹호의 군사사상. 흐름출판. 참조함.
161) 비파형 동검의 연대는 길림성 지역의 경우 BC 13세기 초까지 올라가며 요령성 지역의 경우 BC 16-14세기까지 올라간다는 연구결과가 있다. 윤내현 지음 (2016), 고조선 연구, 상 만권당, 제2장 참조함.
162) 이도학(2019), 분석 고대한국사, 학연문화사. 65쪽 참조함.
163) [네이버 지식백과] 국가 (초등사회 개념사전, 2015. 02. 23., 김금주, 김현숙, 박현화, 황정숙, 강지연); 홍성방, 《헌법학》, 현암사, 2007년, 3~4쪽. 참조함.
164) 단재 신채호 원저 (2013), 박기봉 옮김, 조선 상고사. 비봉출판사. 90쪽 참조함.
165) 이경덕 지음 일연 원저 (2014), 우리 고대로 가는 길, 삼국유사. 아이세움, 참조함.
166) 심백강 편저 (2014), 잃어버린 상고사, 되찾은 고조선, 바른역사. 제2장 조선기 참조함.
167) 심백강 편저 (2015), 잃어버린 상고사, 되찾은 고조선, 바른역사. 제 5장 조선국. 161쪽 참조함.
168) 심백강 편저 (2015), 잃어버린 상고사, 되찾은 고조선, 바른역사. 제 5장 조선국. 168쪽 참조함.
169) 심백강 편저 (2015), 잃어버린 상고사, 되찾은 고조선, 바른역사. 제 3장

조선성. 115쪽 참조함.
170) 심백강 편저 (2015), 잃어버린 상고사, 되찾은 고조선, 바른역사. 제 3장 조선성. 111쪽 참조함.
171) 심백강 편저 (2015), 잃어버린 상고사, 되찾은 고조선, 바른역사. 제 6장 되찾은 고조선, 그 의미와 남은 과제. 215-217쪽 참조함.
172) 박광일 최태성 지음 (2014), 교과서 밖으로 나온 한국사, 씨앤아이북스, 2장 참조함.: 하문식 지음 (2016), 고조선 사람들이 잠든 무덤, 주류성.
173) 운초 계연수 엮음, 김은수 번역 주해 (2017), 한단고기, 한문화. 63쪽 참조함.
174) 신용하 (2018), 고조선문명의 사회사, ㈜지식산업사,
175) 신용하 (2018), 고조선문명의 사회사, ㈜지식산업사, 제5장 고조선의 고대연방제국으로의 발전.
176) 윤내현 (2016), 고조선, 우리 역사의 탄생, 만권당, 풀림 5, 고조선이란 명칭은 무엇을 뜻하나. 참조함.
177) 한서 권28 하 지리지 하 참조함.
178) 리지린 (1964), 고조선 연구, 353쪽 참조함.
179) 운초 계연수 엮음, 김은수 번역 주해 (2017), 한단고기, 한문화. 71쪽 참조함.
180) 윤내현 지음 (2016), 고조선 연구, 하 만권당, 221쪽 참조함.
181) 박선미 (2009), 고조선의 교역과 화폐사용에 대한 토론적 검토. 이 논문에 인용된 장박천 교수는 끝이 뾰족한 칼, 첨수도의 주조방식이 동북지역이다. 명도전이 문자 계승 관계로 보아 동북지역이다. 그리고 기자조선 후예국 고조선의 경제 무역 발전 단계를 보아 명도전이 고조선의 화폐이다라고 3가지를 강조하면서 명도전이 단군조선의 화폐임을 주장하였다. 참고함.
182) 김석준 (2020), 바로 찾는 한국고대국가학, 고조선의 국가와 행정, 도서출판 대영문화사. 제11장 고조선의 '통치집단과 정권•정부로서의 국가 참조함.
183) 신용하 (2018), 고조선문명의 사회사, ㈜지식산업사. 7장 참조함.
184) 윤내현 (2015), 고조선 연구, 하, 만권당. 제 1장; 윤내현 (2016), 고조선, 우리 역사의 탄생, 만권당, 풀림 7, 고조선은 어떤 형태를 가진 국가였나. 참조

함.
185) 윤내현 (2016), 고조선, 우리 역사의 탄생, 만권당, 풀림 7, 고조선은 어떤 형태를 가진 국가였나. 참조함.
186) 신용하 (2018), 고조선문명의 사회사, ㈜지식산업사. 7장 참조함.
187) 신용하 (2018), 고조선문명의 사회사, ㈜지식산업사. 7장 참조함.
188) 운초 계연수 엮음, 김은수 번역 주해 (2017), 한단고기, 한문화. 62쪽 참조함.
189) 신용하 (2018), 고조선문명의 사회사, ㈜ 지식산업사. 제1장 참조함.
190) 운초 계연수 엮음, 김은수 번역 주해 (2017), 한단고기, 한문화. 62쪽 참조함.
191) 운초 계연수 엮음, 김은수 번역 주해 (2017), 한단고기, 한문화. 64-65쪽 참조함.
192) 구본진 지음 (2020), 한민족과 홍산문화, 홍산문화 옥기에서 찾은 한민족의 기원, 도서출판 선, 305-316쪽 참조함.
193) 윤내현 지음 (2016), 고조선 연구, 하 만권당, 제3장 297-298쪽 참조함.
194) 박선희 (2002), 복식 비료를 통한 고조선 영역 연구, 이기훈 (2021), 동이 한국사, 책미래, 69쪽 참조함.
195) 임재해 (2018), 고조선문명과 신시문화, ㈜지식산업사, 참조함.
196) 윤내현 지음 (2016), 고조선 연구, 하 만권당, 제3장 325-326쪽 참조함.
197) 신용하 (2019), 고조선문명의 사회사, 534-535쪽 참조함.
198) 단군조선 시대의 천문 현상과 조수의 변화를 과학적으로 검증한 연구에 의하면 사실과 일치하는 부분이 있어 전혀 근거없이 쓰인 책이 아니다고 한다. 박창범 라대일 "단군조선시대 천문현상 기록의 과학적 검증" <한국상고사학보>, 제14호, 학연문화사, pp. 95-110. 참조함.
199) 윷책은 주역의 음양오행설에 근거해 윷놀이처럼 던져 그 형태를 보고 신수를 점치는 오행점이 기록된 책으로 책과 윷 4점로 구성되어 있다. 책은 3침 안정법(三針眼訂法) 필사본(筆寫本)으로 표지 2장, 내지 16장. 금목수화토, 금목, 목수 등의 점사(占辭)가 풀이되어 있다. 윷 한쪽 면에 각각 '수', '목', '토', '火'가 묵서되어 있다.국립민속박물관 소장품 민속 95330 설명 참조함.
200) 운초 계연수 엮음, 김은수 번역 주해 (2017), 한단고기, 한문화. 69쪽 참

조함.
201) 신용하 (2018), 고조선문명의 사회사, ㈜지식산업사. 16장 참조함.
202) 제왕운기 권 하,
203) 운초 계연수 엮음, 김은수 번역 주해 (2017), 한단고기, 한문화. 60-61 참조함.
204) 박희병 편역 (2013), 선인들의 공부법, 창비. 참조함.
205) 신용하 (2018), 고조선문명의 사회사, ㈜지식산업사, 제13장 467-470쪽 참조함.
206) 이우영 엮어 옮김 (2013), 논어. 아이템북스. 참조함.
207) 공자 지음 김형찬 옮김 (1999), 논어, 홍익출판사. 제9편 자한 참조함.
208) 공자 지음 김형찬 옮김 (1999), 논어, 홍익출판사. 제15편 위령공 참조함.
209) 공자 지음 김형찬 옮김 (1999), 논어, 홍익출판사. 참조함.
210) 이기훈 (2021), 동이 한국사, 책미래, 38쪽 참조함.
211) 이기훈 (2021), 동이 한국사, 책미래, 176-177쪽 참조함.
212) 박선희 (2018), 고조선 문명의 복식사, ㈜지식산업사. 32-33쪽 참조함.
213) 박선희 (2018), 고조선 문명의 복식사, ㈜지식산업사. 454-455쪽 참조함.
214) 윤내현 지음 (2016), 고조선 연구, 하 만권당, 229쪽 참조함.
215) 이기훈 (2021), 동이 한국사, 책미래, III 갑골문과 한국 동이 문화, 173쪽 참조함.
216) 윤내현 (2015), 고조선 연구, 상, 만권당. 337쪽 참조함.
217) 이기훈 (2021), 동이 한국사, 책미래, III 갑골문과 한국 동이 문화, 194-199쪽 참조함.
218) 이기훈 (2021), 동이 한국사, 책미래, III 갑골문과 한국 동이 문화, 209쪽 참조함.
219) 서의식, 고조선사의 실증적 연구를 위한 각서, 한창균 엮음, 요하문명과 고조선, 지식산업사, 2015, 32-33쪽; 이형구, 발해연안에서 찾은 한국 고대문화의 비밀, 김영사, 2004, 122쪽 참조함.
220) 아시아에서 처음으로 노벨 문학상을 받은 인도의 시인인 타고르가 어떻게 코리아가 아시아의 황금시대에 빛나는 등불의 하나라고 "농방의 능물"이라는 시에서 선언을 했을까? 이 시는 1929년 동아일보에 기고되었는데 당시 인

도를 여행한 민족 독립운동가 조봉암 선생과 교류를 하면서 오랜 역사를 가진 한민족과 단군조선의 존재에 대해 알게 되었다고 한다. 인도 역시 영국의 식민지하에서 독립운동이 혼란한 상황을 겪게 되어 당시 조선의 상황과 매우 흡사하여 공감한 부분이 컸을 것이다. 일본을 방문했으나 여러 가지 사정으로 조선을 방문하지 못한 타고르는 조봉암 선생의 부탁으로 비슷한 식민지 상황을 겪고 있는 조선인에게 동방의 등불이라는 희망의 시를 기고한 것이다.

221) 박광일 최태성 지음 (2014), 교과서 밖으로 나온 한국사, 씨앤아이북스, 2장 참조함.: 하문식 지음 (2016), 고조선 사람들이 잠든 무덤, 주류성.

222) 아시아에서 처음으로 노벨 문학상을 받은 인도의 시인인 타고르가 어떻게 코리아가 아시아의 황금시대에 빛나는 등불의 하나라고 "동방의 등불"이라는 시에서 선언을 했을까? 이 시는 1929년 동아일보에 기고되었는데 당시 인도를 여행한 민족 독립운동가 조봉암 선생과 교류를 하면서 오랜 역사를 가진 한민족과 단군조선의 존재에 대해 알게 되었다고 한다. 인도 역시 영국의 식민지하에서 독립운동이 혼란한 상황을 겪게 되어 당시 조선의 상황과 매우 흡사하여 공감한 부분이 컸을 것이다. 일본을 방문했으나 여러 가지 사정으로 조선을 방문하지 못한 타고르는 조봉암 선생의 부탁으로 비슷한 식민지 상황을 겪고 있는 조선인에게 동방의 등불이라는 희망의 시를 기고한 것이다.

우리가 몰랐던 단군조선, 세계 최초의 평화국가

초판 1쇄 2024년 10월 24일
지은이 / 조은상
펴 낸 곳 / 코스모스 컨설팅
표지 디자인 / 허영인
편집 / 추민해
주 소 / 경기도 광주시 송정동 367-7 103-701
출판등록 / 2022년 4월 11일 제 2022-000019호
이 메 일 / aquinascho@hanmail.net
ISBN 979 - 11 - 988073-04

이 책은 저작권법에 따라 보호받는 저작물이므로 무단 전제 와 복제를 금합니다. 이 책 내용의 전부 또는 일부를 이용하려면 반드시 저작권자와 코스모스 컨설팅의 서면 동의를 받아야 합니다.

저자와의 협의로 인지는 생략합니다.

저작권이 있는 사진과 그림 자료는 제공처의 출처를 밝혔습 니다. 기타 자료는 공공누리 자료집에서 출처를 밝혀 이용하였습니다. 혹시라도 출처를 찾지 못한 사진의 경우 출판사로 연락 해주시면 감사하겠습니다.
값은 뒷표지에 있습니다.